歴史文化ライブラリー

577

古墳を築く

一瀬和夫

吉川弘文館

目次

1　古墳の墳丘とは——プロローグ

古代日本の社会において壮大な高塚古墳を築造するために、労力的な建設事業をあえてし、これに各種多数の副葬品を被葬者とともに埋める、文化情勢に発展せしめたいわゆる古墳時代の出現は、日本文化史上に注目すべき重要な意義をもっている。この現象は、もとより大陸における古墳思想の伝播であるにしても、これを受入れるに可能な態勢に立ち至っていた事実を、われわれは重視しなければならない。

これは私が高校の図書館で目にした末永雅雄の『日本の古墳』（朝日新聞社）の本文冒頭である。そこには空から撮った古墳の写真がふんだんに盛りこまれていた。出版年は一九六一年であり、私には書店で買うことはかなわず、図書館であきもせず古墳の写真をみていた。まもなく、大増改訂版のような『古墳の航空大観』（学生社）が出版され、高校

図1　古市古墳群上空（末永雅雄『日本の古墳』より）

生には高価な本を手に入れて眺めていた。

空からみる四八六メートルの長さもある墳丘の巨大さ、前方後円墳というシンメトリーで精美な形、まわりには水でたたえた周濠《しゅうごう》の威容を示す、そういった写真が大きく載っていた。その中心は大阪府堺市にある仁徳陵《にんとくりょう》古墳だが、ほかにも同じような古墳があった。その時代の日本列島は一六万基におよぶ古墳づくりに奔走した時代であった。

墳丘には、前方部をはじめ、周濠、外堤、造出《つくりだ》しなどが備わっていき、地表に残される。それらは、それぞれの世代の要求と集団間の緊張関係のなかで、墳丘に求められる役割の場が増大し、付加されていった。一方、奈良県明日香《あすか》村の石舞台《いしぶたい》古墳では内部の巨石が露わになっている。この石室もまた、棺を覆う程度の石室から、通路が付加され、材料も巨大化したものである。

それら古墳に証拠づけられる社会がみえてくるはずである。

（1）古墳を築くとは

古墳は物量を誇示するためにつくられた。それを成しとげ、みせつけることは、大きければ大きいほど、人間の身体尺でもって、肌身で他者を圧倒して、絶大なる効果を発揮する。その蓄積は個人の能力の限界をこえ、集団との協働作業が不可欠となる。達成するためにはコミュニティーを形成する必要があった。

古墳に表象される情報

広範囲から古墳に持ちこまれたものであれば、それらを運ぶ、ながい道中でもその関係が誇れた。集中・集積した結果は墳丘として土地に刻まれ、そこで密接な関係領域を一目で確認でき、記憶は伝承加担者がつづくかぎりその地で語りつがれる。ながく地表に残ったものはその証となる。

物ゆたかな古墳ほど、いろいろ個性的な被葬者の顔が垣間見られる。出土品からは、古墳時代前半期の祭祀遺跡との関係によって、神と自然、政治的側面と祭儀的側面、制御と鎮魂、その制御する力へのおそれと永遠の安全と生存への思いを探れる。竪穴式石室《たてあなしき》のつくりかたは棺の上部を粘土や栗石、方形土壇《ほうけいどだん》で何重にもふさぐ。それを目にするのは埋葬にたちあった者の特権である。しかし、それは被葬者そのものがよみがえるのを期待するのでなく、封じ込める。このことで新たな自然の安らかな再生を願い、その支配域の生命の更生を願うようにみえる。古墳は被葬者世界の覆いかたで格差が生まれる。その石室は後半期には横穴式石室が主流になる。当初は竪穴式石室と同じように棺を覆う程度であったが、通路がつき、そこを抜けると見上げることができる高い天井の石室がつくられるようになる。その石室を覆うのは巨石となった。

墳丘の表面に飾り立てられた埴輪には、次のようなものが表現されている。被葬者が宿る家、身辺をまもる威儀《いぎ》具《ぐ》。四季・太陽の運行などの自然と外敵を知らせる鶏。馬・船といった交通手段、周囲の関連施設。そして支配域に配置された館や特殊施設、防御線と奉仕の従者、狩猟のシーン、森。さらに、古墳の周濠は古墳そのものが水源（生命の源）であることをあらわし、そこから下流の田畑（生産力の強化）を潤すことで常なる支配領域の安定を願った。これに木製の葬具も加わる。

こうした品目については、次々と古墳時代前半の古墳づくりにもり込まれつづけた。石室に通路がつく横穴式石室が埋葬部になってからは、黄泉《よみ》という死者空間とそれをつくるための巨石の供給、それを運び、架構《かこう》する技術の移入と集団作業に関心の比重はかたむいた。巻きこむ人々やその範囲が大きいほど互いに関係が確認、強化された。離れたところから巨石を曳《ひ》く作業、道中での運搬の行列は、他集団に向けてのデモンストレーショ

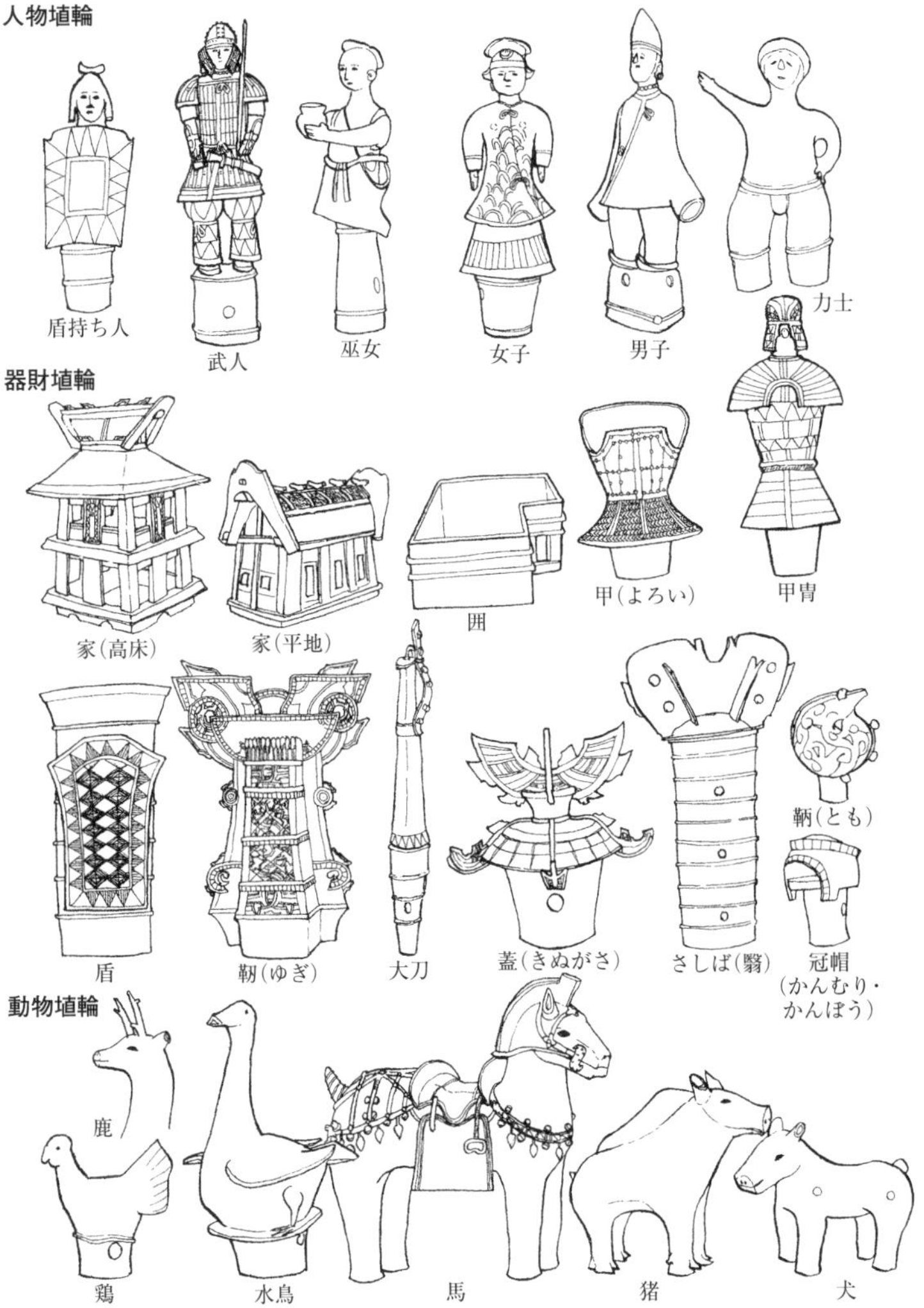
人物埴輪
盾持ち人
武人
巫女
女子
男子
力士
器財埴輪
家(高床)
家(平地)
囲
甲(よろい)
甲冑
盾
靫(ゆぎ)
大刀
蓋(きぬがさ)
さしば(翳)
鞆(とも)
冠帽
(かんむり・
かんぼう)
動物埴輪
鹿
鶏
水鳥
馬
猪
犬

図2　はにわの絵

ンと契りになったのである。こうしたさまざまな場面で権力を誇示しようとする意識は、墳丘の大きさ以上に意味をもちはじめ、精神的な約束事がより重視されるようになった。

古墳といえば豪華な副葬品に目がいきがちだが、本書では、そうした古墳のなかでも長く土地に刻まれた不動産である、日本列島にある古墳を特徴づける墳丘の成形と巨石の架構を重視し、それらがいかに築かれたかをみていきたいのである。

古墳を築く造営力

古墳築造のピークに達したのは仁徳《にんとく》陵古墳である。最大を誇る墳丘は日本では後にも先にもこえるものはないからだ。

『日本書紀』仁徳六七年条には、冬一〇月に河内石津原《いしづのはら》に陵墓地を定め、築造をはじめたことが記される。この日、野から走ってきた鹿が工事で動員された人の中に入って死んだ。傷を調べてみると鳥の百舌《もず》が耳から出てきて飛び去った。そこでこの地を百舌鳥耳原《もずのみみはら》と名づけたという。八七年崩御であるから、伝承上は用地を決めてから埋葬まで、築造期間は二一年の幅があったということになる。むろん、この記事をそのまま信じることはできない。ただし、三〇〇年ちかくあとの『日本書紀』の編さん者にとっても、今、宮内庁に仁徳天皇陵と治定《じじょう》される古墳の大きさは特別な存在であった。大きさゆえ、生前から墓をつくりはじめた寿墓《じゅぼ》という話題は欠かすことができず、祖先の証、地名説話や作業の記憶の材料として、つごうよく伝承が寄せあつめられたことであろう。それにしても古墳の大きさは当時の人々に誇示するだけでなく、後世の私たちにも脅威をあたえる。

実際、仁徳陵古墳の古墳づくりは、数々の新技術をとりいれて独自の道をあゆみ、技術の拡散拡大がはかられた。古墳築造の前代からの物量の拡大に、もっとも注意がはらわれた。というのは、墳丘のなかにある竪穴式石室と長持形石棺《ながもちがたせっかん》は、半世紀近く早く築かれた大阪府藤井寺《ふじいでら》市津堂城山《つどうしろやま》古墳例と比べて、明らかに巨大化しているとまでは言えない。前半期の墓づくりは墳丘を中心に最大化した。つまり、仁徳陵古墳の欠かせない特徴は最大を誇る墳丘なのだ。

地表に目立つ墳丘は、つくられたあとも語りつづけられるものである。

大和盆地でもっとも整った墳丘を盆地の各所から望めるのは奈良県桜井市の箸墓《はしはか》古墳である。『日本書紀』崇神《すじん》一〇年条に伝承がある。「倭迹迹日百襲姫命《やまとととびももそひめのみこと》の墓を大市《おおいち》につくるときに、大坂山から石をはこばねばならないというので、そこから墓までの長いあいだに人民をならばせて、手送りにして石をはこばせたということがみえている。……さらに日中は人がつくったが、夜は神がつくった、としるされている」（小林行雄『古墳の話』岩波新書、一九五九年）。大坂山は奈良県と大阪府の境にある二上山《にじょうさん》のことである。山の北側にある板状に割れる特徴的な芝山の玄武岩《げんぶがん》質安山岩《あんざんがん》が箸墓古墳の墳丘に、実際に運ばれている。ただし、多くは黒雲母花崗岩《こくうんもかこうがん》・斑糲岩《はんれいがん》で、近くの初瀬川《はっせがわ》の川原石を中心に採取された。

『日本書紀』垂仁《すいにん》三二年条にある埴輪起源説話には、野見宿禰《すくね》が殉死の代用に人馬、種々《くさぐさ》の物の形をつくって、土物《はに》をもって生きたる人にかえて陵に立てるように進言して、奈良市日葉酢媛《ひばすひめ》陵に土物を立てた。それらは埴輪《はにわ》、立物《たてもの》というようになったとある。この「生きたる人」の説話は土木工事を担当したとされる土師《はじ》氏などの伝承加担者の解釈によってつくられたものと思われる。今のところ人骨などの痕跡はなく、埴輪でもっと古い円筒埴輪は人を模して簡略にしたものでなく、壺形土器などをのせる特殊器台形土器から変化したことがわかっている。『日本書紀』編さんのころの奈良時代にも墳丘にさまざまな形の埴輪がおかれたことがわかるほど、表面にくずれずによく残っていたことでこうした解釈につながったのであろう。

ほかにも、地表につき出て残る埴輪にまつわった話題がある。仁徳陵古墳より前につくられた大阪府羽曳野《はびきの》市の応神《おうじん》陵古墳の堤にあった赤馬の伝承が『日本書紀』雄略《ゆうりやく》九年条にある。「河内国の安宿《あすかべ》に田辺史伯孫《たなべのふびとはくそん》というものがあって、古市郡《ふるいちぐん》の書首《ふみのおびと》加竜に嫁した娘に、孫が生まれた祝にいった帰途のできごとである。月のあるのをさいわいに、夜道をただ一人、葦毛《あしげ》の馬に乗って応神陵のほとりにさしかかると、ほれぼれとするほどりっぱな赤馬に乗ってとおる人がある。祝酒の酔心地がよかったのか、馬に鞭《むち》うって、しばらく走りくらべをしてみたが、ついに追いこせる相手ではなかった。ところが、赤馬の主はふと馬をとめ、伯孫の意中を察してか、たがいに馬をとりかえて去っていった。よろこんだ伯孫はその赤馬に乗って帰宅し、厩《うまや》につないでその夜は寝たが、あくる朝になってみればこれはいかに、厩にあるのは一つの埴輪の馬であった。あやしんで応神陵にいってみると、伯孫の葦毛は、陵の土馬のあいだにたたずんでいた」と小林行雄は紹介する。

この記載は、奈良時代になっても、馬形埴輪が古墳の堤にそれなりに形をとどめていたことを示す。さらに、羽曳野市古市のあたりから柏原《かしわら》市田辺は、東にむかってまっすぐ石川をまたげばすぐのように感じる。しかし、応神陵古墳の横を通ったのであれば、いったん石川沿いに北上することになる。石川沿いの発掘調査からは鎌倉時代ごろまでは、現在の地表より一〇《メートル》は下がることがわかっている。古墳時代当時は急斜面であり、あえて騎乗して下らなかったのであろう。こうして朽ちはてずに地表に残った古墳の外装と状況は語りつがれた。

埋葬部分、特に前半期の竪穴式石室のばあいは、同じ場で儀礼をともにした人々にとっては大切な絆《きずな》をつなぐものであるが、盗掘や発掘、今の石室公開でもなければ、存在感をもたない。つまり墳丘こそ大きな意味をもったのである。

大きな墳丘を実現するためには、さまざまな古墳を構成する当時の労働力、技術、組織力の粋《すい》が集められた。初期（三世紀前半）の箸墓古墳はそれまでの八〇《メートル》前後の墳丘から飛躍的に三〇〇㍍《メートル》近くの大きさになるのだが、それ以降、中期（五世紀）前半以外は前例の規模を踏襲する。墓づくりについて前例と比較しながら、多少、形を変え、流行と自己をアピールし、わずかな冒険をくり返して規模を大きくした。

古墳を築くとき、一次的には、草木の伐採の範囲、周濠の土を掘って墳丘の土を盛る量、葺石《ふきいし》の石を運んで葺く量、埴輪を運ぶ量は、少し大きくなるだけで、かなりの一般労働力を増やす必要がある。これは実質的な見た目の増加であるが、付随して、労働者を支える住まい、食料、道具もいる。二次的に、墳丘の設計、施工、管理技術者も多彩になる。三次的には埴輪の生産、副葬品の入手量、石棺・石室が大きくなれば製作や運搬の技術者の招聘はもちろん、各地から人をよぶ集団関係と往来のネットワークを組まなければならなかった。一個の古墳築造の規模が少し大きくなるだけで多くの人々を巻きこんでいく。

つまり、大きな墳丘や巨大石室の築造、構築は一足飛びには達成できるものではない。前例の手法のみならず、組織作りも参考にして、どれほど上《うわ》のせできるかにかかっている。仁徳陵古墳に至るまでにはそれぞれ飛躍的で段階的な裏づけを確保しながら発達していった。注意が必要なのは造営主体者である。造墓の計画をたてて完成までをコーディネートするのは被葬者とは限らないからである。

（2）古墳の墳丘

遺体をおく。鏡、威儀具、冠帽《かんぼう》、甲冑《かっちゅう》、刀剣、衣服といった身のまわりの品とともに、おさめた棺、棺を覆う槨《かく》、それらを収める室《しつ》が古墳被葬者にはそなわることが多い。こうした被葬者の遺骸に直接ともなう施設を埋葬主体という。これは遺体の数だけ増える。その主体部と並べたり、その上においたり、そえられる副葬庫（箱）、埋納庫（箱）のようなものが付属する。副葬・埋納には区画を設ける。前方部側に離れて設置、さらに墳丘本体からはなれて陪冢《ばいちょう》として別の墳丘に設けることもある。遺体、被葬者のまわりに次々とおくものが増えて付け加えられていった。

墳丘の種類

仁徳陵古墳は前方後円墳であるが、名が示すように実際に方が前であるとは限らない。江戸時代、寛政の三奇人の一人である蒲生君平《がもうくんぺい》が寛政八～一二（一七九六～一八〇〇）年の『山陵志《さんりょうし》』のなかで御車に見立ててつけた名である。

小林行雄の『古墳の話』での紹介は以下のようなものである。「そもそもこの種の墳形を、はじめて前方後円といいあらわした人は……蒲生君平であって、かれはこれを宮車の形とみたてている。前方部は衡《ながえ》の形、後円部は人が乗る座席の上部をおおう蓋《かさ》の形、後円部に接して前方部の両側から突出してつくられている造出の部分は車輪をあらわしたものだというわけである」。これは器物模倣説という起源論になる。今では造出しは四世紀末ごろから付け足されているのがわかるので起源の説明にはなっていない。その後も、祭壇、即位儀式にともなう宣命場《せんみょうば》、壺や盾の模倣、前方部が後継者継承の場、尾根に後円部を設けて丘陵とつながる部分を堀割って前方部ができたという丘尾切断説や中国墳形の影響など、さまざまな前方後円墳起源論も出された。陸橋切断説は有力だが、これといった名称にまでつながる意味づけの決め手はなく、現在、便宜上、用いられるにすぎない。

英語表記は、明治時代に造幣局のお雇い外国人として訪日して日本中の古墳を調査したイギリス人ウィリアム・ゴーランドが、ダブル・マウンド Double mound と、イギリスの学会論文につかっている。最近の英語表記は鍵穴形 Keyhole-shaped で統一されつつある。また、横穴式石室は、生物学者で東京帝国大学の、同じくお雇い外国人のアメリカ人エドワード・モースが、論文のなかでドルメン Dolmen と称した。それは巨石をもちあげるゆえの言葉であったろうが、ゴーランドもこの言葉を使用した。今では横穴式石室 Horizontal stone chamber, 通路付墓室 Corridor-style stone chamber, Stone chamber with the passage がほとんどである。

さて古墳はまずはその外観、すなわち墳丘の形によってわけられる。前方後円、帆立貝式、円、双円、方、双方、上円下方、八角などがある。古墳時代を前・中・後・終末にわ

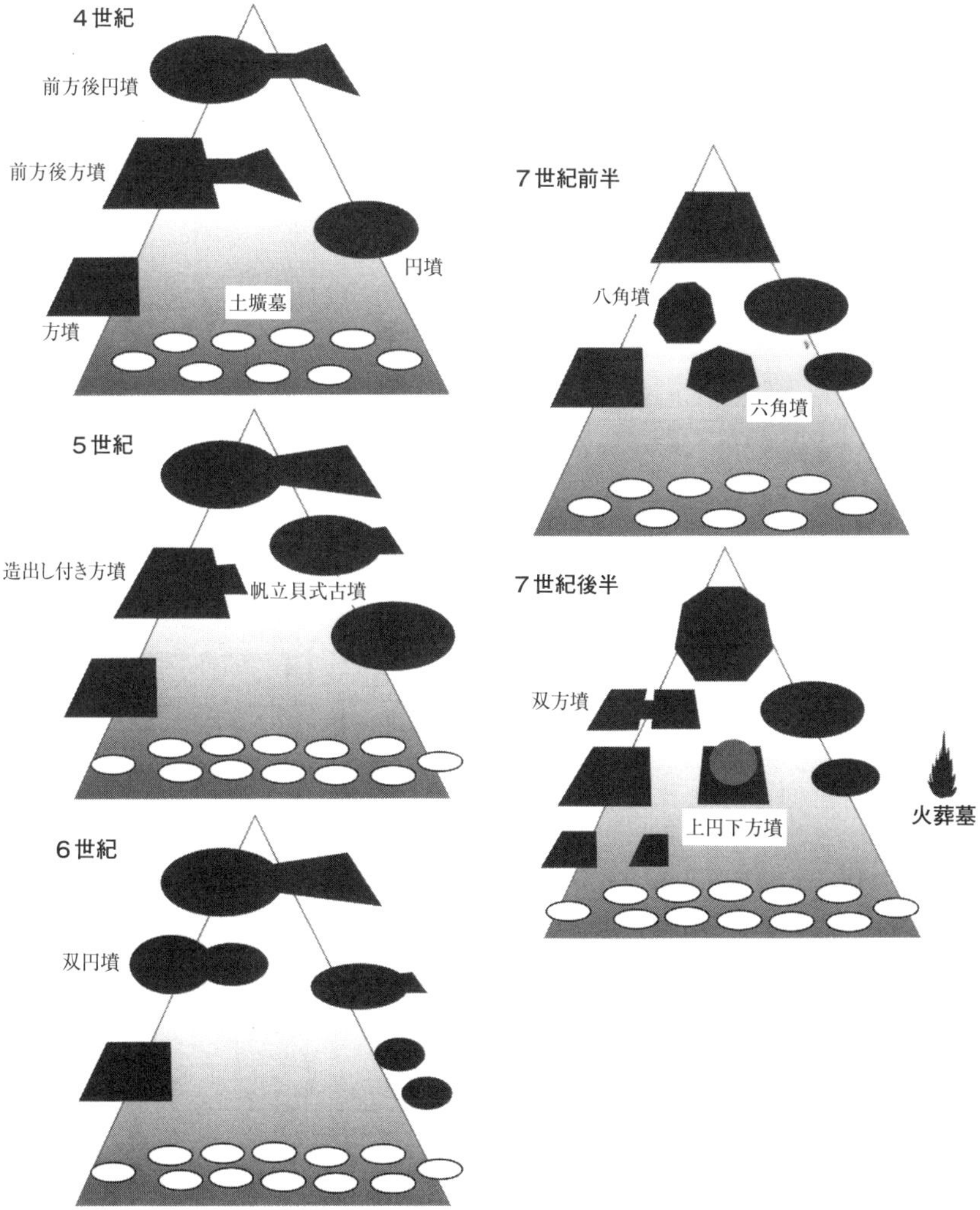
4世紀
前方後円墳
前方後方墳
円墳
土壙墓
方墳
5世紀
造出し付き方墳
帆立貝式古墳
6世紀
双円墳
7世紀前半
八角墳
六角墳
7世紀後半
双方墳
上円下方墳
火葬墓

図3　古墳の墳形変遷

けると、前三者の時期に君臨したのが前方後円墳である。都出比呂志氏は、この期間を前方後円墳体制と位置づけようとする。

もとより、古墳時代の前の弥生時代は方形周溝墓《ほうけいしゅうこうぼ》が主流であり、基本形であった。そこに前方部が付加されたという流れになる。弥生時代末に奈良県桜井市の纒向《まきむく》遺跡を中心として円形に低い方形部をつけた纒向型前方後円形周溝墓がつくられ、主丘《しゅきゅう》を円形とする墳墓が主役となりはじめた。純粋な円形が成立するのは、このあとの箸墓古墳である。正円でしかも円錐台の立体形にしあげるのはなかなかむずかしい。

三・四世紀の前期の墳丘は、大きい順に前方後円墳、前方後方墳、円墳、方墳である。二番手に前方後方墳があるのが特徴だ。五世紀の中期は前方後方墳はほどんどなくなり、前方後円墳、帆立貝式古墳、円墳、方墳。造出し付きや帆立貝式古墳が目立つ。六世紀の後期は前方後円墳、円墳が主流である。

前方後円墳時代ののち、七世紀の終末期、飛鳥時代になると、大きくみて大化改新前の蘇我《そが》氏が実権をにぎった期間は方墳。大化改新ごろ、大王が強くなったあとは八角墳がその墳墓となる（図3）。

古墳には三・四世紀では、銅鏡、石製腕飾類、靭《ゆき》、甲冑、五世紀では武器武具類、農工具、石製模造品などが大量におさめられた。六世紀は金装・銀装の装飾大刀、馬具、須恵器など。それぞれの時期でのステータスが意識され、大量埋納の場が増設された。終末期では漆棺や精緻な壁画が好まれた。資材でもとめられる場は、より肥大化していく。

前方後円墳―大王墓級の墳丘の発達

そもそも前方後円墳は円丘に前方部が付いて一体化した。

箸墓古墳の三〇〇メートル近い墳丘本体規模を大きくこえるものは、五世紀の仁徳陵、応神陵、大阪府堺市履中《りちゅう》陵、岡山市造山《つくりやま》、岡山県総社《そうじゃ》市作山《つくりやま》、大阪府松原市・羽曳野市の河内《かわち》大塚《おおつか》といった古墳にすぎない。同じような大きさの、前後の時代の古墳をあげると、まえは奈良県天理市景行《けいこう》陵・奈良市神功《じんぐう》皇后陵古墳、あとは奈良県橿原市橿原丸山古墳となる。二五〇～五七〇年のあいだに築かれたとすると、三五年に一基ペースという築造エネルギーになる。

そのなかで築造間隔が細かいのは、五世紀であり、六世紀築造という異論がある河内大塚古墳を取りのぞいたところで、二〇年以下になる。

墳丘周囲の整備・拡大、前方部の増大といった墳丘形態の発達具合によって、その都度の前方後円墳の形をリードする主導類型がある。古い方から順に列挙すると、図4に示す

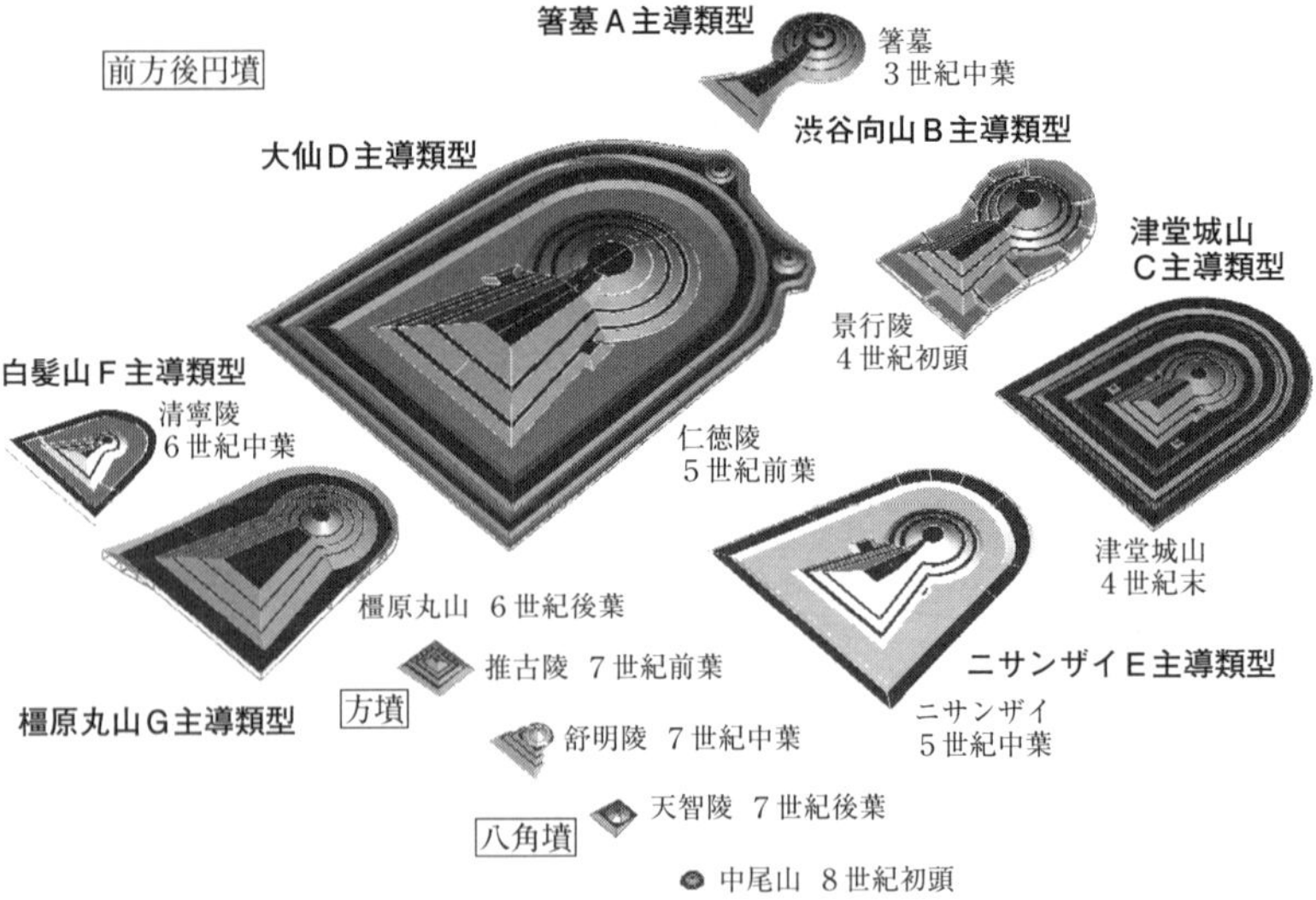

図4　大王墓級の墳丘変遷

ように、A・箸墓、B・渋谷向山《しぶたにむかいやま》、C・津堂城山、D・大仙《だいせん》、E・ニサンザイ、F・白髪《しらが》山、G・橿原丸山といった類型になる。この類型の細かな特徴は本書の必要に応じて、逐次、説明していく。

　前方後円墳の本体の変化は、そもそも前方部が付け足しであるのだが、それが一体となった形として定型化したものがおおまかなA主導類型で、後円部径より前方部幅がせまく高さも低いのがB主導類型、径と幅が同じようになり高さも同じくらいになっていくのがC主導類型、径と長さが同じになるのがD主導類型、ついに後円部より前方部の方が幅も高さも大きくなるのが

E主導類型、前方部の大きさの限界の形である三角錐になるのがF主導類型である。弥生時代では方丘の一辺中央に陸橋（ブリッジ）、スロープにとりついたものが前方部に、そして、三世紀から六世紀にかけて、どんどんとそれが大きくなっていくのが変化の方向なのである。

これらは順次、墳丘が大きくなったように感じられるがそうではない。ただし、周囲に施設がふえていくことで増大感はわく。増設の一部には墳丘本体周囲にある島状遺構や造出しとよばれるものもある。

そもそもこれらは、前方部の発想よろしく、段階を踏んで次々と代を重ねるごとに増設し、あらたな変化を重ねていった。

いうまでもなく、もっとも重要な施設は埋葬部分である。それを中心として、周囲に施設が付加・増殖していったのである。その墳丘の形状変化は、特に前半期に、本体の整備とそれにともなう付随施設が段階をおって多く加わることでひきおこされる。

墳丘の増大とその起源

本書は古墳築造のなかでも、長くつづき、今もよく目にする、古墳時代相を地表にあらわす前方後円墳の墳丘と、入口を露わにして朽ちることなく存在感を示す巨石横穴式石室を中心にみる。

前方後円墳の墳丘構成要素には段築《だんちく》、地山《じやま》（築造前の旧地形の利用およびその削去）・盛土、外装（葺石《ふきいし》・埴輪）があげられる。これらのうち、まず段築、地山・盛土という墳丘成形を重点的にみながら、葺石関係などの個別仕様にもふれる。

古墳の大きな墳丘や前方後円形の奇妙なかたちは突然に生まれたわけではない。次でくわしくみるが、方形の墳丘が中心であった前時代の弥生時代のもっとも後の時期に、その萌芽がみられることが今ではわかっている。

墳丘増大の意味するところ

墳丘は最低限の埋葬スペースからはじまった。弥生時代は埋葬される数が増えて墳丘が大きくなり、さらに集団ごとで奇妙な形に、ついに古墳時代にはその形が大きくなった。それだけでとどまらず、装飾が囲み、濠がまわった。造出しや島、堤がつき、その堤にも区画や張り出しがついた。後半期には石室に巨石が用いられて膨張した。

墳丘変化の諸段階

墳丘という場は時間を追うごとにさまざまな役割を担った施設を加えて変化していくようになる。それは代々に新しくバージョンアップしていくといっても過言ではない（図5）。

【墳丘第Ⅰ段階】当初、埋葬施設周囲に埴輪がそえられて群になった（図5左：東殿塚古墳）。次に、墳丘裾、そして墳丘テラスを囲うために埴輪が列化した。墳丘は葺石で外装

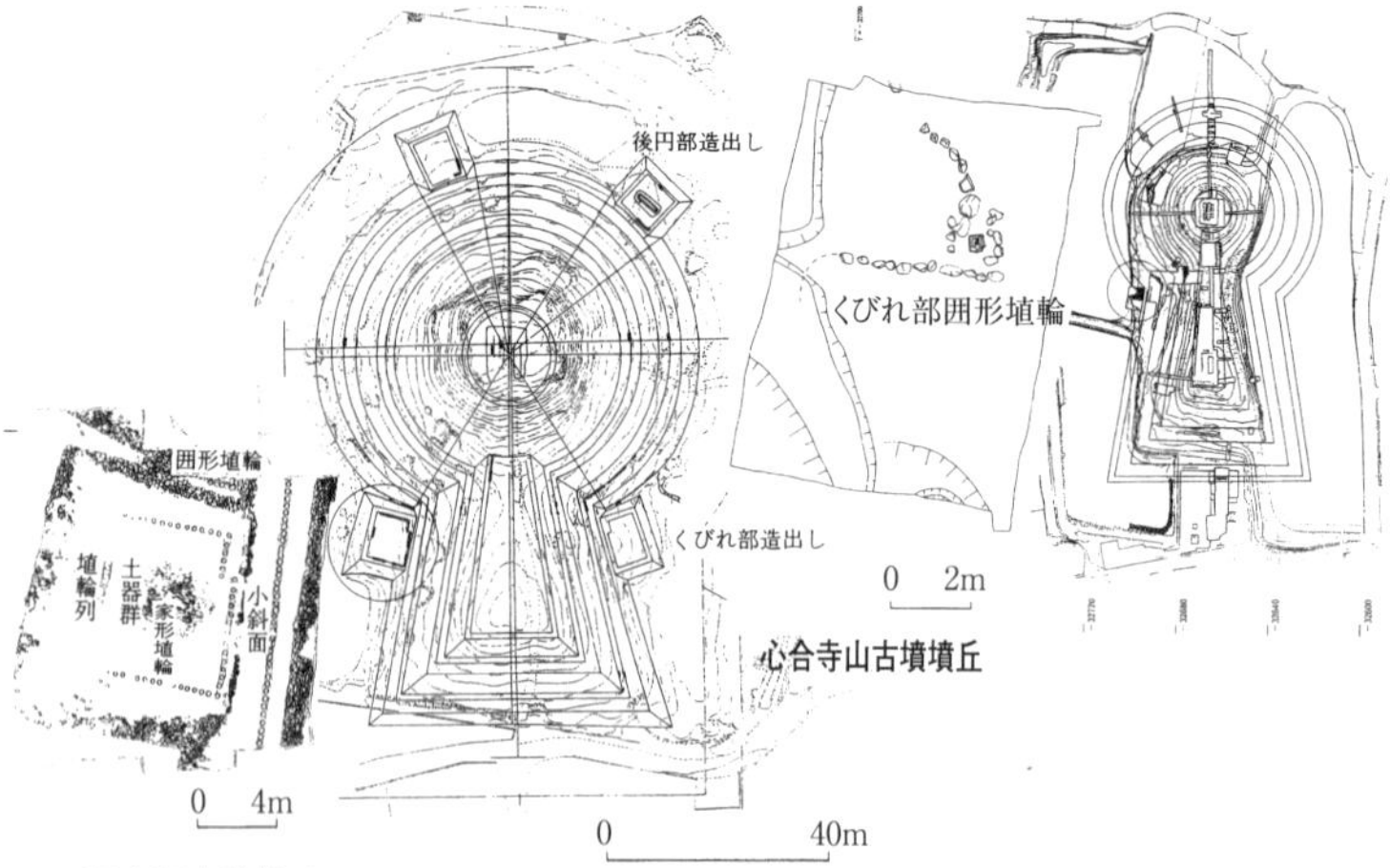

心合寺山古墳墳丘

行者塚古墳墳丘　くびれ西造出し

埴輪配列模式図

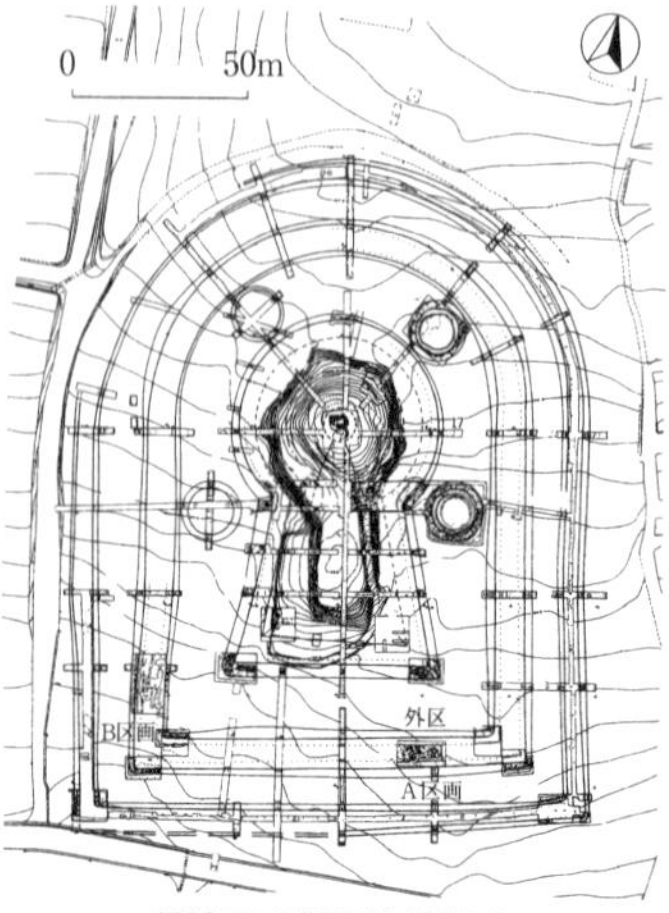

保渡田八幡塚古墳墳丘

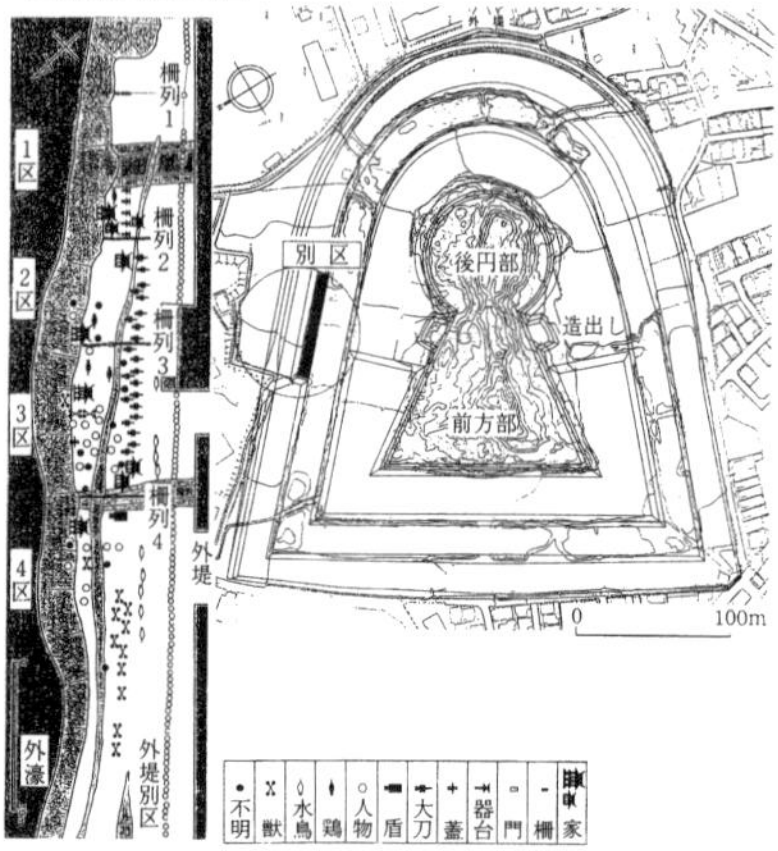

今城塚古墳墳丘　外堤別区

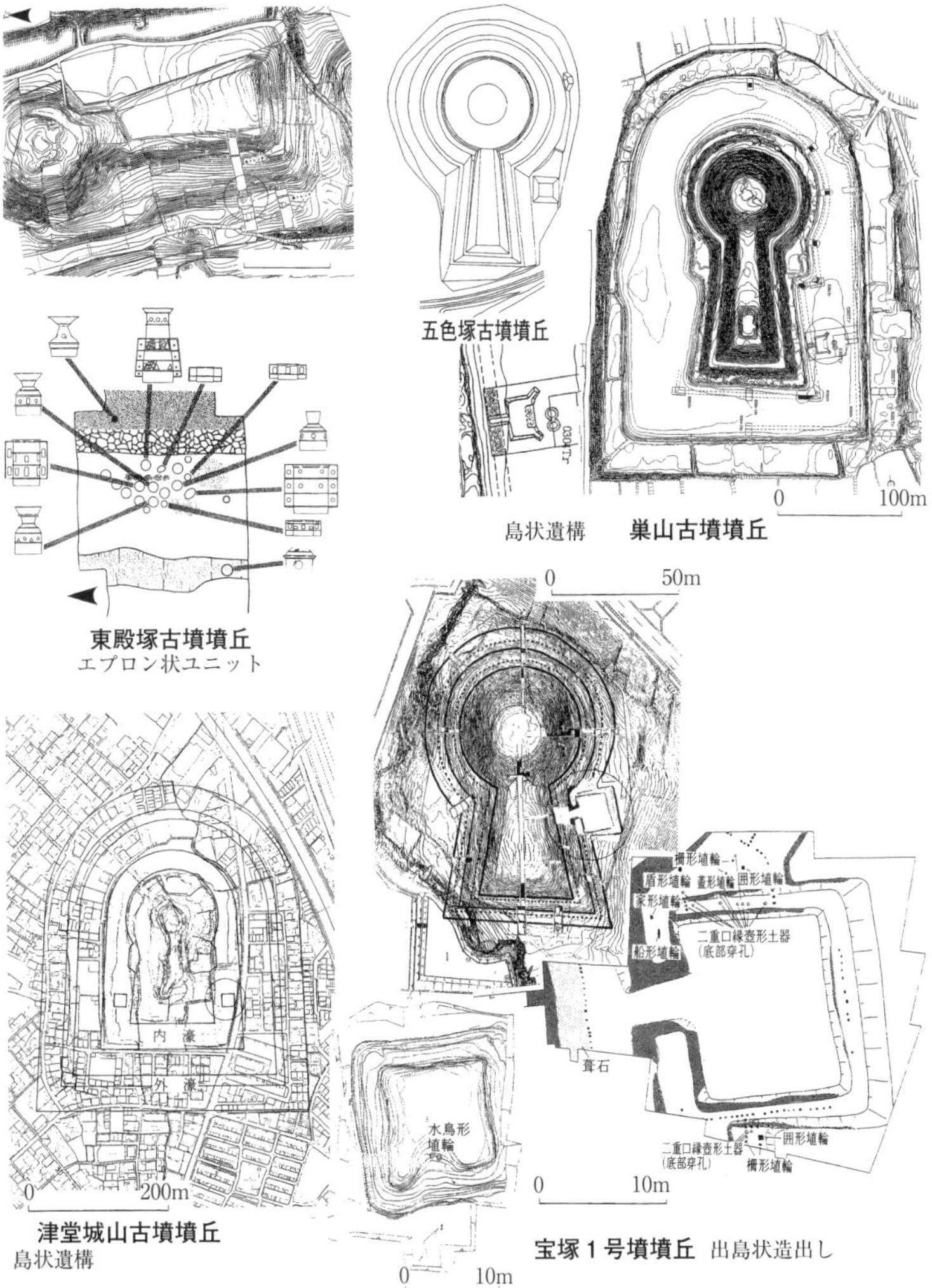

図5　前方後円墳の墳丘諸施設

された。

【墳丘第Ⅱ段階】連動して、奈良県天理市崇神《すじん》陵古墳では周囲に渡《わた》り土堤《どて》をつけて階段状の周濠がまわった（図4景行陵古墳）。同景行陵古墳では墳丘各段テラス幅の増大と前方部・後円部の段築が一致する。裾まわりは大きな列石（葺石基底石）で区画された。

【墳丘第Ⅲ段階】さらに、日葉酢媛《ひばすひめ》陵古墳の周濠では前方後円形の本体にそった鍵穴形でなく、外側は盾形となる。渡り土堤の外側は切断される。

【墳丘第Ⅳ段階】奈良県広陵《こうりょう》町巣山《すやま》古墳（図5左）では外堤・造出し・周濠内島状遺構といった施設がとりつく。埴輪はそれぞれの場所に役割をにない、群をなしてともないはじめた。内側に食い込んで掘削されていたくびれ部は、盾形に掘られた周濠外側の輪部軸にとっては掘り残し部分となっていたので、それを利用してくびれ部付近の掘りのこしに造出しが設けられる。渡り土堤の一部は両側が切断され、島状遺構になる。

【墳丘第Ⅴ段階】津堂城山《つどうしろやま》古墳（図4・5左）以降になると幅広い周濠と外堤で囲まれ、周囲は一層整備された。ほとんどは近くに低地をもつ台地上にある五世紀代の大規模墳である。むろん、付随する中小墳の陪冢《ばいちょう》は原則的にこの外まわりに配置された。仁徳陵古墳では二重周濠と外周溝を整え、総じて三重堀になる（図4仁徳陵古墳）。その長さは八六四メートルに達した。堤の上は埴輪で満たされ、埴輪列で垣根のように何重にも墳丘を囲み閉ざしていった。

【墳丘第Ⅵ段階】　その後も大阪府堺市ニサンザイ古墳にみられる外堤をふくめた墳丘兆域《ちょういき》（最大区画）の方形区画が重視され、外界からの侵入を拒絶した。このころから主墳となる古墳と中小墳の格差はより拡がり、周囲にあった陪冢も切り離して排除され、つくられなくなる。

【墳丘第Ⅶ段階】　そして、墳丘周囲の表現がより一層のゆたかさをもった。そこにおかれる埴輪の群要素も日本列島各地でそれぞれの地域に応じた形で受けとめられた。大阪府高槻市今城塚《いましろづか》古墳では外堤区画に突出部を設け、別区が確保された（図5右）。一方、横穴式石室採用にあたって石室入口の前に設けた。前庭部周囲にも埴輪が群化した。

墳丘本体の付加的要素

こうした墳丘本体に付随する施設がふくれあがりバラエティーを増した。次にその細部と備品的なもの、つまり、そこにおかれる埴輪を加味すると、各々の場になにが付加されていったかが垣間見られる。

【墳丘付加第Ⅰ段階　墳丘上での埋葬付加物】　箸墓古墳の墳丘上には、吉備《きび》を含む広域から、しかも儀器化した品物が持ちよられた。後円部頂には吉備からの都月《とつき》型円筒埴輪が集中・重点的に、片や前方部頂には在地系の底部穿孔《せんこう》の二重口縁壺形土器が大量に列状に並べられた。ただし、小墳丘の奈良県橿原《かしはら》市葛本弁天塚《くずもとべんてんづか》周溝墓では吉備からの円筒埴輪の祖型となる宮山型系特殊器台形土器が列をなして並べられた。三世紀前葉の奈良県天理《てんり》市中《なか》山大塚《やまおおつか》古墳（図32）では石室の上を覆う被覆石の上に宮山《みややま》型特殊器台が破砕してすてられ、石室埋設後の墳丘をととのえたときに吉備の都月型円筒埴輪が並べられた。おき場所ごとで墳丘での土器・埴輪のあつかいに違いがあり、それぞれの集団間の関係性がうかがえる。こうした持ちよりは食器に関連するものが目立ち、この段階に埴輪をおくことがふつうになった。この蓄積が次代の古墳墳丘の装飾性を育てていった。この行為が古墳築造の最終と言えよう。

【墳丘付加第Ⅱ段階　墳丘裾突起施設としてのエプロン状ユニットと渡り土堤】墳丘は箸墓古墳のように盛土を主体とするのでなく、古墳墳丘に即した丘陵地形を巧みに取り込むようになった。三世紀後葉の奈良県天理市東殿塚《ひがしとのづか》古墳では、前方部側辺の盆地側、エプロン状に張りだした南隅に埴輪が集中しておかれ、円筒埴輪とともに他の埴輪の器種の萌芽となるものを組み合わせて本格的に埴輪が立てられた（図5左）。その一群は、吉備の宮山型特殊器台形土器・都月型円筒埴輪を基調とし、簡略・デフォルメした鰭《ひれ》付円筒埴輪、鰭付楕円筒埴輪、壺・高杯《たかつき》一体型円筒埴輪が集まる。さらにこれらとともに、各地から持ちよられた高杯・二重口縁壺・小形丸底壺・布留式甕《ふるしきかめ》・近江系甕・山陰型鼓形器台・布留式小形鉢・近江系小形鉢形といった土器がおかれた。

一方、四世紀前葉の奈良県天理市赤土《あかつち》山古墳後円部背面、周辺地形とつながるブリッジ（陸橋）状になった端にも墳丘の付帯施設を設けた。ここではさまざまな家形埴輪がおかれた。さらに新しい奈良市成務《せいむ》陵古墳の階段状周濠にともなう渡り土堤の墳丘側の肩口には、小形円筒埴輪列を囲むように楕円形の柵形埴輪列が並ぶ。

【墳丘付加第Ⅲ段階　盾形周濠内の切断ブリッジと濠《ごう》内マウンド】この段階に成立する盾形周濠は、その外側輪郭を整備するために、ブリッジの外側を切断する。代表的なものが、四世紀中葉の日葉須媛陵古墳の前方部両側辺にある。

兵庫県神戸市五色塚《ごしきづか》古墳では、前方部前面下段中央に墳丘本体と周濠外側とをむすぶ幅五・二㍍の通路ないしは壇状遺構がある。これは埴輪片をふくんだ土で盛られる。また、北東側の後円部背面側では一五・五×八㍍の方形マウンドが墳丘本体裾と接し、地山を削りだして、本体との間に石を敷きつめた。さらに、この古墳には東側くびれ部にすべて盛土築成される一辺二〇㍍の島状マウンドが足された（図5左・上中）。法面に小礫、頂部に埴輪があるが埋葬主体はない。この島状マウンドは、三重県伊賀市城之越《じょのこし》遺跡の湧水祭祀にともなう方形壇や広場と相通じるかもしれない。さらに、これは後円部・前方部双方に接することから、少し後の奈良県巣山古墳の造出しに発展すると見ると（図5左・上右）かなり目的的で必要な場であったことになる。こうした墳丘境界あたりでの切断や掘り残しは、盛土造作をともなって次段階に明確な施設へ成長していく。ブリッジの切断は島と造出しを生んだ。

【墳丘付加第Ⅳ段階　周濠と島状遺構と水】四世紀後葉の巣山古墳には墳丘からブリッジを経由してつながる島状遺構がある。頂部で一一・五×七メートル、基底部で一六×一二メートルの方形壇の先端隅裾は突出する（図5左・上右）。水辺に水鳥形埴輪がおかれた。突出部分の列石は城之越遺跡の祭祀遺構にも似る。さらに、この外側辺の中央くぼみにある州浜《すはま》状部分には二基の径三〜四メートルの小さな円形の浮き島がつく。頂部付近からは家・蓋《きぬがさ》・盾・囲・柵形埴輪が出土する。家と威儀具、防御具、列囲いをもった墳頂部の器種配列とさほど変わりはない。

四世紀末の津堂城山古墳は一つながりの精美な盾形周濠の前方部両側辺側に水面内から頭を出す島状遺構がある（図5左・下左）。地中レーダー調査でみるかぎり、ブリッジはない。島状遺構にも方形の一辺、頂部中央から南側辺に向かってゆるくくぼむ州浜状の鞍部《あんぶ》がある。その上肩にそって、大小三個体の水鳥形埴輪が水辺にたたずむようにおかれた。島状遺構の裾から大形木材が出土することから、頂部に建物があったろう。

こうした水に関係するものは周濠と水鳥形埴輪のほかに、くびれ部裾や周濠中央にうかべられた船形埴輪がある。周濠は水と交通を表現する。

【墳丘付加第V段階　造出しの展開】巣山古墳の両くびれ部は、後円部よりに未発達ではあるがすでに造出しがあり、前方部島状遺構との区別がつく。しかし、ちょうどそのくびれ部の位置に、それと同様なものが付くのが三重県松阪市宝塚一号墳である（図5左・下右）。くびれ部やや前方部側にブリッジが取りつき、頂部が一三×一〇《メートル》ある二段築成の方形壇の裾まわりは底部穿孔壺形土器と円筒埴輪がまわる。最も墳丘本体に近い底部には水を意識した船形埴輪がおかれる。接して高床建物があり、船着場のようにもみえる。

時期がやや下ると、こうした入口部分には馬曳《うまひ》き（馬子《まご》）と馬がセットで並ぶようになる。この後円部側にある本体への付け根は墳丘への入口ともいえる。同時に、くびれ部の機能と同居した。そこから派生し開く空間の外側には柵・囲形埴輪を配置する。前方部側の付け根でも同様に数珠つなぎに囲形埴輪がおかれ、なかに樋《ひ》形の導水施設を備えつける建物がある。巣山古墳の造出しは二段築成になる可能性もある。宝塚一号墳のものはくびれ部造出しでなく、似るのは四世紀後葉の奈良県築山《つきやま》古墳であり、こうしたものを出島状の造出しとして区別したい。

五世紀前葉の兵庫県加古川《かこがわ》市行者塚《ぎょうじゃづか》古墳は両くびれ部の後円部側進入部分には、同じように囲形埴輪がおかれる（図5右・上左）。下って大阪府八尾《やお》市心合寺山《しおんじやま》古墳では囲いの中に家形埴輪、その中に導水施設がつく（図5右・上右）。造出しは行者塚古墳において、くびれ部両側と後円部背面に二基ずつ、双方一基ずつの上部が全面調査される。くびれ部造出しでは、九・七×八・〇㍍《メートル》ある方形壇の頂部テラス、中央やや墳丘本体よりに家形埴輪が集まる。その外側に籠や高杯形土器がおかれ、その中にアケビやヒシの実、開いた魚、鳥、肉の切り身などの土製品がそえられる。周囲は円筒・壺形埴輪で囲まれ、墳丘側の一辺は下段テラスと若干の段と玉石列で区画されるだけで、全体がつながる。後円部造出しには木棺を粘土で覆った粘土槨の埋葬主体がある。その上にある埴輪は、奈良県御所《ごせ》市室《むろ》宮山《みややま》古墳などの墳頂部と同じように、中央に家、周囲に盾、靫、甲冑の埴輪が並べられる。これにより、この時期の埋葬施設にともなった埴輪の必要なセットがわかる。五世紀中葉の奈良市ウワナベ古墳くびれ部造出しでも、須恵器のミニチュアとともに魚などの土製品がみつかる。

導水施設や囲形埴輪がおかれるのはくびれ部の特徴であり、くびれ部造出しの特性としては食器類の土製品と家形埴輪をともなうということになろうか。

外堤部の付加的要素

墳丘本体の周囲には盾形の周濠をめぐらせるために外堤が付け加えられ、そこにも付随施設が加えられた。

【墳丘付加第Ⅵ段階　外堤上の区画「外区」】　五世紀前葉末の大阪府藤井寺《ふじいでら》市墓山《はかやま》古墳前方部隅の周濠からは人物・馬形埴輪の顔面部分が出土している。堤にそうした埴輪を配したことがうかがえる。

五世紀中葉の間には、馬や猪形埴輪につづき、人物を含めた動物埴輪の器種がゆたかになる（図2）。目立つのは巫女《みこ》、力士、武人、狩人、犬、鹿など。中葉末の奈良県橿原市四条一号墳では短小な前方部のくびれ部付近やその対面の外堤側のコーナー付近といった境で出土する。具体的には、人物埴輪は初期に盾持ち、次いで裸足で意衣《おすい》、ふんどししか身につけない巫女や力士が現われる。そののち、器物をもち、動きを表現し、役柄ももつようになる。冠帽・大帯・大刀・弓をもつ・琴を弾く男、短甲《たんこう》・挂甲《けいこう》武人、入墨をする男など。それに付随する器財埴輪の出現をうけてか、蓋・盾・鞆《とも》・大刀形埴輪などの威儀《いぎ》具的なものをのぞいて、甲冑形埴輪など武威的な器財は消滅傾向、もしくは形式化する。

さて、人物・動物が特に集中するのはあとの時期もふくめ、外堤である。仁徳《にんとく》陵古墳の巫女・男子・馬・水鳥形埴輪なども集まって出土したらしい。墓山古墳や四条一号墳にも埴輪集中区があった。五世紀後葉の群馬県高崎市保渡田八幡塚《ほとだはちまんづか》古墳例は一定区画を設け、その中の埴輪は座る・立ち姿の人物、鳥の列、猪・鹿狩り、鵜飼い、馬の列など、被葬者の生活にしたがう従者と所有の宇宙を表現するのであろう外区がある（図5右・下左）。

【墳丘付加第Ⅶ段階　外堤突出部「別区」】　六世紀前葉末、大阪府今城塚古墳の外堤側面中央外側に長さ六〇、幅一〇《メートル》の方形区画があり、外側に突出する（図5右・下右）。なかは、柵形と門形埴輪を用いて少なくとも四つに区切られる。それぞれの区画で表現がちがう。保渡田八幡塚古墳にみられるA区画内の品目と似るが（図5右中下）、それらに家が取りつき、さらに細分される。そして、外堤内外にある埴輪列内を区切るのでなく、さらに外側に張り出して区画を設けた。それは堤に、九州に独特な石製の埴輪とも言える石人《せきじん》・石《せき》馬《ば》をおく張り出した場がつく福岡県八女《やめ》市岩戸山《いわとやま》古墳と似る。

今城塚古墳の外堤別区から出土したのは、蓋・盾・甲冑・大刀形といった器財埴輪、巫女・女子・武人・座人・力士・鷹飼いといった人物埴輪、鶏・水鳥・馬・牛という動物の埴輪。家形埴輪がそれぞれの空間の拠《よりどころ》となる。そこに機能分化した施設を核として区画された屋敷地のような小宇宙がある。またこの時期に特徴のある大刀形埴輪が並ぶ。大刀は副葬品としてもすこぶる目立つようになる。これは六世紀になって、装飾大刀が銅鏡や甲冑以上に大切な被葬者の表現媒体になったことを反映する。この別区は、外堤のない宝塚一号墳で展開したくびれ部から外、つまり墳丘外に沿ってあった囲形埴輪群、そして、ひいては五世紀前半に古墳を囲んで衛星的に配置される陪冢と同じような、施設本体に沿った外縁帯的な屋敷地の性格をもった延長付帯施設として集約されたものと理解したい。

この段階の造出しをみると、その例が和歌山市井辺《いんべ》八幡山《はちまんやま》古墳にある。東側造出しは中央に多くの須恵器の甕形土器群があり、それに人物埴輪が侵入する。そばにはこれまで中心であった家形埴輪がある。その片側にはさまざまな装備の武人・双脚輪状文《そうきゃくりんじょうもん》・盾形といった埴輪がある。西側造出しは、墳丘テラス側に多くの須恵器大甕・壺・器台・鉢・杯形土器、その前に人物埴輪、外側周囲には力士・武人の埴輪などが囲む。両者の区画の内側には馬曳きと馬形埴輪が並ぶ。この様相は、各空間の性格分けが伝統的につづいていたことを物語る。しかし、この段階、五世紀には表現されなかった人間の所作が埴輪化した。

周囲の要素をまとめるなら、造出しは平面方形を意図されてつくられた。くびれ部に取りつくものは、側辺全体が墳丘本体の前方部側辺下半に結合するのが主流で、頂部を埴輪列が囲み、独立した空間をつくる。当初、御厨《みくりや》的、供膳《きょうぜん》的な品物である土器、土製品と家形埴輪が必需品であった。周濠内では、島状遺構がある。津堂城山古墳を定型例とするなら、水鳥形埴輪が主要構成要素となる。ほかに、空間利用がはっきりするものにくびれ部がある。そこには結界関係の囲・柵形埴輪と湧水・導水関係の樋・槽《そう》形埴輪および土製品、水や交通に関係する水鳥・船・馬形などの埴輪がおかれることが目をひく。外堤成立後には、従者との所有を主とする外区や、従者の空間を主とする別区も取りつく。

横穴式石室の巨大化へ

付加・整備された施設は、もともと墳丘本体と周辺地形との結束点にあった平場、すなわちエプロン状ユニットとブリッジから由来・派生し、明確化、次々と分化してバリエーションを増して拡大したものである。時期を追うごとに古墳被葬者の複雑な支配社会や世相を刻々と具現化し、成長していった。ただし、こうした付加と同時に、省かれる施設も多く、時間の流れとおかれる環境ごとで何を付加・省略したかが、古墳に対する考え方と墳丘づくりの格差や達成度を示し、古墳相互の系譜や、序列化を導きだすことができる。

古墳の埋葬主体にあるものは、身のまわりに密着した被葬者のライフヒストリーの縮図である。それにくらべて墳丘の各付加施設は被葬者の造営力とその時代背景をゆたかに表現するものである。その埋葬施設は前半が竪穴式石室、後半が横穴式石室に移りかわるものの、墳丘の外観では水平に開いた石室入口の前庭部以外にさほど変化がない。

後者は埋葬施設の空間とその周縁の肥大化がむしろ付加的なものになろうか。つまり、羨道《せんどう》という通路とその前庭部、石材と玄室《げんしつ》は巨大化する。これはレンガを積んだ磚室墳《せんしつぼ》が主となる朝鮮半島の韓国忠清南道公州《チョンチョンナムドコンジュ》市の武寧《ぶねい》王陵に代表される大陸系の墓室とは大きく違った日本列島に独特な巨石石室の道をとった。六世紀後半に大きな野石で架構された横穴式石室が爆発的に築造された。このとき付加の一大関心事は墳丘から石室に移って、墳丘増大に奔走した時代は終焉を迎えることになる。

方形周溝墓と方墳の周溝掘削パターン

盛土した墳丘の顕著な墳墓は弥生時代からみられる。方形の低墳丘のものはまわりの周溝の掘削手法と墳丘の盛土が一体であり、その発展的な推移がみてとれる。その出現は水稲耕作のシステムにともなって、環濠集落の構造とともに移入されたときであろう。まずは溝で平面的に区画、墳頂を平坦にして区別することからはじまった。

河内平野の方形周溝墓

弥生時代の全般にわたって、方形周溝墓の区画内は特定の数人の埋葬に限られることはなかった。しかも墳丘の片隅に集中して置かれる穴をあけた壺形土器などは、これまでは埋葬ごとの供献土器の集積とみなされたが、死亡率の高い乳幼児棺であった可能性が高く、区画のなかは血縁集団を基礎として埋葬されていたであろう。血縁者と考えるのは、古墳時代前半の同一古墳の埋葬者が、あとでふれる双系キョウダイ原理に基づく同一世代の埋葬（基本モデルⅠ）であることから、この考えをさかのぼらせたい。

さて大阪府河内《かわち》平野の方形周溝墓をみると、こうした集団は当初、均質的であったが、次第に不均質になり、バラエティーが出てくる。大阪府八尾市亀井遺跡は長方形に墳丘がつぎ足されて区画が平面的に拡大される。八尾市巨摩廃寺《こまはいじ》遺跡は一次埋葬で区画内が埋葬でうまったあとに、三次埋葬にいたるまで、上に盛土をして埋葬をかさねて立体的に大きくなった（図6下）。

こうした累積は墳丘の平面と立面の増大をうながしていった。これは、時間がたち、世代が入れ替わっても同じ空間で垂直に累積していった。一方、墳丘は地表にあらわれる範囲をおかすことがないように平面を拡張されながら拡がっていくものもある。埋葬主体は極端に区画内で密集することになる。佐賀県神埼《かんざき》市・吉野ヶ里《よしのがり》町の吉野ヶ里遺跡の北墳丘墓も一定の盛土を目印として甕棺《かめかん》墓《ぼ》が集中する。

主に弥生時代の前・中期は弥生区画墓というべき平面的なもので特定集団墓であったが、後期には埋葬主体数も限られて特定個人墓の様相をみせはじめていた。墳丘も立体的なものとなり、近藤義郎がいう弥生墳丘墓が増える。

近藤は一九八三年に、岡山県の吉備にあらわれた特徴について「しばしば墳端に、ある

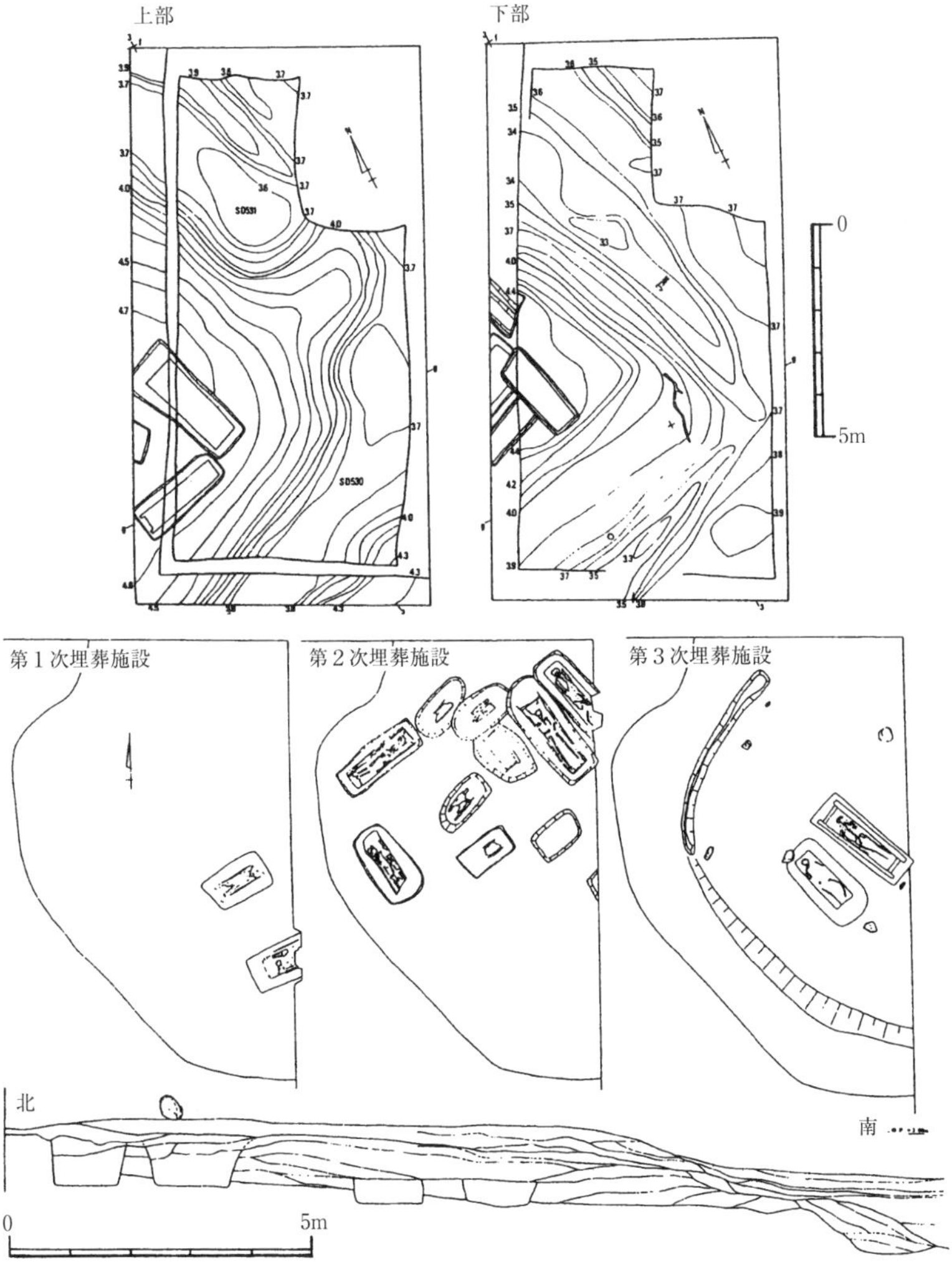

図６　久宝寺遺跡中期方形周溝墓（上），巨摩廃寺後期第２号方形周溝墓第１～３次埋葬面（下）

いはそれに近く列石あるいは石垣状の列石を配していることが多い。……立地はのちの前期古墳のように、集落から離れ、山や丘陵の頂上や尾根……平面形には方形・円形・長方形・楕円形などがあり、なかには古墳前方部に似た突出部を一つまたは相対して二つもつ類もある。……大は径四〇《メートル》強に達するものもある。……多人数埋葬の場であるもの、少人数埋葬のもの、単独埋葬のもの……埋葬にあたって飲食物供食儀礼が行われ、埋葬主体の直上または付近に、壺・台付坩・高坏の土器類……なかでも特殊に発達し、大形化・装飾化をとげた壺と器台――特殊壺・特殊器台――が顕著な存在を示す」と指摘した（『前方後円墳の時代』岩波書店）（図13上・15上）。

これらのうち、その終末には前方後方形、双方中円形（楯築《たてつき》型）が中国・近畿地方で顕在化する（図7上）。加えて、山陰地方を中心にした四隅突出《よすみとつしゅつ》形など、地域ごとでの独自性の主張を表象するものが日本列島各地で乱立した。これらは前方後円墳の前方部、葺石、埴輪列など、主な墳丘要素につながるものが多い。

低墳丘の掘削パターン

低墳丘の墳墓は、弥生時代では方形周溝墓、古墳時代では方墳になる。同じ方形のもので連続的に溝の掘削手法に時代の変化がある。少なくとも方形周溝墓の周溝は三つの手法で掘られた。その延長として古墳時代前半期に一つ、計四つの手法がある（図7下）。

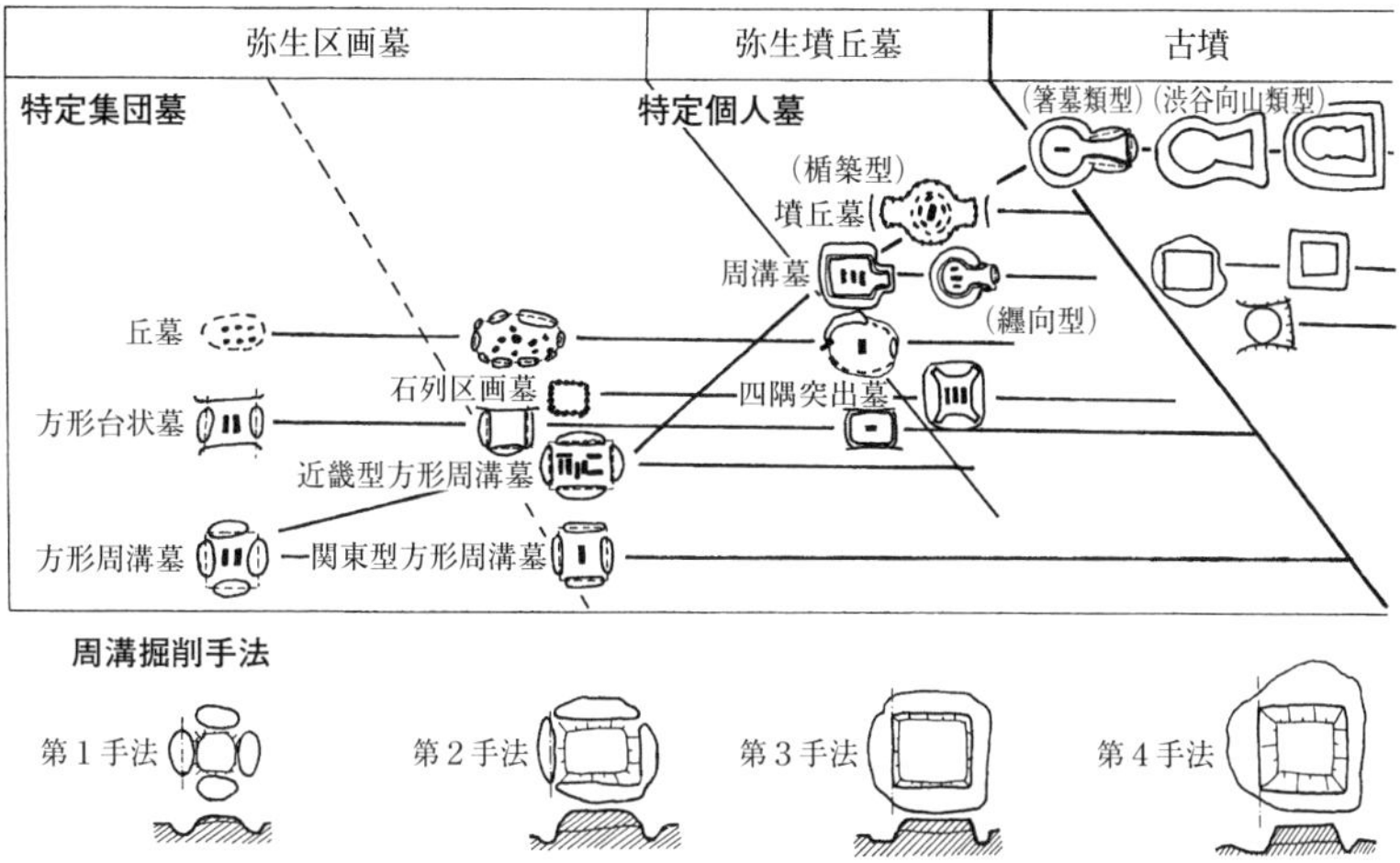

図7　弥生区画・墳丘墓の変遷

初期の墳丘に多いのは第一手法である。福岡県夜須《やす》町東小田峯《ひがしおだみね》遺跡のような溝の断面形がUの字で明確に方形に画されるが、裾ははっきりしない。大阪府八尾市山賀《やまが》遺跡の中期はじめのものは環濠土堤の上につくる。つまり土堤を溝で掘り割って二辺をつくり、あとの二辺は土堤斜面をそのまま利用した。これで、方形の概略を整えた。溝はきれいなものでなく落ち込みのように不整形である。埋葬する上面平坦面が重視された。

弥生時代中期中・後葉を中心とした第二手法は、東大阪市瓜生堂《うりうどう》遺跡第二号方形周溝墓や大阪市加美《かみ》遺跡Y一号方形周溝墓の溝にみられる。溝の断面形はVの字、Uの字、半円形とさまざまで、いびつさが目立

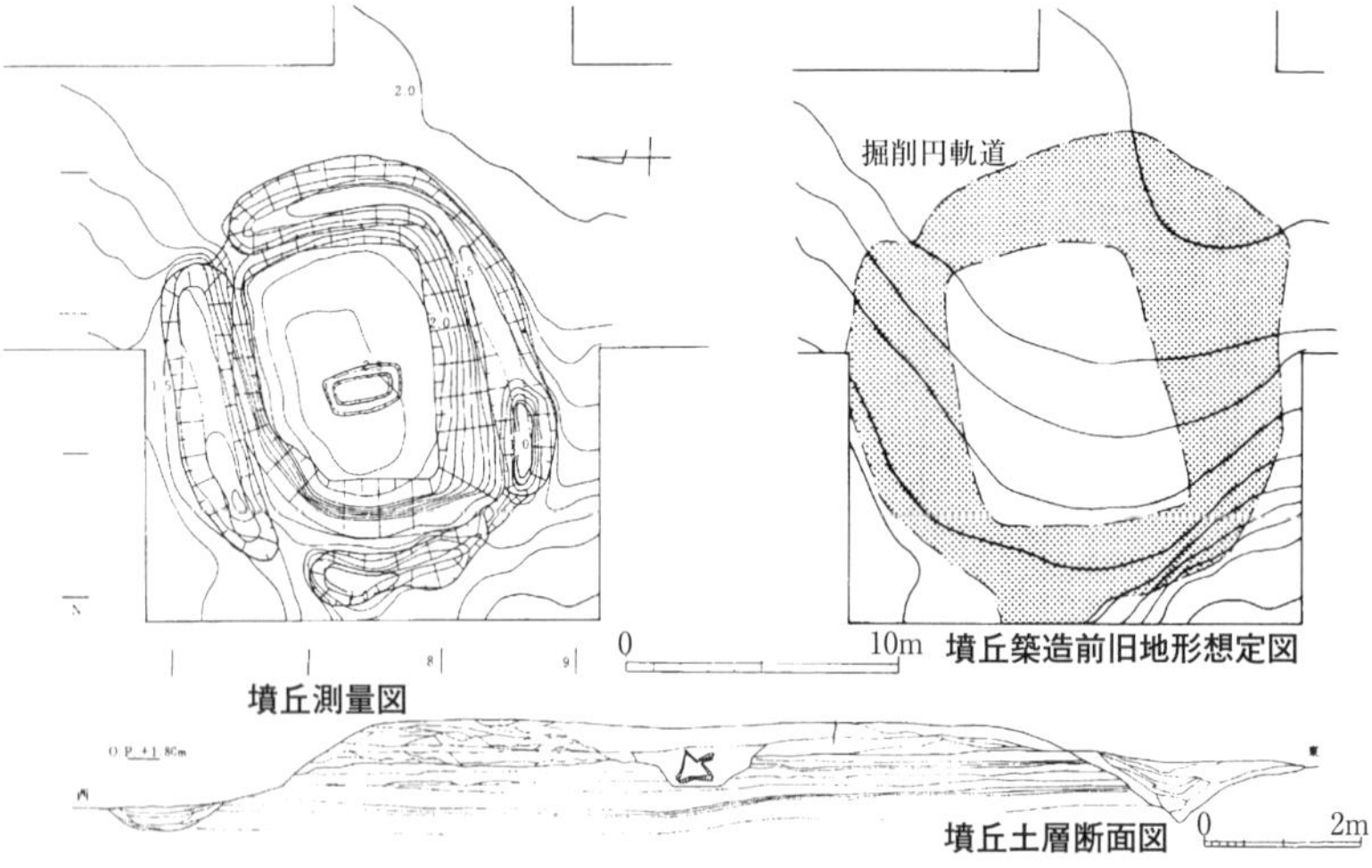

図8　巨摩廃寺後期第8号方形周溝墓の旧地形掘削削去

つ。墳丘全体でみるとき、掘り込み面より下は急斜面、盛土される上部の勾配はゆるくなる。

方形周溝墓の土砂掘削範囲外側は円軌道の性質がある。たとえば図8には巨摩廃寺後期第八号方形周溝墓を示した。これは単独一基で単一の木棺をそのまま埋めた埋葬主体（木棺直葬《じきそう》）であることから、周辺の旧地形がそこなわれていないシンプルな墳丘で、築造当初の掘削のようすがよくわかる。微高地の中央に墳丘をのせ、周縁部の広い範囲で掘削し、その土を墳丘部に盛土したのちに埋葬する。旧地形の掘削の範囲はその外周が円形となる。これは周縁からの盛土は方尖形状である墳丘に対して上になるほど土量が少なくなり、あえて対角線上の掘削運搬距離が長くなる墳丘四隅を掘る必要性がない。より盛土が必要なばあいは、それぞれの側辺のなかあたりを深くするか幅を広げるかして（図6上右）、墳丘中央から平面・垂直方向のいずれも至近距離で土砂採取しようとすることから、その範囲が円軌道を描くと言うことになる。この方法が掘削基本形であった。

第三手法は、巨摩廃寺遺跡後期第三号方形周溝墓や八尾市久宝寺《きゅうほうじ》遺跡周溝墓群の例があり、弥生時代後期から古墳時代はじめが中心である。周溝断面形はやはりU・Vの字が多いが、安定したコの字や逆台形のものが増える。溝底には平坦面が目立ち、墳丘四隅も側辺と同じように掘り込みが深くなり、墳丘裾の全体がはっきりしはじめる。

第三手法の後半期は、弥生時代から古墳時代の過渡期になる、いわば倭国相乱れたなかでの邪馬台《やまたい》国時代とも言える庄内期という時期にはいると、円丘は盛土量を急激に増やして墳丘が高くなる（図7弥生墳丘墓）。

古墳時代には第四手法が主流になる。大阪市長原《ながはら》古墳群の方墳が典型である。これらは断面形がコ・Uの字形を呈するが、墳丘側裾の掘り込みが急で輪郭がはっきりし、溝外縁はゆるやかで不明瞭な輪郭になる。外側の輪郭は気にかけていないことになる。断面形は総じて「レ」の字形となる。これは五世紀の前方後円墳の周濠まわりをめぐる外堤の外側輪郭にもあらわれる。周濠は一定の水をたたえようとするために周囲に堤がいる。その堤の外周を明確に掘り割るための溝は両肩と底が平坦で逆台形に整える。そのばあいは「外周溝」とする。ただし、その溝は周濠のように溝底を水平に保つ必要はない。さらに、堤の外縁のみをととのえて溝断面がレの字形であれば「外堤を画する溝」として区別する必要があり、造作の意識は大きく違う。

弥生時代の方形周溝墓は、旧地形に周溝を掘りこんでいる以上、低平であろうが盛土をもっていた。ところが歴然と四角く溝をまわすものはほとんどない。掘削土を横積みするのがふつうで、対角線上にあって土砂移動距離が長くなる四隅を明瞭に掘削する必要がないことに起因する。このことは当初より周囲から一段高まった「壇」的なまたは台状の墳丘という区画性に意義を見出し、上部の平坦面に執着した。端的に表象されるものは、丘陵上立地で尾根の稜線を平坦にして埋葬の場を設けた中国地方、近畿地方北部に特徴的な方形台状墓である。

ところが時期が下るにしたがって、墳丘全体の立面感を意識するようになり、墳丘頂だけでなく、上部から裾部までに感心がおよんだ。墳丘の概念範囲は大幅に拡大し、わずかな労力ではあるが、方形という「形」の裾が明確に位置づけられるようになった。これは四隅突出墓とよばれるようなものもその表れである。裾部の陸橋的なものは四隅陸橋とよばれ、周溝墓とも共通し、いずれかは通行に機能したのであろうが、むしろ四隅の突起の成り立ちは先の円軌道の掘削を終えた結果として貼りだし、その裾まわりの輪郭を重視して忠実に列石でなぞり、それが突出した墳丘裾の形になったものである。岡山市湯迫《ゆば》車《くるま》塚《づか》古墳など、前方後円墳の初期にみるバチ形の前方部隅の突出はこうした事情による。

河内平野で弥生時代中期後半から一側辺中央に陸橋をつけるものが散見されるようになるが、これなどはこの周溝掘削パターンとは反してかなり意識的に付加されたことになる。久宝寺遺跡の弥生時代中期の方形周溝墓にはスロープ状に辺の中央に取りつくものがあって見逃せない（図6左）。

弥生墳丘墓と前方後円形掘削パターンと箸墓古墳

箸墓《はしはか》古墳は東から派生する微高地に墳丘中心をのせるものの、大部分が盛土で構成される。盆地平垣部の居住域との接点にあり、これは居住域に接する方形周溝墓の上部が盛土でつくられたことの伝統を踏む。丘陵頂はるか高くに眺望される墳丘以上に、間近で三〇〇《メートル》の大きさの墳墓があたえる影響の方がより身近で迫力ある効果があるだろう。

前方後円墳形周溝墓の掘削パターン

周溝墓の掘削の特徴の第一に、先にみたように対角線を直径とする円軌道の範囲から重点的に掘削して土砂が採られることがあげられる。関東地方は垂直方向に深く掘って土砂を採るので、対角距離にあたる四隅を掘りのこした。一方、近畿地方は水平方向に側面中央の幅が外側に広がる傾向がある。この差は前者が平坦な台地に墳丘の区画を描くのに対して、後者は微高地のやや高いところを墳丘の中心にすえることが一因になっているのではなかろうか。

第二に方形を大型化するときには、墳丘幅をあまり変えずに長方形に大きくなる。というのは、正方形は墳丘が大きくなれば運搬距離がふえるが、長方形なら盛土の大半が長軸側面から供給でき、一定の短い運搬範囲で細長く拡張できる。

これを頭に入れて前方後円形という形をみるなら、第一の円形軌道内の掘削と盛土は、その効率性と墳丘裾の明確化、ひいては墳丘を高く築く効果をもつ正円の後円部に適する。第二に方形を大型化する際には幅をあまり変えずに長く伸ばし長方形に拡張する。これら陸橋部の付加やその発展形態の前方部の増大にむすびつく。

第一は後円部、第二が前方部、初期にこの両者が合体した掘削パターンは、奈良県桜井市纒向《まきむく》遺跡周囲に多い、纒向型前方後円形周溝墓群がそれである（図9中）。これは倒卵《とうらん》形《けい》の後円丘の径を二として、低平な前方丘の長さとの比率が二対一というのが特徴である。この比率はのちの帆立貝式と同じなのだが、前方丘の裾は意識されず質的に違う。後円丘周囲の円形の周溝部は、前方丘の取りつき部分は掘削せずに墳丘頂をスロープでつなぐ程度の盛土だけのため、その付近の墳丘がやせて低いスロープとなり、卵の尖ったような形になる。その尖りが前方丘に向く。端部の区画は前端を溝で切断するだけなのでそれほど高くならない。一方、後円部背面側はその周囲の土砂が十二分に手に入り、高くなる。

そのあと、前方丘側辺と前面側は深く掘られ、内方に向けて盛るようになる。ただし、前方丘の隅角は掘り残されるので、四隅突出墓と同じように突出してバチ形に似る。

箸墓古墳の前方部頂P点の成立

箸墓古墳は環状となる円形周溝の前方部分が掘り残されるが、その掘り止めが図9の中のようにしゃもじの柄の接続のようなくびれを形づくる。それでも後円部の中心点をO点と称するが、纒向型のものとは比べものにならないくらい、そこから絶えずチェックして正円になるように整える。平面形で円を描くのはコンパスのように線を引けばよいが、円錐台の墳丘を整えていくとなると斜面の角度も管理しながらということになる。前方部頂から後円部頂に向かうスロープは、むしろおおむね周囲の円を整え、掘り止めて掘り残した図9上②の部分の上が墳頂部からゆるやかな傾斜になる（図9下）。

こうした箸墓古墳に特徴的な高さのある立体的な前方部に至った過程は、図9の上に示すとおりである。まず②のように前方部を掘り残した陸橋部のもっとも外側を①の前方部前面の溝として、しっかりと削りこむと同時にその間近の前方部頂に積み上げられるだけ積む。この前方部頂のそり上がりは前面側のみならず、③の前方部側面を溝掘りする。そして前方部前面の両隅にも掘削がおよんで③と④との間にはさまれた隅は突出して尖り、バチ形の前方部となる。全体に前方部が高く盛りあげられて、三角錐のようになることか

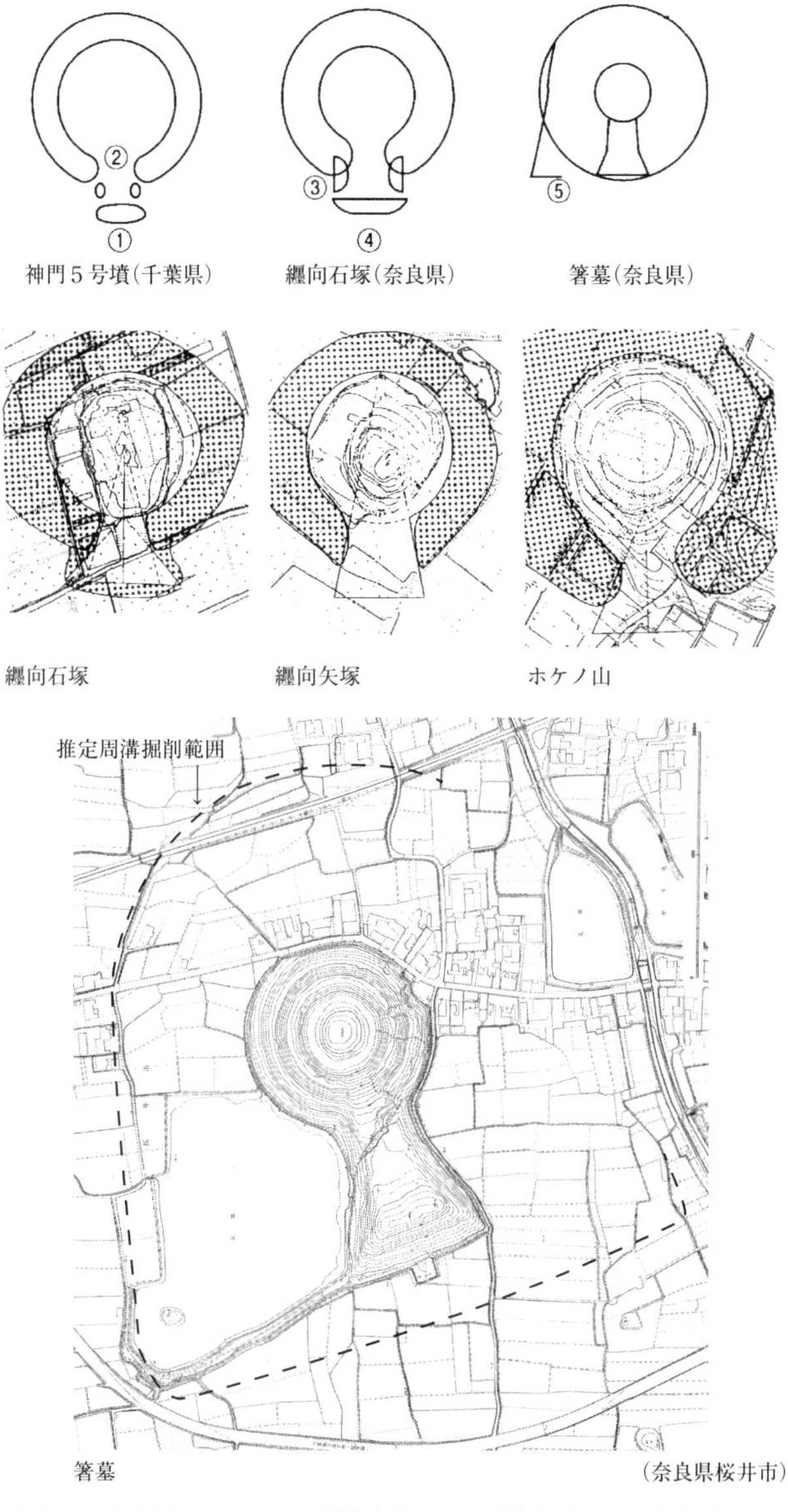

図９　陸橋部からバチ形前方部への周溝掘削変遷と纒向型前方後円形周溝墓，箸墓古墳の推定周溝掘削範囲

ら、その頂点から前方部の前面両側の稜線を管理するためのP点が生まれた。

箸墓古墳の前方部は平坦部をもたずに頂部が幅広い反り立ったものになる（図9下）。そこには地元の二重口縁の壺が並んだ。その幅のまま一旦、前方部中央でもっとも下がり、そのあとに後円部頂に向かって同じ広い幅で登りきる。そこでめざすのは頂部の円壇であった。そこには吉備の特殊壺・器台形土器や埴輪が置かれた。

前方後円墳という墳丘の形を最初にリードした主導類型の到達点である箸墓古墳（図4上）。その重要な画期は、円形を制御するO点と前方部の形を決める明確なP点をおいたことである。そして、O点を中心点として後円部はきれいな正円形になった。円錘台を施工管理するのには最低でも八点のチェックポイントがいる。その精度を高くするには、一六分割、三二分割と増える。五世紀前葉の京都府長岡京《ながおかきょう》市今里車塚《いまざとくるまづか》古墳では、墳丘裾の葺石に先行して立てられた木柱がずっと維持されたまま、葺石がふかれ、施工後も残っていた（図10上）。径四六・五メートルの後円部の裾に前方部接続部をのぞいてO点から放射状に配分された三二本の柱が並ぶ計算になる。それに円錘台の斜面は仕上がりまで三次曲面で整えなければならない。平たい方墳とはちがい、施工管理、とくに斜面を仕上げるのにはかなりのチェックと手間がかかった。

箸墓古墳は大部分が盛土で構成される（図9下）。盆地部の居住域との接点にあるが、このすぐあとの崇神陵・景行陵古墳は、丘陵地形を墳丘により多く取りこむ丘陵端へと移動する。それに比べ盆地にせり出す箸墓古墳墳丘は、それらより圧倒的な存在感を示す眺望を獲得している。盆地でのランドマークともなった。飛鳥時代の南北を貫く上ッ道の設置についても役立ったろう。同じように西側の下ッ道線上には橿原丸山古墳が位置するが、盆地内での目立ち方は箸墓古墳にはおよばない。

前期墳丘の構築施工面

弥生時代は丘の上に台状墓・墳丘墓、平地に周溝墓。立地する地形を加工して、埋葬する平坦面を確保した。古墳時代に入ってもさまざまな地形を利用したが、墳丘頂上だけでなく墳丘の裾の形もきれいに整えるようになった。その作業は手はじめに、どこから取りかかったのだろう。

かつては墳丘構築に関わった実質的な発掘は少なかった。墳丘の中央にある石室《せきしつ》や石棺《せっかん》などの埋葬主体以外が発掘されるようになったのは、一九五三年の岡山県美咲《みさき》町月《つき》の輪《わ》古墳、一九六三年の大阪府高槻《たかつき》市弁天山《べんてんやま》古墳群、一九六六年の大阪府柏原《かしわら》市北玉山《きたたまやま》古墳あたりからである。その後は、埋葬主体の発掘は極力さけて未来の発掘技術にたくし、その周辺の発掘に重きがおかれるようになり、その成果は飛躍的に築造時の墳丘イメージを変えた。

山・平地形での墳丘成形

古墳の墳丘は平地部で生まれ、当初、集落近くからの眺望が重視された。一方で、三・四世紀は弥生時代の方形台状墓と同じく、たくみに丘陵地形を利用して集落から遠望するものも多い。箸墓古墳のあとは、多少の起伏でも高い地形を利用して似た形の墳丘がつくられはじめた。実質的に盛土する労力の省略は明らかだが、山頂の眺望がよいところにあえて築くというのも、山の上り下りを思うとかなり骨が折れる作業である。どのように墳丘を立体化したか。それには一連の基本的な手立てを共有しながらなされ、結果、同じような形の墳丘が群をなすこととなった。

墳丘構築面の研究

墳丘づくりをはじめる構築面について、研究の初期にいくらかの基本的で重要な指摘があった。一九六五年に甘粕健は畿内に展開する三段築成された大形前方後円墳が、その最下段上のテラス面と周濠外側の表面との高さが似ており、最下段の面が築造作業を開始する旧地表面で、周囲を掘り下げることで形作られたものとした。この論は五色塚《ごしきづか》古墳などの調査例や櫃本誠一氏の類例研究によって、平たい台地立地の古墳での墳丘成形パターンとして、おおむね検証された。

さらに、甘粕は応神《おうじん》陵・大阪府藤井寺《ふじいでら》市允恭《いんぎよう》陵古墳などの最下段・第二段（中段）の各段の高さが等しいとした。一九六七年に櫃本氏は各平地の古墳を通じ、最下段・第二段（中段）・第三段（上段）の高さの比率が一対一対一という傾向を示し、前方部の変化は第三丘（上段）の増大でもたらされる場合が多いとした。一九七一年に堅田直は、周濠掘削時に雨水や湧水の処理で排水溝とそれを流すための周濠底より低い土地が近くに必要だとした。

前方後円墳の段築は三段築成が一般的とされるが、それはこうした五世紀の台地上で墳丘本体の周囲に周濠と外堤をととのえる定型の墳丘のようすからもたらされる。それが施工したときにどのように実現されるのか。当初の設計に関する研究は、現在の水面から表面にあらわれる墳丘の裾であった。いつ、どこの長さの基準を用いたかを求める尺度論もそうであった。それまで特定の研究者が陵墓図をトレースして比較検討していたが、その後、墳丘測量図のコピーが容易に手に入るようになりはじめた。一九八一年ごろ、和田晴吾氏らによって、段築ごとの相似形の検討がはじめられた。段築ごとは設計施工面での検証もふくむ。それは甘粕健の研究方向の流れでもあったといえよう。

ともかく調査は墓あばきのように埋葬主体だけを掘るのではなく、墳丘全体の具体的な構造調査、徹底した解体整備にともなうものが一九八〇年ごろからは急激に増える。この成果を詳しくみることで、墳丘の立地・掘削・盛土といった成形作業の実態をつかむことができるようになった。例えば、墳丘長四四・五㍍の大阪府羽曳野《はびきの》市壺井御旅山《つぼいおたびやま》古墳は丘陵上にあるのだが、暗褐色土の弥生時代の包含層が下段上面にあって施工面は平たい（図14中）。調査者の田代克己は「後円部中段半径が前方部上段前面幅と一致することは、他の前期の前方後円墳に類似する点であって、他の前期古墳と同様の地割方法を用いていた」とし、今後の丘陵上にある古墳の斜距離の地割り方法も展望した（『羽曳野市壺井御旅山前方後円墳発掘調査概要』一九六八年）。背の高さをこえた高低差があるところの距離を求めると斜めになり、なかなか水平距離を得ることは難しい。この斜距離の問題には、北條芳隆氏が一九八六年に、奈良県天理市西殿塚《にしとのづか》古墳の各段の設計施工を論じたことがある。

段築で比較することは、山地形や周濠に水がたまり墳丘裾が不明瞭な古墳に有効であるが、築造当初の構築面に墳丘裾を施工基準とするのはまれであろう。

他地域でも、段築プランを拠《よりどころ》とした設計施工についての調査例がある。墳丘長四八

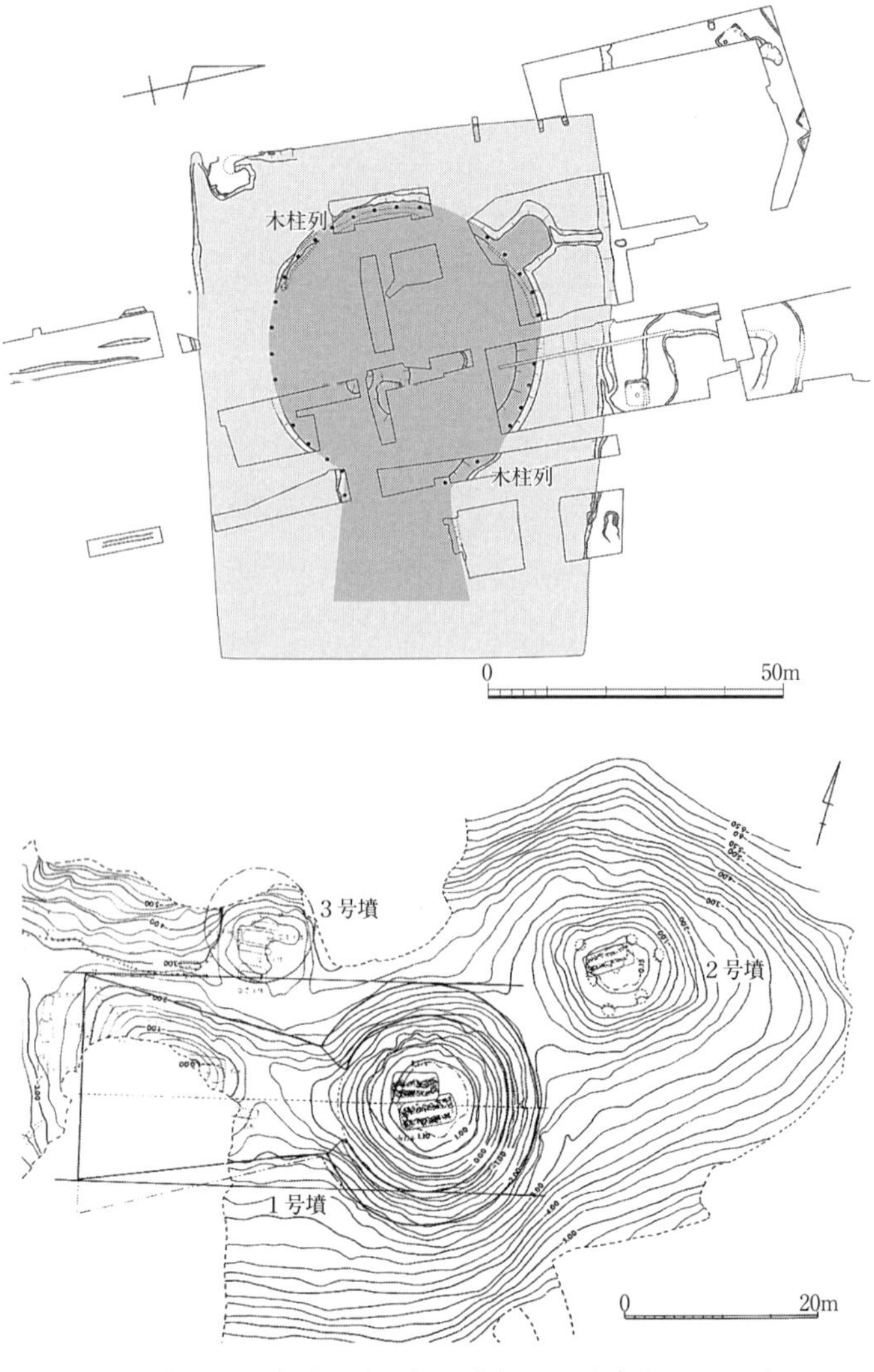

図10　今里車塚古墳の墳丘裾の木柱，丹波奥丸山1号墳の墳丘段築設計プラン

メートル、後円部径二四メートルの二段築成の兵庫県丹波《たんば》市奥丸山《おくまるやま》一号墳である（図10下）。前方部幅は主軸線南側が北側より縮小され二〇・七メートルであるが、北側を主軸線と対称とすると前方部幅も二四メートルと後円部径と同じになる。つまり、南側の前方部稜角は自然地形の制約をうけて後円部上段径に合わせて縮め、北側は後円部下段径に合わせた。

一九七〇年代は調査報告そのものが重要な研究史でもある。

山地形を利用した弁天山C一号墳

築造前から目的にかなった自然地形をそのまま利用するばあいもある。奈良県桜井市の桜《さくら》井《い》茶臼山《ちゃうすやま》古墳は、もともとあった丘陵地形がそのまま墳丘の形になっているのが発掘でわかっている。しかし、そのほかの古墳はそういう訳にはいかず、多少なりとも地形を加工しなくてはいけない。

墳丘成形の全体構造を明らかにした先鞭は、弁天山古墳群の調査である（図11右）。一九六三年に大規模なゴルフ場と住宅建設に直面した調査にあたり、「なかんずく、従来ほとんど試みられなかった墳丘部分の徹底的発掘調査の結果として、前期前方後円墳築造計画技法をほぼ解明し得たかのごとく」との意気込みがあった。地山《じやま》（旧地形）の利用法は、山地と平地という立地で大きく左右される。山地形では、地山が墳丘の多くを占め、墳頂部埋葬施設までおよぶか、その付近まで達するものや、後円部最上段の下端を平坦に近いものにして（もしくは平坦な旧地形を利用して）、盛土する。C一号墳はもっとも旧地形を利用する前者にあたり、盛土量と削土量の割合は五対一が見積もられる。

調査所見は、まず地山と盛土の境目に薄い黒色灰層を部分的に認められることから、その層は築成に先立ち丘陵上の草木を焼いたかとした。前方部前面下半は地山を削ってつくる。後円部前面・背面の大部分も同じである。墳丘外縁には前方部前面の下方や南側くびれ部の外方一帯はあたかも人為的に削平された平坦面が残るものの（図11上右中）、盛土した部分は後円部の最上段の上半分と前方部端の一部にすぎない（図14上上中）。

これらをもとに図11上右のような墳丘構築過程が示された。これは埋葬主体部のみの発掘ですましていた当時の古墳調査を一変させた。まず、後円部は四つの稜線が合わさる最も高いところを利用して設定する。中央の主体部である粘土槨前面にかけて地山面が下降し、その上に厚い盛土がのる。後円部北側のくびれ付近の周縁の斜面輪郭を予定するところに、赤褐色粘質土を土堤のようにととのえた。それは三角形を呈した土層断面を観察した調査者が、あたかも頂部外縁を意識しておかれた作業と解釈した。周縁部を整えて順次内方に傾斜させつつ積みあげ、最後に内方の凹部を平坦になるように埋める。盛土ははじめに概略の基礎部分を盛りあげたが、おきはじめる段階までに地山面にそれ相当分が用意されていた。

周縁部を先にととのえる方法は、図11左に掲げた福岡県小郡《おごおり》市三国《みくに》の鼻《はな》一号墳で平面

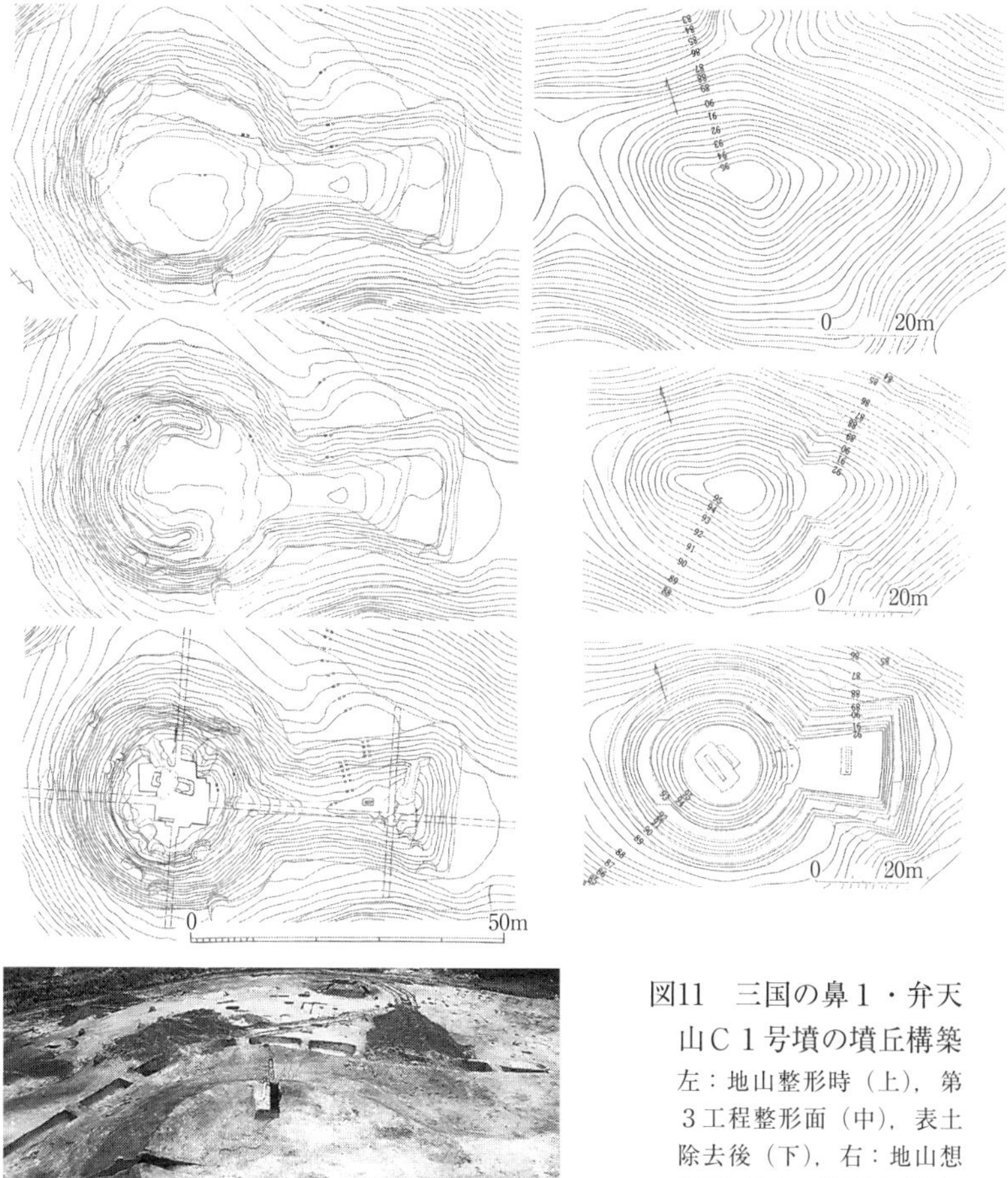

図11　三国の鼻１・弁天山Ｃ１号墳の墳丘構築
左：地山整形時（上），第３工程整形面（中），表土除去後（下），右：地山想定図（上），削土図（中），復元図（下）

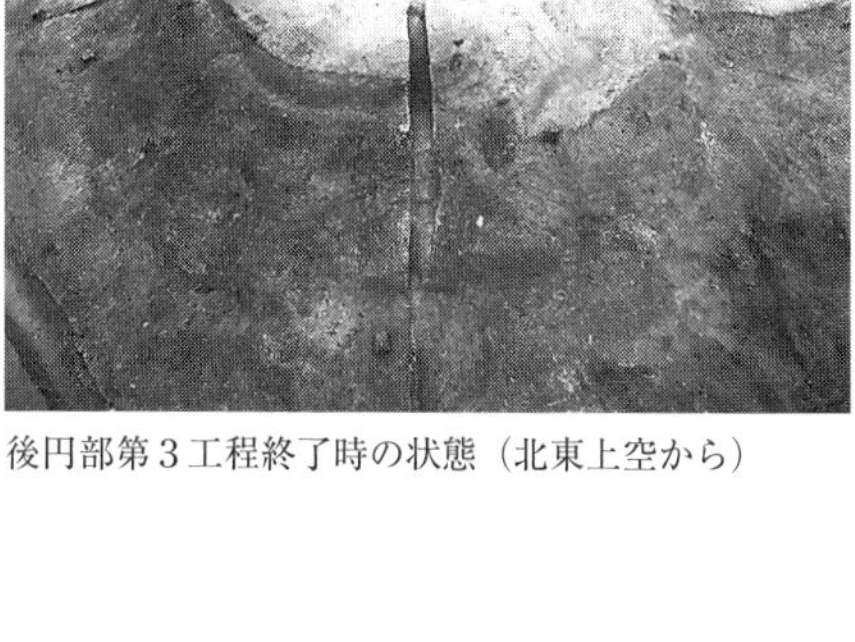

後円部第３工程終了時の状態（北東上空から）

的に確認されている。下半分を平坦にし、中央の図は後円部の背面側の周縁に土手をまわしている。その土手の断面は三角形にみえる。後円部の最上部の土砂は、前方部からのスロープを通じて搬入されたと考えられている（図11上下）。

葺石は一辺三〜五メートルの法面《のりめん》の表面に大きな葺き単位として三角状の面を連接するように葺く。葺くときには、ずり落ちないようにあらかじめ階段状に掘り込んでそこに裏込めの土をおいて、平たい川原石の短辺の薄い小口のところが表面にでるようにし、平たい部分を半分重ねながら小口積みしていく（図12下）。この方法が瓦を葺くときの動作と似ているので、「葺く」と言う。この葺石の石材をストックしていたのか、墳丘前方部南側コーナーの裾部外側には、石材が二メートルに積まれたままで残っていた。図12には、上に同じ古墳群の五世紀のものを掲げたが、くらべるとあとで述べる基底石（基石、根石《ねいし》ともいう）や石列がはっきりと区別できる。

三国の鼻一号墳と森将軍塚古墳にみる墳丘の輪郭づけ

弁天山C一号墳例を山地形のモデルとし、三・四世紀の前方後円墳の墳丘構築過程の基本型とバリエーションの具体例を紹介する。墳丘全体を順次、平面的に土をはいだ調査に三国の鼻一号墳がある。図11上左をさらにくわしくみると、調査担当者は墳丘構築の過程を六工程にわけている。後円部は地山を整形して盛土し、見かけ全体の高さが六・三メートルとな

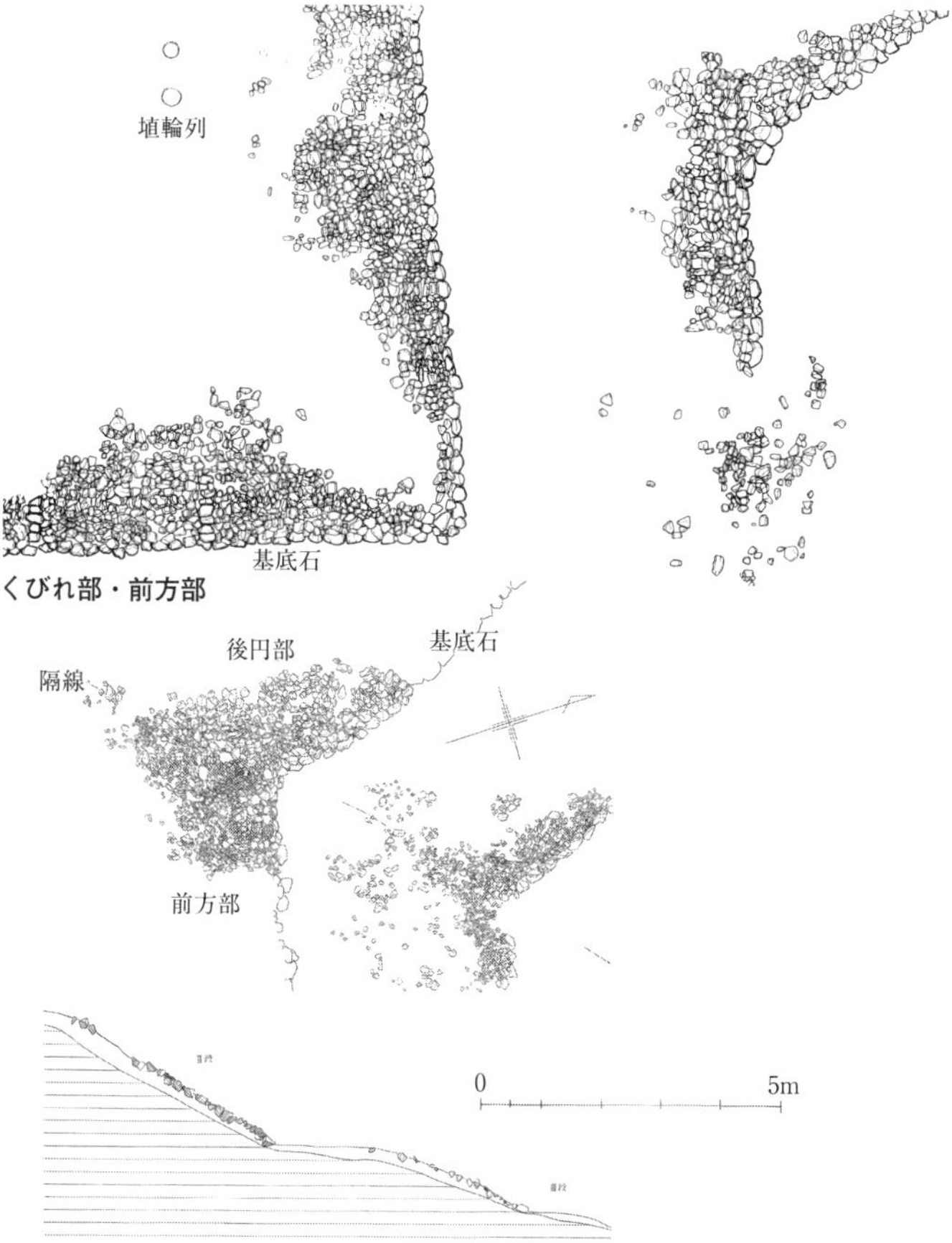

図12　弁天山Ｄ２（上）・Ｃ１（下）号墳の葺石

った。①盛土する部分の旧地表を取りさって表面を平らに、周囲は削りだして整地する。②地山直上に粘性の強い土を薄く敷きつめる。③前方部をのぞいて円錐台《えんすいだい》の頂部平坦面の周囲に土手を築き、墳丘を輪郭づける（第三工程整形面：図11下写真）。④土手の内側に土を盛っていき、土手と同じ高さに。割竹形木棺の主体部を構築するために十分な広さを確保した時点で整地して、木棺を埋めるための墓壙《ぼこう》を掘って主体部を築く。⑤主体部を盛土で覆うように台状の段をつくる。⑥後円部全体に盛土する。高さ一・四メートル《メートル》の前方部は北西側尾根を幅広く削りだして一工程で土を盛る。これが旧地形の地山に盛土する前方後円墳の標準的なパターンである。ただし、同じ前方後円墳の初期段階では、立地の形状にあわせてさまざまな施工の工夫とそこからくるバリエーションをもつ。

東四国では、一九七一年に阿讃積石塚《あさんつみいしづか》分布圏なるものを森浩一・伊藤勇輔が設定した。今、その詳細が具体的になったとは言いがたい。東四国の積石塚というものは、全体に山石を盛土のかわりに用いて、石垣状の葺石を選ぶという地域独特な特徴をもつ。つまり、初期のものは丘陵尾根部を利用し、そこでは丘陵に礫が豊富であり、その石を積むと言う時期的なものに由来するものでもあった。六世紀の円墳で横穴式石室をもつ積石塚とされるものがある。こちらは石室石材の供給地という立地関係があり、石室開口が南西向きという斜面からのアプローチに比べ、尾根づたいのものとは性格が違う。東四国の方の四世紀を中心とする高松市石清尾山《いわせおやま》古墳群のばあいには、円墳一五基、段築のある方墳が一基、石舟塚《いわふねづか》と北大塚が柄鏡《えかがみ》式の前方後円墳、猫塚・鏡塚の双方中円墳といったさまざまな墳丘が尾根上に並ぶ。墳形の眺望と立地からみると、墳丘範囲を石の表現で画するというよりも尾根筋にある墳丘の側面観を意識する。こうした積石なるものが、他地域への墳丘範囲を外装する葺石をうながしたともされるが、これは吉備の弥生墳丘墓（図15上）が周辺地形から列石による墳丘基底の明確化をはかることを重視した影響力にくらべると、斜面を覆うといった程度の影響にとどまる。

やや時期が下るが、墳丘長一三〇メートルの前方後円墳、大阪府柏原市の松岳山《まつおかやま》古墳の例をみると、各段の法面裾まわりを大量の板石で石垣状に積む。この墳丘の輪郭をはっきりとさせるのは、吉備の石垣からの派生ではあるものの、古墳近くの豊富な板石をねかせて垂直に積んで基底を明確にしたものである。これは少数派で、同時期のほかの古墳の葺石基底は岡山県倉敷市楯築《たてつき》墳丘墓のように大形の石を立て並べるものが主流である（図13上・15上）。松丘山古墳の板状石材のバリエーションがみられるのは、周囲で入手できるからであり、隣に接してある一辺二二メートルの方墳の茶臼山古墳もふんだんに板状のものを用いる。ただし、この種の板石は箸墓古墳にも運ばれた。巨大な古墳は冒頭の箸墓伝承にあるように石を遠距離からでも取りよせた。材料調達にも築造の格差がみてとれる。ここではあえて特徴的な板状石材を使い、地域的なアイデンティティーの誇示とみるべきかもしれない。

同じく古墳時代初期の前方後円墳で墳丘の全面発掘と解体調査がおこなわれ、積石塚にも思える墳丘の構築状況がうかがえるものが長野県千曲《ちくま》市森将軍塚《もりしょうぐんづか》古墳である。この墳丘づくりの工程として、まずは眼下の眺望のよい尾根を整形する。石室底面をつくるために尾根頂部の岩盤を削りとり、後円部前面を削り、背面を掘り割る。その採石をつかって墳丘内中段石垣を築く。これを土台として、上に上段石垣の周縁をつくり石室墓壙の輪郭とした。この両石垣は埋めころされて墳丘の中央核となる。中段石垣でできた上と下のテラス面を墳丘施工の足がかりとして墳丘外装が整えられていくのだが、これには図13下にみえるこの古墳に特徴的な放射状に配した縦石垣で構成する「型枠」石を明示しながら盛土して輪郭づけていく。

つまり、墳丘づくりの基準として、墳丘内の中段石垣周囲のテラスを墳丘施工の基盤として上下方へのばした。上段テラスの骨格を整え、全体に締め固め盛土をし、裾石垣、葺石の作業へ移るという手順をとっている。最後に、図13下中央の、後円部中央にある石室を組み立てるために、四周の石積みの壁をもった二重墓壙を墳頂部につくった。

この墳丘づくりの特徴は、斜面地を地山とする箇所に縦石垣での法面の作業単位の仕上がりを示す「型枠」である。石垣と称する垂直の石の重なりは小口面が合わずに不整形で

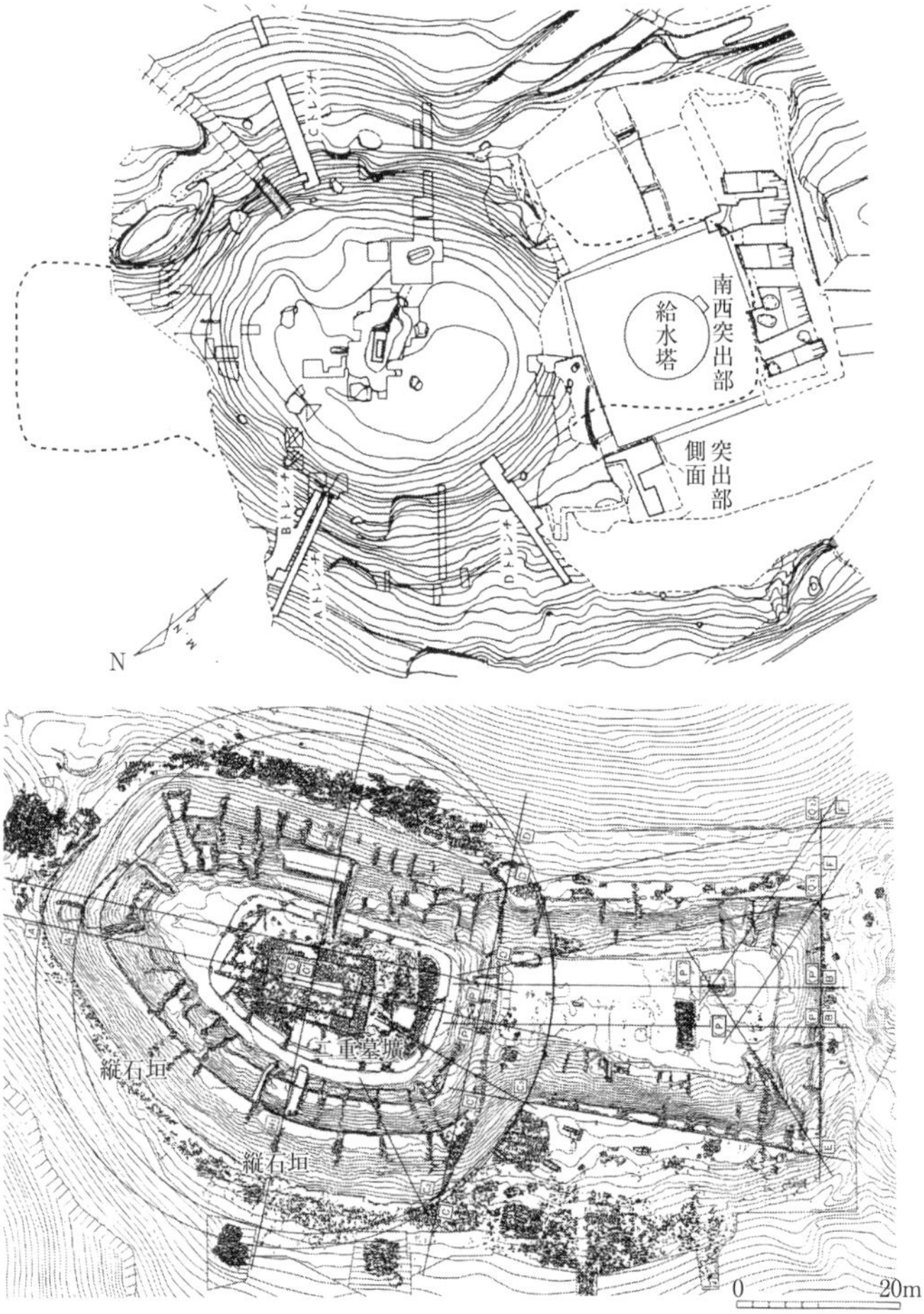

図13　楯築墳丘墓墳丘（上），森将軍塚古墳の型枠石積み（下）

あることから、あとでみる大阪府羽曳野市蔵塚《くらづか》古墳の土嚢《どのう》列のように、石を一気に積み上げるのでなく骨格をつくりながら上と外方へと作業を進めるための目安として順次並べられてトレースされ、墳丘法面の最終仕上げの明示に至った。古墳立地が急な斜面地ながらも、基本的には仕上げ面までに不足する箇所を確認しながら土を水平に盛土していくのが、古墳時代前半期の特徴でもある。

台地平坦面から築く五色塚古墳

甘粕健が応神陵・允恭陵古墳の墳丘成形パターンとして指摘したものが、台地平坦面から築くものにあたる。平坦面の主流である。すなわち、最下段のみ地山を利用し、その築造前の旧地表面が平坦なものを利用するものである。四世紀後葉にさかのぼり一〇〇メートルをこえるものに五色塚古墳がある。

埋葬主体を掘ることなく日本全国ではじめて墳丘外装の全面調査に挑んだ五色塚古墳は、全体の七〇％を葺石調査にさいた。日本初の「野外博物館」をつくろうという文化財保護委員会の提案で、一九六五年から発掘がはじまった。一〇年間を費やした精度の高い調査は、台地上に築造された墳丘長一九四メートルの前方後円墳の墳丘構築の詳細な具体像を知らしめ、典型的な姿をそこに露わにした（カバー参照）。

今では、緑のなかで葺石に覆われたまっ白な墳丘を見せつける古墳当初の姿のイメージがあたりまえだが、この調査をしていたときは、古墳には当初どのような樹木が植えられ

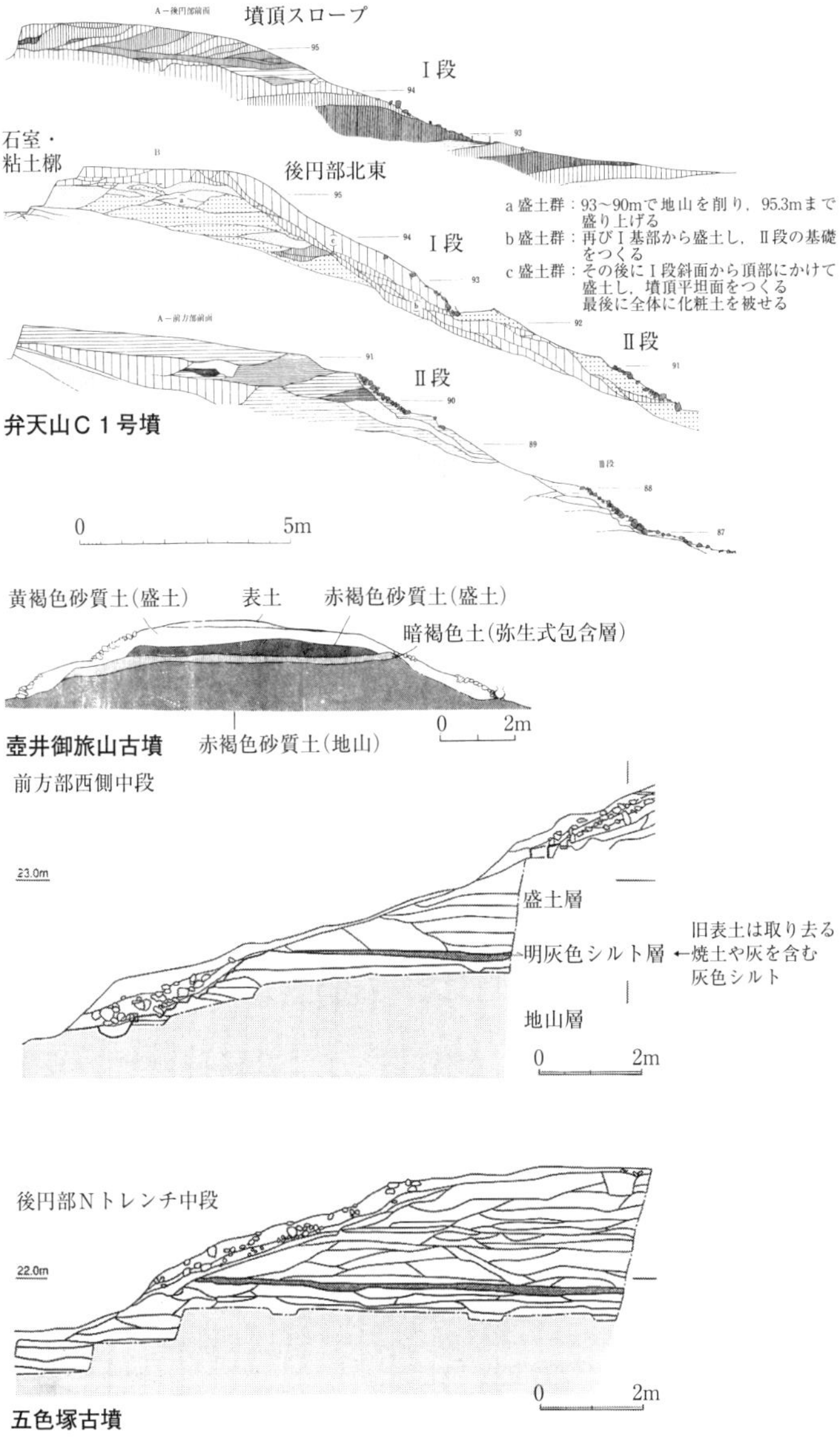

図14　弁天山C１号墳（上）・壺井御旅山（中）・五色塚古墳（下）の墳丘土層断面

たかが、まだまだ議論されるぐらいの時代であった。ちなみに、五色塚古墳の葺石石材は海をへだてた淡路島の石が墳丘上部をおおい、下部の小ぶりの石は古墳が立地する垂水礫《たるみれき》層《そう》からとされる。『日本書紀』神功《じんぐう》元年条に、仲哀《ちゅうあい》天皇の二王子が淡路島から石を船で運んで播磨の明石で偽陵をつくり、神功皇后をまちぶせするという伝承がある。航海の要衝に築かれた墳丘に使用した葺石は、二二三万三五〇〇個、二七八四トンと試算される。

墳丘は旧地形の起伏を利用して中段にも一部地山を取りこむが、基本的に下段は地山を削りだしてつくられる（図14下）。残った地山上に、水平に焼土や灰をふくめてつきかためた厚さ一〇センチ前後の土をおき、その上に、まわりを掘削して得た土を外縁部から順次内方に積み、二、三度、水平面をつくり、最後に周縁の化粧を施す。盛土を水平面にする単位は高さ一・四メートル前後である。この数字は、方形周溝墓の周溝底から墳丘頂まで一・二～一・六メートル（盛土の高さは〇・五メートル）という高さと似て、背の高さをこえないところで盛土単位をつくる。地山から得られた土砂を盛土として利用するときに、土と砂利を適当な割合に混ぜあわせた。そうして墳丘中・上段の骨格をつくりあげたのである。

外装に葺石を葺くのに、その下で石を固定させ、墳丘表面の排水を処理する役割をあわせ持たせるため、小砂利を混ぜ合わせた厚さ一〇～二〇センチの砂質土を裏込めにした。上・中段は階段状に盛土・地山を整形して裏込め土として、大小ばらばらの径一五～三〇センチの円礫を葺く。しかし、堀になって目立たない下段は、五〜一〇センチと小さな石をあてる。上段は二重に基底石を並べるのが特徴である。

　標高一九〜二二メートルと、南に下降するゆるい傾斜の安定した台地上での施工面である。くびれ部でテラス面の高さ調節をする。調査中に一・五〜二メートルの葺き石作業単位が観察されるが、石列・隔線はさほど明瞭ではない。前方部の一部は今でもそのまま露出保存されているのでいつでも現地に行けばみることができる。

　これ以降の葺石の石列がみられる古墳の調査例でも、きっちりとした等間隔では検出されることは少ない。墳丘はあとにふれるように、長さ、径、幅、等分、角度などのおおまかな相似性は比べることができるが、これより細かい墳丘での計測数値が得られると期待されるのは五世紀になってより明瞭になる石列の間隔から導ける可能性がある（図12・15）。しかし、なかなかそこから法則的な定数量値は得られないのが実情である。細かな尺度論を展開できない理由がそこにある。

　ただし、前方部中段から後円部にかけて、埴輪列に接して、掘り方が直径四〇〜八〇センチ、柱径一五〜二五センチ、深さ七〇センチの柱穴がみつかる。それは一・六、五・三〜五・九メートルの間隔にあった。五・五メートルの間隔が手がかりだが（五世紀中葉の京都府与謝野《よさの》町鳴谷《しぎたに》東一号墳は四・四五メートル）、この間隔は間にはさまる規格的な埴輪をおさめようとする関係もあって精度が高いかもしれない。また、これは木製飾り物の設置ともされる。ただ、その深さゆえ今里車塚古墳の四メートル間隔の木柱のように、施工管理のチェックポイントとして外装前から設置し、葺石をふいたあとも存在していたものが含まれ、終止、ポイントとして機能していた可能性がある（図10上）。ただ、このばあいは放射状の方向杭だけかもしれない。

　五色塚古墳でほかに葺石からわかる大きな施工手順としては、くびれ部で上段基底石が後円部の円弧に被さって前方部葺石が葺かれることから、後円部のものが先行していることがわかる。このことは奈良県天理市中山大塚《なかやまおおつか》古墳とも共通し、前方後円墳成立直後からつづく。つまり、後円部の仕上げが先行するのだ。くびれ部西（図5左にある五色塚古墳墳丘、図の左）の下段では、結晶片岩の板石を小口積みした部分があり、そこから礫などをつめた溝が裾近くまでつづく。これは地山と盛土との間からでる水を処理する排水施設とされる。

　五色塚古墳の前方部南側（図5左にある図の下）の中央濠底では下段と周濠の外側を結ぶ通路状遺構がある。いずれも墳丘構築の実際の作業にからんだ施設になろう。

　多方面にわたって、さまざまなことを具体的に示してくれる古墳である。

前方後円墳の墳丘構築の基本工程

竪穴式石室を埋葬主体とする前半期の墳丘盛土方法について、共通した事例をひとまず整理してみる。

これは結局のところ、前方後円墳の墳丘を形づける基本的な作業として、その終焉まで継承されている。三〇〇年間をこえて伝統的に踏襲されるその意義は大きい。

前半期の前方後円墳の墳丘盛土

墳丘構築ではまず、旧地表面の上の草木を焼いた。そうではないかとする黒色灰層が地山上にある。その上へ概略の基礎部分を盛りあげる。やや時期は下るが盛土をはじめる地山あたりの上を中心に「表土積換」「天地返し」「土壌ブロック」ともいわれる土の単位がある。これは有機質表土の表面をさらえ、ひっくり返し、薄く水平に積みあげるものである。ここで盛られた土が得られた場所の目安として、本体周囲の周濠になる部分の、表土とその下の粘土層をいっしょに剥いだものとしての候補にあがる。この手法は大阪府堺市百舌鳥《もず》古墳群の古墳によく見られる。五色塚古墳ではこの土壌層をむしろ、除去しているかもしれない。いずれも表土の処理には注意がはらわれた。この作業の前に木の伐採がある。そのときに得られたものは埴輪焼成の材料や笠形木製品などの飾り物の貴重な資源にもなったであろう。

こうした整地作業後、後円部の方を先行して概略を整える。盛土は周縁部から順次内方に傾斜させせつつ積み上げ、最後に内方の凹部を平坦になるように埋めていく。山地形のばあいは周縁と中心の地山の高まりの間をこのようにして盛りあげていく。盛土には地山を削去して墳丘を形作る段階に出た土砂か、もしくは墳丘付近のものを使う。基本は、まず盛りあげようとする区画内の周縁を整えてから盛りはじめ、墳丘外形の輪郭の仕上がりを意識する。山地形を大きく利用する場合は、京都府木津川《きづがわ》市平尾城山《ひらおじようやま》古墳のように、中央の高まりから墳丘仕上げをイメージしつつ、盛土の足らない箇所を周縁から同じ手順で補っていく。また、山地形でも築造以前の弥生時代に高地性集落のあった場所を使った場合は、築造前の地形はとくに平たく、台地上と変わらない。京都市向日《むこう》市元稲荷《もといなり》古墳は墳丘の大半を盛土し、壺井御旅山古墳は下段に地山を用い（図15中）、上段すべてを盛る。六世紀の大阪府高槻市昼神車塚《ひるがみくるまづか》古墳でも弥生時代の包含層に盛土がのるが（図37下・38

下）、このばあいあとに述べるように盛土の方法は違う。

こうした古墳時代前半期の墳丘盛土の手順の骨格は、四世紀中ごろには成立していた。

墳丘外表面と葺石の成立

弥生時代からの盛土の基本は、周囲の土砂を掘ってそれを墳丘側に横積みすることであった。四国・中国地方に多い積石は、そのほかの地域では発達しなかった。石材はもちろん河内平野などの沖積地にはない。積石の地域では、石室などの主体部の囲いと墳丘施工の際の明示列、拡大にともなう擁壁・石垣の構築などがあり、それも原則、墳墓の周囲から採取された礫が多用された。「葺石を有する古墳はすべて積石塚の概念でとらえるべきだ」という一九八九年の桐原健氏の見解もあるが（『積石塚と渡来人』東京大学出版会）、それは墳丘立地に石が多く含まれる地域の話であろう。

立石、列石、石垣、貼石、葺石、石（礫）敷などは、立側面感を重視する。外表に出る側面ほどていねいに仕上げられ、小口面の面合わせをする。最終的に見えない墳丘内の列石・石垣・護石《ごせき》などはこの種の側面を面合わせすることはない。墳丘内にすぐに埋まってしまうものは、石材を積み上げるときの上下面の面合わせと、法面の維持の方に重点がおかれる。

墳丘法面外表の勾配は、地山削り出しや石垣状の葺石・貼石をべつとして、四世紀の弁天山C一号墳が三二度、つづく五色塚古墳が二六～二九度、五世紀の心合寺山《しおんじやま》古墳は二一～二九度、六世紀の昼神車塚古墳が四〇度である。全体的に五世紀はゆるく、六世紀に入って急に傾斜がきつくなり、六世紀後半はより強くなる。これは石垣状の外護列石、墳丘内列石や土嚢積み、版築などの要因もあろうが、このことはあとでくわしくみる。ちなみに貼石は、石舞台古墳以降に多用されるようになる。石敷きは墳裾まわり、テラスや堤上に施される。

葺石はやはり先にみたように「しばしば墳端に、あるいはそれに近く列石あるいは石垣状の列石を配していることが多い」という吉備《きび》の弥生《やよい》墳丘墓が多くの地域に影響しているとみるしかない。葺石が定型化するまでのようすは、初現期の京都府向日市の五日原《いつかはら》・元稲荷古墳（図15中上）の例で連続してみられる。ここでは、根石という多少大きい基底石列が成立しはじめている。しかし楯築《たてつき》墳丘墓（図15上）のような極端に大きな列石はない。その分、基底石から一定の高さまで急勾配で立ち上がり、そののちゆるい角度の法面となる。葺かれる石は多少大きさがいびつであり、初期は裏込めで調節したが、基底石、石列を明瞭にすると墳丘表面の石は不ぞろいで凹凸ができた。平滑にするためにさらに表面に細かな石をおぎなうとともに、基底石の外周にも幅広く石が敷かれた（図15中上）。

景行《けいこう》陵古墳の墳丘では、楯築墳丘墓の列石のような石が裾に並べられているところがあ

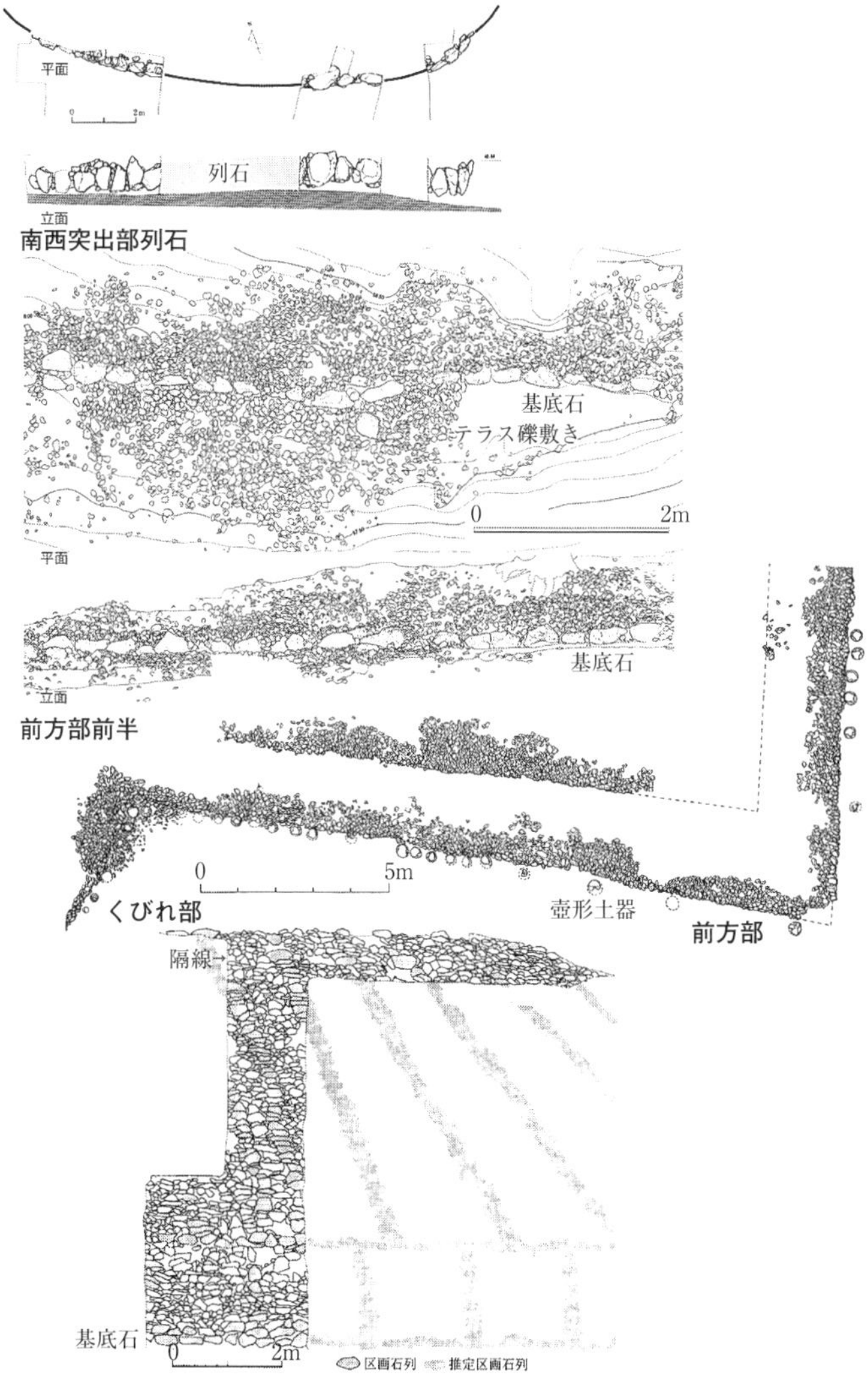

図15　楯築墳丘墓突出部端の列石（上），および元稲荷（中上）・壺井御旅山（中下）古墳，鴨谷東１号墳の葺石

る。葺石の基底石列が等質の大きめの同じような大きさになるのが定着するのは、四世紀中葉ごろになろうか。基底石列は、並べようとするライン上に間隔をあけて目印の石をおき、そこからすでに並べ終わっているところに向かって並べるのが原則である。

また、石列や隔線といった作業単位とされるものが基底石に直交で距離をおいて平行してみられるが（図12上・15下）、初期は不均質な石を厚く葺くことが多く、そのときにみられるのは壺井御旅山古墳のように、三角形状の小単位・大単位が認められる。基底石は大きいものを用いずに、単位ごとで弧を描いて扇形になる（図15中）。これは一定の斜面長をチェックするものが、そのまま石を葺く単位になったように思える。五世紀はじめの藤井寺市宮山《みややま》古墳までは顕著にみられる。

これらは時期ごとで特徴があるため、古墳ごとで葺石についてふれていきたい。

前方後円墳

中期墳丘のモデル

古墳の墳丘がもっとも大きくなったのは五世紀前半である。平坦な台地の上で周濠を掘ってその土を内方に土を盛ることで墳丘のかたちのイメージが正確に示された。周濠の外方は水をたたえるよう上面が平坦になるように幅広い堤を設けた。前方後円墳は単純な円と三角の組み合わせだが、その比率をかえることで時期や系譜、古墳間の格差が導き出される。ここでは典型的な墳丘モデルの構築とその格差をみる。

水をたたえる周濠景観は河内・大和の古墳の特徴でもある。

中期墳丘モデルを主導した古墳

平坦な墳丘施工開始面を確実に手に入れ、その周囲も整えるようになり、三段築成の墳丘の設計が中段の裾もしくは下段の上肩に、忠実に現地におとされ、シンメトリーな形を描くことができるようになった。周囲に二重の幅広い堤までも設定するようになったことで、墳丘本体はより明確に輪郭づけられ、この時期、古墳づくりの人々の思考をより鮮明にのぞくことができるようになった。

平野に面して出現した津堂城山古墳

ウィリアム・ゴーランドが一八八三〜八五（明治一六〜一八）年ごろに大阪府藤井寺《ふじいでら》・羽曳野《はびきの》市古市《ふるいち》古墳群の北端にある津堂城山《つどうしろやま》古墳の墳丘を写真におさめている（図16上）。前方部が低くスマートな印象がある。後円部背面に建物がある。ただ、石室・石棺がみつかった一九一二（明治四五）年には建物がない。

ゴーランドが写真を撮ったころ、津堂城山古墳という古墳は日本人研究者には知られていなかった。梅原末治は一九一二年、『歴史地理』のなかで述べる。その存在が知られたのは当時第三高等学校生であった浜田耕作が『東京人類学会雑誌』に寄稿した一九〇〇年の踏査報告がきっかけであろうとする。そこでは円筒埴輪と墳丘上の巨石を紹介した。そして、一九〇九年、神社合祀令によって、一七二〇（享保五）年以来、後円部頂にあった津堂八幡神社が隣村の小山産土神社《こやまうぶすな》に合祀され、社が取り払われることになった（図16、ゴーランドの写真には後円部左側に建物があるのに、大場磐雄写真にはそれがない）。津堂の村人は石碑の建立のために一部、墳丘頂に露出していた板状の巨石に目をつけたがそれは竪穴式石室《あなしき》の天井石であり、一九一二年三月に中から石棺の蓋が現れた。

それは兵庫県高砂市《たかさご》から採取した竜山石《たつやまいし》製の長持形石棺《ながもちがたせっかん》で、蓋は蒲鉾形《かまぼこ》に丸みがあり格子形《こうし》の亀甲文《きっこうもん》を印刻した精巧な装飾があった。長さ三・四メートル、幅一・六七メートルをこえる。南河内でこれに先行する石棺は、松岳山古墳《まつおかやま》の組合式石棺である。その石棺は大きな蓋石が特徴で、蓋石の長さ四メートル、内法長さ二・五、幅一・〇九、深さ〇・七五メートルである。装飾はないが、底石の上に、内面をくぼませた側板をたて、小口・側板の上面、蓋石内面を加工して蓋ではさみこんでかぶせる構造である。そのようすが長持形石棺の祖型を感じさせる。か

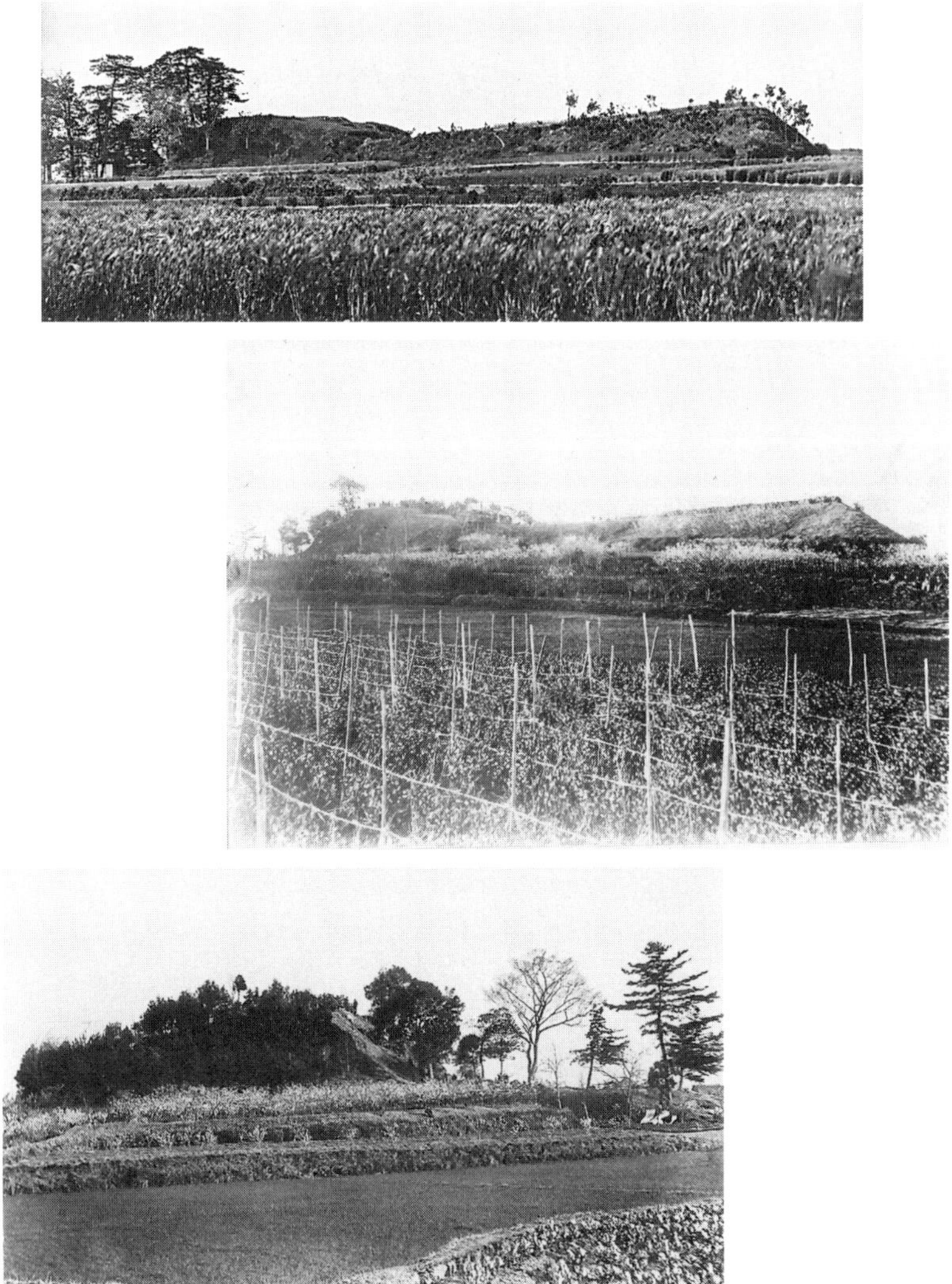

図16　明治時代の津堂城山古墳の墳丘

ウィリアム・ゴーランド撮影（上），大場磐雄博士資料（中・下）

って、これより順次、長持形石棺は発達し、豪華、精巧になり、津堂城山古墳のものはそのピークの五世紀中葉だと考えられたことがあった。しかし、一九七八年に南西隅近くの外濠から鰭付《ひれつき》円筒埴輪が出土し、四世紀末葉であることがわかった。このことから、発展形でなく、むしろ五世紀に盛行する長持形石棺の初現モデルとなった。

箸墓古墳の墳丘もそうであるが、古墳にともなって生じる形は機能や技術の面から由来するものよりも、目を見はるような精巧で優れた労力のかかるデザインのほうが次の模倣を大いに誘発して波及していく。しかし、その模倣形がさらに優品として発達することはあまりなく、デザインに対する理解の不足によって複雑なものははぶかれていく。

津堂城山古墳は、箸墓《はしはか》古墳と同じように集落に接して、北にのびる羽曳野丘陵の先端が河内平野につき出したところに立地したところも似る（図25）。両者とも群から独立気味である。

津堂城山古墳の周庭帯

一九五四年から、末永雅雄が朝日新聞社のセスナ機で空から観察した古墳の成果のなかで予期しなかったものに、兆域《ちょういき》表示と思われる「周庭帯《しゅうていたい》」の確認がある。おもに周濠のそとまわりにある地形痕跡であるが、津堂城山古墳のばあい、末永は幅九〇メートルの平面的な区画と解釈した。しかしてその実態は、内堤・外濠・外堤であった（図17上）。外堤外側の南北方向の長さは四五〇メートルもある。墳丘本体の倍くらいになる。現地表で南西側の標高一八メートルをこえて高くなる場所をさけて、外堤の端から端で標高一七メートルあたりから北西側の一三・五メートルにかけて、三・五メートルほどのゆるやかに下がる平坦な地形上に堤をのせた。

外堤・外濠・内堤・内濠の上面の仕上がりの幅のおよそは、三〇、一七・五、三〇、四〇メートルが推定される。一様に堤の上には〇・八メートルほどの盛土が被るので、旧地表を施工しはじめた構築面での比は、二対一対二対二が見こまれる。合計は、後円部下段上面の径にあう。この幅広い平たい堤は仁徳《にんとく》陵古墳に引きつがれる。堤の上はおおむね標高一四・五～一五・五メートルに整えられ、深さは内濠が最も深いが、津堂城山古墳の墳丘本体周囲は、一二・〇～一三・三メートルの深さにそろえられ、深さは一メートルにとどかないが同一水面で濠水がたまることが達成された（図17上）。

この幅広い堤は、濠の掘削中には水がたまってその作業の障害となる。雨水や湧き水などの排水が必要である。現在の発掘調査の所見からは、周囲が低い北方、北西部分の堤に水をぬく排水溝があった地点として見こむことができる。北側の内堤内側には布留《ふる》式《しき》の甕形土器をともなう溝が確認される。その四〇メートルほど西側は弥生時代の遺構面が確認され、その上に土壌化した土をともなう大きなブロック土が不規則に積みあげられている（図17中）。外濠底も深くなる。堤の盛土の大半が仕上がるまで、この間の付近に排水溝がもう

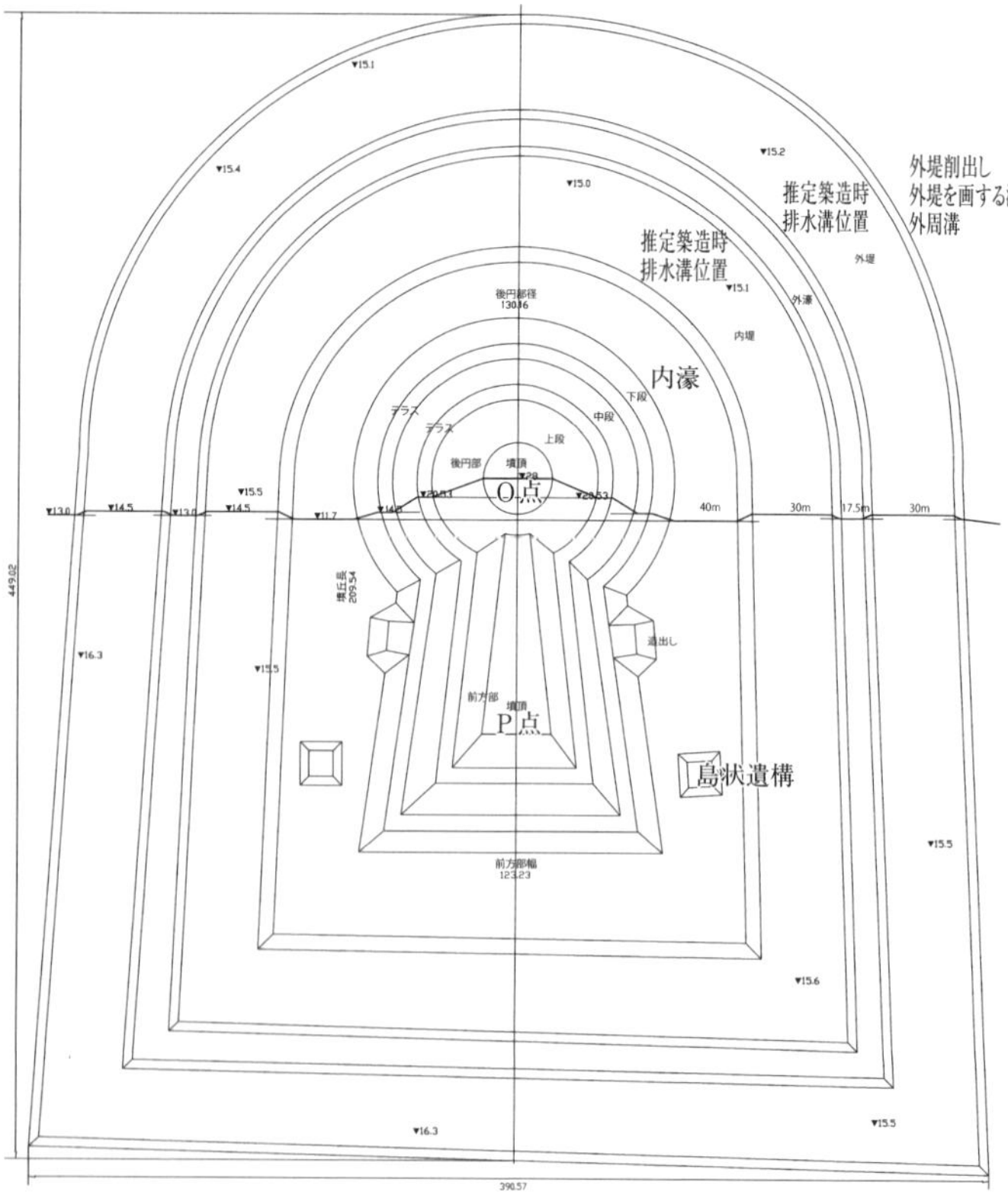

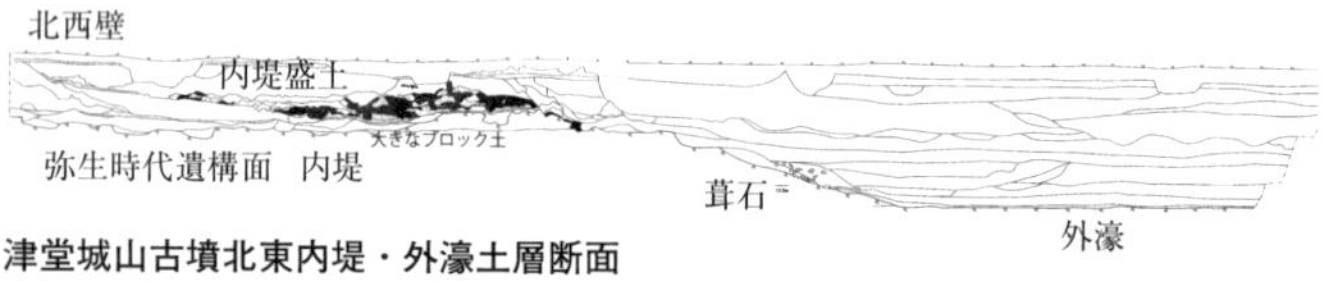

津堂城山古墳北東内堤・外濠土層断面

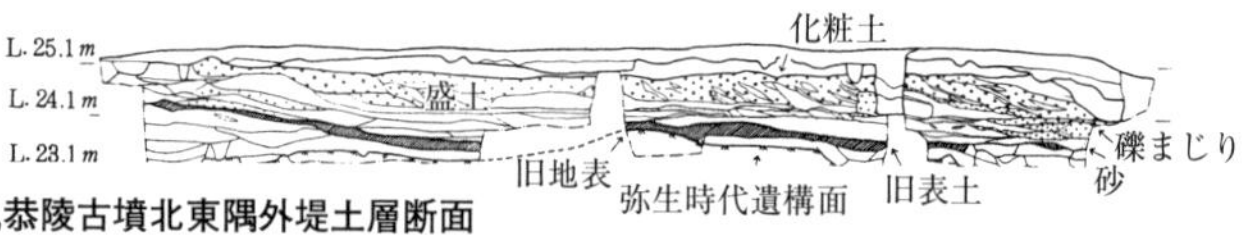

允恭陵古墳北東隅外堤土層断面

図17　津堂城山古墳墳丘復元図（上）

けられた可能性は高い（図17右上）。そうであれば、周囲の盛土は完成したのち、排水溝を埋めるのに用いられる土は外堤外から新たに持ちこまれたのがブロック土と考えられる。

周濠掘削時に排水溝をつくって近辺にある低い土地に水を落とすことについては、応神《おうじん》陵古墳の北西側の外堤外側でもそれぞれだと推定されるものがみられる。布留式甕形土器や須恵器が出土する谷地形が外堤を画する溝の北側にある。この谷は大水《おおずい》川の旧流路で、応神陵古墳はこれを内濠にとりこんで、外に外堤を設けてその周囲に迂回させた（図22下右）。北西側の谷はその合流点にもなる。周濠掘削時の排水溝でもっともはっきりと検出できたのは、大阪府藤井寺市青山《あおやま》二号墳である。径二七メートル、墳丘長三三メートルの帆立貝式の前方部周濠中央より西に一直線に幅二メートルの溝が少なくとも四〇メートル段丘崖にのびる。この溝と外堤が交差する場所は最後に埋めもどされ、その上面に埴輪を並べる。ただ、この埋土が軟らかく溝部分が沈下し、そのカーブにしたがって埴輪列が溝中央側にかたむいて検出された。

さて津堂城山古墳の墳丘本体には、後円部下段裾側にそった深いくびれ部にくい込む溝をさけて、平面台形状の造出しがつく。さらに前方部側には、島状遺構がシンメトリーにつく（図17上）。日葉酢姫《ひばすひめ》陵古墳では幅広い陸橋状のものがつく場所である。

墳丘本体には、テラスに礫敷、法面《のりめん》には葺石がある。堤法面にも葺石がある。おおむね二二～二五度の傾斜のゆるいものである。平野、低地につき出し、墳丘のテラス幅が拡がって、墳丘が低平になるモデルともなっている。その葺石は基底石に大きなものを用い、中ぐらいの石に直交させて石列を並べる。基底石に平行して間隔をおいて隔線もみられる。その間をやや小さい石で埋めるが、石を大小で葺いていくと法表面の小口面《づら》が合わずに法面の表面は凸凹になる。そのため、そのくぼんだ部分にさらに石を二重に葺いていく。津堂城山古墳以後、古市古墳群ではこうした葺き方にそろえられるようになる（図18）。

ある種、質的な内容がつまった墳丘本体にくらべ、堤と濠は量が求められた。盛土量、法面の葺石、その上に置かれた埴輪列の量である。外周ゆえ、あつかう埴輪生産量などは一気に増えた。墳丘も箸墓古墳同様に、津堂城山古墳は平野部の居住域に近づきすぎた。幅広い濠を掘削することで盛土は手に入ったが、墳丘本体に旧地形をあまり利用できない。近辺では石が手に入らない。埴輪を焼くためには森林資源からややはなれる。津堂城山古墳の築造は、見かけ以上に労力がかかった。周囲に群集土壙墓《ぐんしゅうどこうぼ》はあるが、このあとに主だった古墳に必要な要素がととのった台地上で群形成する類型とは違っている。

この地域の大型墳は、河内平野からややはなれた津堂城山古墳の東を流れる大水川上流（図22下）、段丘礫層上の立地の谷奥の地点を中心として群在することになった。次につくられたのは大阪府藤井寺市仲津姫《なかつひめ》陵古墳である（図25）。河内平野の東西からもっとも眺望のいい国府《こう》台地の高台に、墳丘長二九〇《メートル》と、三百《メートル》級を大和以外ではじめて築くこと

図18　津堂城山古墳の葺石

後円部内堤外側上面（左上）・下面（右上），後円部下段北東裾（下）

になった。これは箸墓古墳と崇神《すじん》・景行《けいこう》陵古墳との関係に似たところがある。

結果として、津堂城山古墳は古市古墳群では北端に群からはなれることになるが、墳丘に造出し、周囲に精美な盾形周濠および外堤をもうけ、外周溝と外堤を画する溝とを確立させる点で画期的なものであった（図17）。その後の古市古墳群の大型墳築造の原型モデルとして大きく影響した。これに対して、最も規模の大きい応神陵古墳とそれにつぐ仲津姫陵古墳は、津堂城山古墳の墳丘モデルを骨子にしながらも、制約のあった地形に対して最大限の施工をおこなった結果、大型墳の規模や比率傾向からすればイレギュラーなものとなり、原型からはやや変形してしまった。しかしながら、直下には段丘礫層の礫、東には石川の河原石と、葺石石材には近づいた。高台の先端にあり、河内平野や石川流域からは眺望することができる古市古墳群では、もっとも目立つ場所にも位置したことになる。

古墳の墳丘設計モデル

平坦な旧地形上に築かれる五世紀代の古墳では、墳丘平面形態とその各部の数値が類似するばあいが多々みうけられる。

コナベ古墳・磐之媛《いわのひめ》陵（奈良市）、允恭《いんぎょう》陵、墓山《はかやま》古墳、継体《けいたい》陵（大阪府藤井寺市、藤井寺・羽曳野市、茨木《いばらき》市）の各陵が、ほとんど同一の基本設計にもとづいて営造された……応神陵（大阪府羽曳野市）が一連のモデルプランの二倍の大きさで営造された……（コナベ古墳とウワナベ古墳の）両古墳とも前方部幅は一二九㍍で、ま

> ったく同じ。後円部径ではコナベ古墳の方が五メートル小さい。両者の最大の相違点は、ウワナベ古墳の墳丘が五一メートル長いことである……（応神陵）のばあいは、幸いにしてきわめて近い関係のコナベ古墳が存在した。ところが仁徳陵のばあいは、わが国の前方後円墳の最頂点にたつ存在である……規模においてこれにつぐのは応神陵以外にみあたらない……同じ方法で比較検討してみる……墳丘長で、応神陵の四一七メートルに対して仁徳《にんとく》陵は四八六メートルを示し、その間に六九メートルの違いがみられる……全体の規模が……近似している……つまり、応神陵の胴の部分を長くすれば仁徳陵になるのである。（上田宏範『前方後円墳』学生社、一九六九年）

一九五〇年に「前方後円墳築造の計画性」（『古代学研究』第二号）のなかで允恭陵・墓山・継体陵の各古墳が、同一設計にあると上田宏範が指摘したときから、墳丘の型式学研究がはじまった。

上田は後円部（中心点）にO点、前方部（頂点）にP点を設定し、後円部、前方部、墳丘長の各部位を比率化して類型分けした。そして、上田のいう仁徳陵古墳を日本最大にした設計法は「胴を延ばす」というものだった。それは前方部が長くなったという意味である。円と三角の単純な図形ではあるが、多様な相似形の類似が確認されたのである。

中段裾あたりを施工面にして、日本列島各地で多くつくられた墳丘類型を踏襲した日本

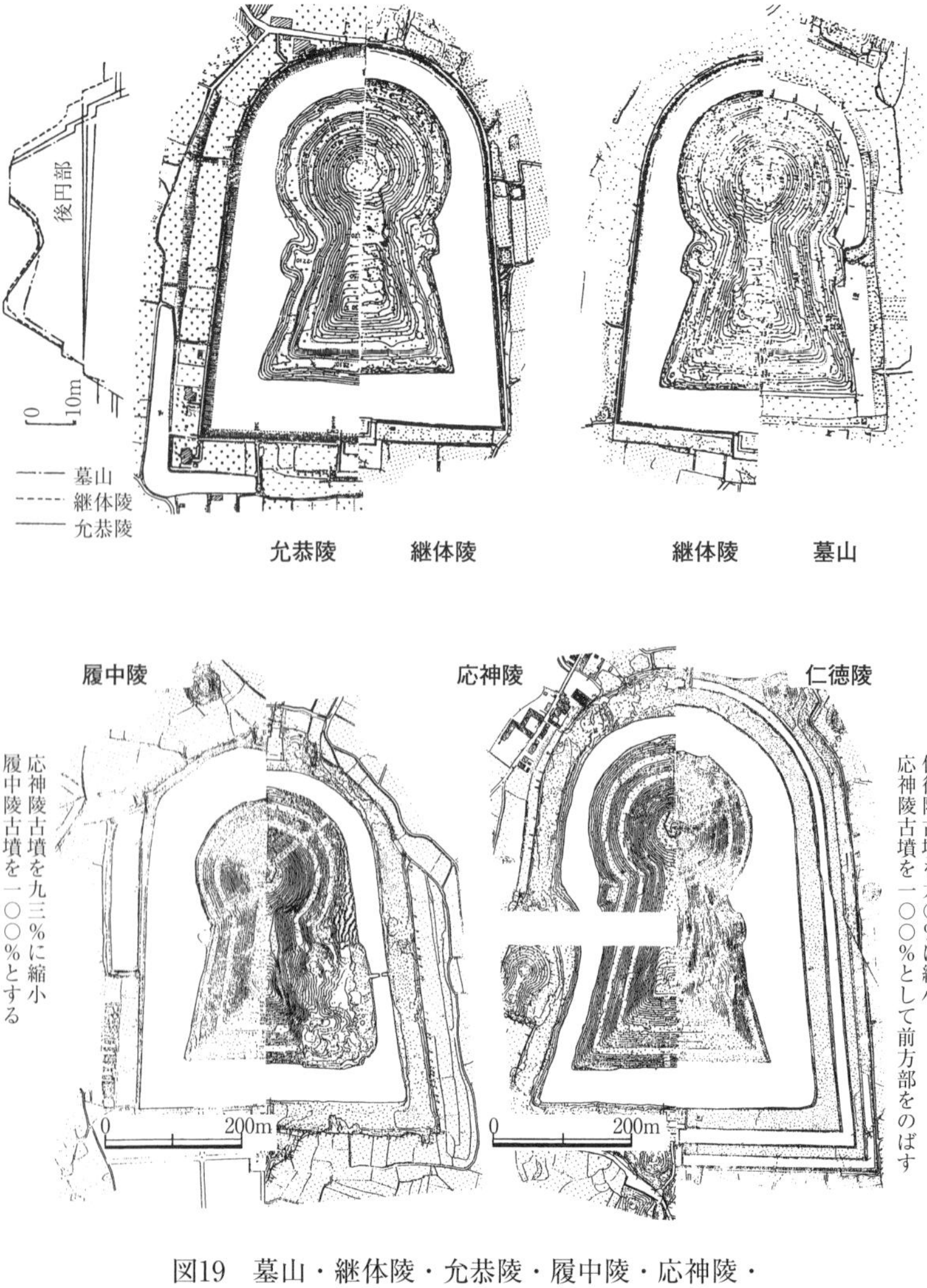

図19　墓山・継体陵・允恭陵・履中陵・応神陵・
仁徳陵古墳の墳丘比較

第二位の応神陵古墳の類型がある。これは墳丘／後円部長径指数（墳丘長を後円部径でわった指数）が一・七前後という前方部の短いもので、仁徳陵古墳は後円部径と前方部幅が等しい比率を踏襲しながら、墳丘／後円部長径指数を二・〇前後として墳丘拡大をはかった（図4大仙《だいせん》類型、図19下）。二・〇という比率は四世紀から奈良盆地西南、奈良県河合《かわい》・広陵《こうりよう》町、香芝《かしば》・大和高田《やまとたかだ》市の馬見《うまみ》古墳群を中心にしてすでにあった。現代人からみて、この墳丘比率はわかりやすい。関東・九州などでは特に五世紀代から前方後円墳の終焉までこの二・〇のスタイルを踏襲するものがある。

古墳の設計には、大王墓級のものを一基つくるごとに墳丘の形を変えていくばあいと、地域で長期間、そのモデルが維持されていくばあいがあった。と同時に、小野山節氏が一九七〇年に最初に論じた「五世紀における古墳の規制」による前方後円墳設計系譜の分断もあった（『考古学研究』一六―三）。

墳丘長期モデルの存在

五世紀前半の墳丘モデルを代表するのは墓山型と馬見型である。双方とも、二〇〇㍍長の墳丘である。

かつて、先のように上田宏範が前方後円墳築造の計画性を説いた。墓山型としてまとめることができる。墓山・継体陵・允恭陵古墳の三古墳である。上田の示す墳丘各部の数字は表1のとおりである。これは宮内庁の陵墓図の測量時点での周濠水面での値である。むろん、水位が下がれば下がるほど数値は大きくなる。

上田は、一九六九年に前方後円墳墳丘の型式化を進め、BC（後円部径）対CP（後円部の円弧が前方部側の中軸線と交わる点と、前方部隅角を結び中軸線方に延長して交わる点の距離）対PD（後者と前方部前端までの距離）という、それぞれの数値の比をもとめ、この三古墳が六対一対三のB群とする群にまとまるとした。これらの数値は平面形態、規模ともに似ている。このことから、一定の時間幅のなかでまとまった類型とされた。

表1　墓山・允恭陵・継体陵古墳の墳丘の大きさ
（上田宏範による）

	墳丘長	前方部幅	後円部径
墓山古墳	二二四メートル	一五三メートル	一三一メートル
允恭陵古墳	二二七メートル	一五七メートル	一三七メートル
継体陵古墳	二二二・五メートル	一四八メートル	一三六・五メートル

しかしながら、これらの古墳の出土円筒埴輪から、それぞれの細かな築造時期がわかるにしたがって、その時期が微妙に違うのではないかという見通しがたった。具体的には、まず三古墳の埴輪が川西宏幸埴輪編年の第Ⅲ期と第Ⅳ期にまたがる。この両期の埴輪の特徴は、下二段にのせている外面二次調整のB種ヨコハケであり、それをもつことである。Ⅲ期とⅣ期の違いは、研究当初、器面に黒斑があるかどうかというくらいであった。黒斑は、燃料が近く、焼けた埴輪がさめるときに燃料とふれるとできる確率は高いものである。

窯は燃料と埴輪をわけるので黒斑ができることはほとんどない。つまり、野焼きと窖窯《あながま》（登り窯）では焼成技術が飛躍的に違って、よりガラス質になり強固な焼物になる。これには朝鮮半島の陶質土器の技術が取り入れられた。これが時期を分ける基準になった。朝鮮半島の工人との直接の交流があった。

一方、B種ヨコハケは特殊なもので、それがあるということは、同じ時間帯に工人の協働作業で伝達されているものである。大阪府高槻《たかつき》市の新池《しんいけ》遺跡の埴輪工房ではB種ヨコハケを用いていたが、連接する工人キャンプ集落（図23）には関東方面の土師器があり、こうした由来の人と共に作業していたことがわかる。一方、福島県の天王壇《てんのうだん》・国見八幡塚《くにみはちまんづか》古墳、谷地《やじ》古墳群の埴輪には、図21のような仁徳陵古墳と同じB種ヨコハケが残ることから百舌鳥《もず》の地で同じように作業していた人たちが東北方面にもどり生産したと考えられる。

B種ヨコハケのハケ工具は、板材の柾《まさめ》にあたる木口を使って埴輪器面をナデ、平滑にするためのものである。木口にある木の年輪による繊維の硬軟の凹凸が筋目となるため、ハケ目という名がある。四世紀の使用材は比較的に樹種にばらつきがあるが、五・六世紀にはヨコハケの条数が一《チ》 寸《セン》あたり七・三条のあらいものになり、スギのような針葉樹が中心に用いられた。五世紀前半のものは文様的なB種ヨコハケが最終仕上げとなり、後半は凸帯間をヨコハケ一周できれいに埋める。B種ヨコハケについては四つに細分でき（図

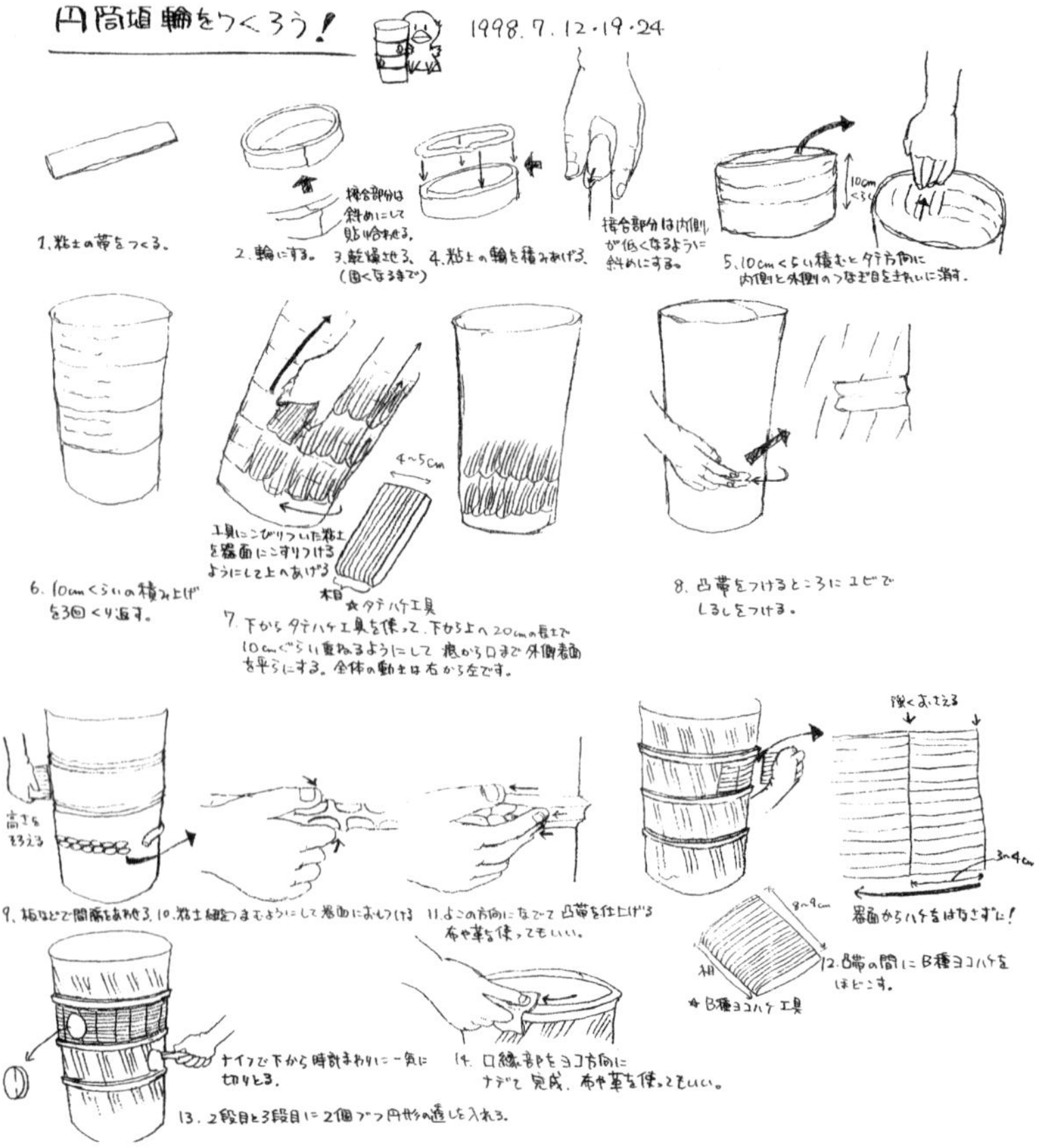

図20　円筒埴輪をつくる

21）、Ｂａ種からＢｄ種へとそれぞれ使用する率がじょじょに移りかわった（図21下）。図20は博物館の家族向けのワークショップで埴輪をつくったときの資料であるが、この資料はＢｃ種ヨコハケの例である。幅の広いヨコハケ用工具が最後に使われることになる（図21下右側）。

これらの時間的な変化要素を三古墳にあてはめ、出土円筒埴輪の特徴をみると、墓山古墳が有黒斑、無黒斑の両方を含む焼成状態で、Ｂａ・Ｂｂ種があり、Ｂａ種が多い。継体陵古墳は無黒斑でＢｂ・Ｂｃ種があり、Ｂｂ種が多い。允恭陵古墳は無黒斑で硬質に焼き上がり、Ｂｃ・Ｂｄ種があり、Ｂｃ種が多い。

黒斑の有無という焼成、Ｂ種ヨコハケの移り変わり、凸帯形状が低くなる、上方がやや広くなるといった四要素は時間差を示す。それ以外で逆に共通して似るものがある。口径が三〇～四〇センチ前後、凸帯間が一一センチ前後、器高が七五センチ前後の法量、赤茶褐色系の色などである。つまり、前者は時期的な要素であるが、後者は全体の基本的な埴輪形態のスタイルに関わる要素で、大まかにみれば、顕著には変化しないもので、製作集団の個性による。こうした埴輪の細分からは、仮に私なりに三期新相と四期古・中相という小期をつけるなら、その小期ごとに順次つくられたことになる。この小期は実年代にして、少なくとも一五年ごとが見こまれる。

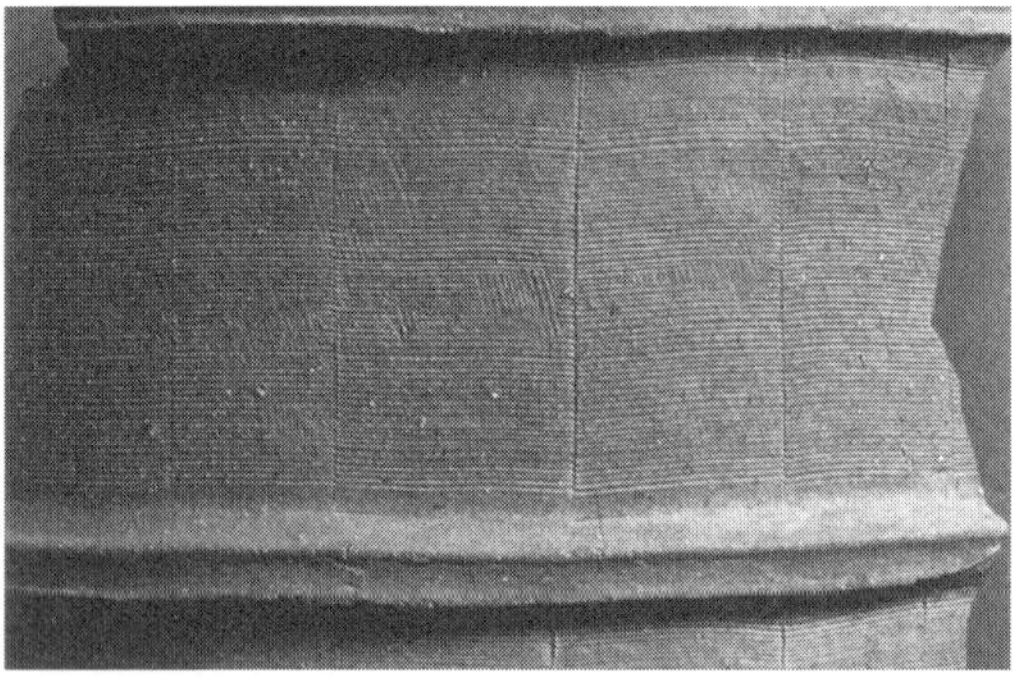

応神陵古墳 Bc 種ヨコハケ

仁徳陵古墳 Bc 種ヨコハケ

白鳥陵古墳 Bd 種ヨコハケ

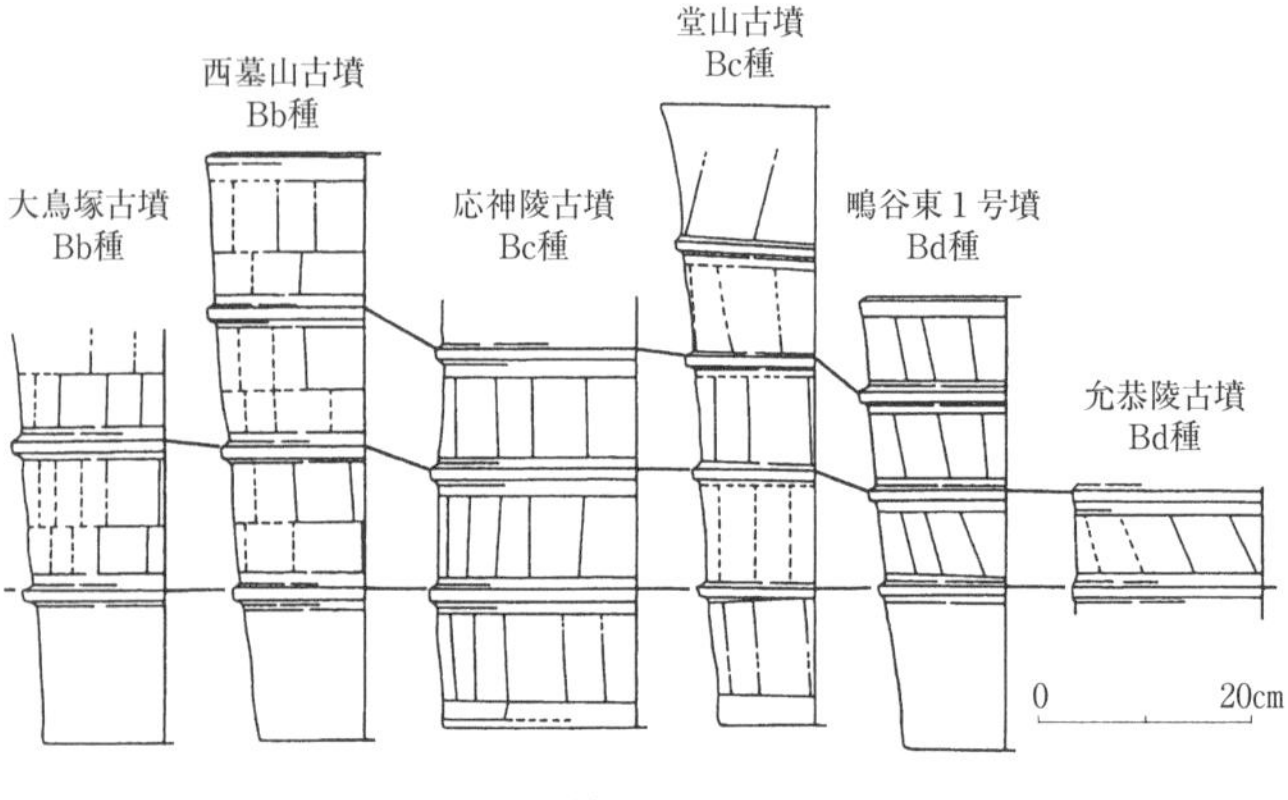

図21　B種ヨコハケの細分

さらに、三古墳の土器編年による差をみると、墓山古墳はその外堤下層の出土土師器より五世紀前葉、須恵器《すえき》にして田辺昭三編年のTK七三型式に併行し、継体陵古墳は近くの新池遺跡の埴輪窯を参考にすると、五世紀前葉から中ごろのTK二一六〜二〇八型式、允恭陵古墳は外堤盛土中より、五世紀中ごろのTK二〇八型式に相当する須恵器坏蓋片が出土する。

以上から、古墳各々の土器と埴輪の時間差をみるなら、同一プランだといわれる墳丘がわずかずつ時間をたがえて順次築造されたことになる。そして、埴輪もまたその製作系統の個性から、共通した集団によって似たような大きさのものを製作し、それが継承されたことになる。それをこの微妙な差を見ることで順次、築造された順がわかる。それが半世紀ごとの大まかな編年であるなら、その差はわからなくなってしまう。

墳丘モデルにも、ある一定の集団系統にひきつがれて半世紀の幅をもった大まかに共通した特徴と、そうでないものがあることを念頭におかなければならない。墳丘本体の基本的なスタイルを一定の集団で引き継がれるばあい、「長期モデル」の墳丘設計としてとらえることができよう。

この三古墳は墳丘と埴輪の大枠が共通するから、特定の造墓エリート集団が、大阪平野を南、北、南と移動して、これらを順次つくったとしてもよさそうである。そうであるな考えたくなる。

ら、二古墳が「古市」にあり、允恭陵古墳のあたりは旧志紀《しき》郡土師《はじ》郷、南に七世紀中ごろに完成したとみられる土師寺があることから、その特定集団は土師氏の前身の一つとでも考えたくなる。

墳丘長期モデルの時間的な変化要素

長期モデルとは違い、短い期間に墳丘周囲をふくめて共通した多様な要素も加味したプラン・ユニットが設定できるばあいもある。これには、設計が共通しているものの一代限りのような短期間で波及して造墓集団が違うことが多い「短期モデル」がある。このモデルは形が目まぐるしく変わり、各地に波及する。この変化傾向を引証して、長期モデルの墳丘設計の同一性という系譜的な要素以外について、墳丘本体自体の時間的な変化を確認できるはずである（図19上）。

さて墓山型について、現状の測量図から墳丘の時間的な変化にかかわる要素は、以下の五点をあげることができる。

①墓山古墳は後円部頂より前方部が五《メートル》低く、対して継体陵・允恭陵古墳は後円部よりやや低いという程度まで前方部との高低差が小さくなる。後円部の高さが変わらないのに、前方部がずれているようすを図19上の左の断面図に示した。

②墳丘中段裾の前方部幅を後円部径で割った比率をみると、墓山古墳が一・〇三、継体

陵古墳が一・二一、允恭陵古墳が一・一八と、わずかだが、前方部の幅に拡大傾向がみられる。そしてこれにともない前方部の長さものびる。

③墳丘下段上の前方部隅から造出し前方部側の屈曲点までの距離を、前方部側辺の距離で割った比率は、墓山古墳〇・七二、継体陵古墳〇・七八、允恭陵古墳〇・六五であり、後者の造出しの方が前方部端側によっていく。

④周濠は幅そのものが拡がる。前方部側の幅は、墓山古墳は三九メートル、継体陵古墳は三五～四三メートル、允恭陵古墳は五〇メートル、全体の長さでは二七〇、二八二、三〇五メートルとなる。そして、墳丘前方部増大につれて盾形周濠の輪郭も全体的に整えられ、前方部側の長さと幅も広がる。

⑤外堤周囲は、墓山古墳の外堤を画する溝が段丘の高い側の三分の二に認められる。継体陵古墳の方はさほど明瞭でない外周溝が全周する。允恭陵古墳の方も外周溝が全周するが、段丘高所側の掘り込みは極めて浅いのに対して、段丘低所はL字形のため池となって水がたまる部分があるほど、明瞭な輪郭を示す。

低所の外周溝が深くなる理由は、外堤の上面高さを水平に整えるために盛土を厚くする必要があるからで、外堤北西隅側では旧地形が低く弥生時代前期面から盛土される（図17下）。その盛土の供給先は地山の土層の層順からみて、最初に南側の周濠側から南側部分を盛り、そのあとの大半は北側の外側外周溝から供給された状況がわかる。そのため、盛土量を多く必要とする北東側の外周溝は、他の部分より深く掘りこまれた。その部分は最近までL字形のため池となって残っていた。ともかく、全体に外堤を整えて、周囲を明瞭に区画しようとする傾向が周囲の推移から読みとれる。

これらの差は、前方部高・幅の増大、造出しの前方部端への移動、周濠幅の増大、周濠・外堤輪郭の整備といった要素にみとめられ、各々に前方後円墳墳丘総体の変化傾向と同じようなことがみられる。墳丘本体の総体的な変遷観は、すでに一九二九年に森本六爾《ろくじ》によって示されていたが、ここでは墳丘本体そのものがおおまかな基本設計プランを踏襲しながらも、全般的な墳丘変化の流れに引きずられ、微妙ながらも確実に細部を逐次、変化させた実状がみてとれるのである。

墳丘長期モデルと集団系譜

墓山古墳からの長期モデル「墓山型」の追従性と埴輪の類似性は、近似した集団と被葬者もしくは造営主体者が一連の系譜で構成されたまま、継続していた。

ほかに長期モデルと位置づけられるものがある。地域間を移動するものが墓山型とするなら、地域内・群内で展開するのが馬見《うまみ》型である。これは、原則として後円部径＝前方部幅×二＝墳丘長＝二〇〇メートル（墳丘設計面を中段裾だとすると一八〇メートル）、墳丘長／後円部径の長径指数が二・〇という、非常にわかりやすい数値と比率を示す。これは馬見丘陵の中心にある奈良県大和高田市築山《つきやま》古墳（墳丘長二一〇メートル）から同河合町川合大塚山《かわいおおつかやま》古墳（墳丘長一九二メートル）までの古墳で、およそ四世紀後葉から五世紀中葉までの七五年間つづく。

この地域では「馬見型」という共通した墳丘形態が連続し、在地的な墳丘プランの安定継続度は高水準である。しかし、途中で五世紀前葉に、一旦、後円部径がそのままで前方部が縮み、墳丘長が一三〇メートルになる同河合町乙女山《おとめやま》古墳がつくられる。五世紀になると、東北地方をふくめて帆立貝式もしくは円墳になる地域が多い。これは前方部の墳丘規制をうけた地域や集団であったであろう。馬見の集団系列は規制をうける側であり、乙女山古墳はそれに該当する。

一方、馬見型の比率が地域をはなれて影響をあたえたものとして、四世紀で丹波市奥丸《おくまる》山《やま》一号墳（図10下）、五世紀で京都府城陽《じょうよう》市芭蕉《ばしょう》塚《づか》古墳などがある。

仁徳陵古墳の相似形となる比率で、川合大塚山古墳と実寸もよく似て、周囲に外堤をそなえることから限定的な仁徳型としてくれる短期モデルがある。ウワナベ古墳や大阪府岬《みさき》町西陵《さいりょう》・宇度墓《うどばか》古墳である。これらは仁徳陵古墳築造の時期とも重なることから、配偶者的な被葬者の可能性はある。いずれにせよ、核となる地域での連続性をもったモデル特性を受け継いでいる。

最大の墳丘施工の実際と舞台裏

私は大阪府立近つ飛鳥博物館の展示で一五〇分の一、直径一〇・五〇メートルの仁徳陵古墳の復原模型の製作を担当した。模型製作から得られた墳丘各部の大きさは全長八四〇メートル、墳丘長五一二（四八六）メートル、後円部径二八四（二四九）メートル、後円部高三七・五（三五）メートル、前方部幅三五二（三〇五）メートル、前方部高三七・七（三三）メートルとなる。括弧内の数字は従来、言われてきたものである。墳丘長で二八メートル、後円部径で三五メートルも大きくなる。大きさは周濠にたまる水で見えない墳丘裾をどのように復原するかにかかわる。

仁徳陵古墳墳丘の復原イメージ

周濠にたまる水で見えない墳丘裾の問題と、先に紹介した上田宏範の「胴を延ばす」ということについて、より具体的にその実態について考えてみたい。図19下は、墳丘長日本第三位の履中《りちゅう》陵古墳、第二位の応神陵古墳、第一位の仁徳陵古墳の測量図を半分にしてそれぞれの墳丘をくらべてみた。等高線の粗いところが平坦なところであり、密なところが斜面になる。三古墳とも三段築《ちく》成《せい》であることがわかり、中段の幅は一致する。ところが、履中陵・仁徳陵古墳の下段の方はほとんど幅がなく、それに比べて応神陵古墳は中段と同じ幅で下段がまわる。履中陵・仁徳陵古墳が中段の幅と下段が同じであるなら、八割がたが周濠の水に水没して測量図に反映されていないことになる。履中陵・応神陵古墳の各段が同一なら、仁徳陵古墳と応神陵古墳の後円部の各段も同じである。上田の指摘どおり応神陵古墳と仁徳陵古墳の違いは前方部をよりのばしただけにしぼられる。

とすれば、履中陵・応神陵古墳は図にみるように、一〇〇％と九三％で両者の墳丘各段は一致する。七％の誤差であい似るのである。ちなみに、同一設計の墓山型は先に比べた各部数値から一〇％の誤差がある。つまり、仁徳陵古墳は応神陵古墳の後円部と一〇％の誤差をもちながら、図19下右のように、白帯の分、前方部をのばすとうまく合うことになる。もっとも同じ設計の古墳どうしに現代の測量誤差があったとしても、この誤差を見こむ必要がある。この推定どおりなら、この誤差の範囲に入る細かい単位の尺度をあてはめて論じることは難しい。

この施工誤差などを認めるなら、従来いわれてきた三古墳の大きさの順番からは違和感がある。しかし、これは陵墓を測量した時点で履中陵・仁徳陵古墳の水位は高く、一方で応神陵古墳は低いことに大きな原因がある。加えて、梅原末治が体積では応神陵古墳が仁徳陵古墳よりまさるとしたことも、墳丘本体で体積が大きくふくらむ下段を入れたかどうかにかかわるので、水没率を見こむと、仁徳陵古墳の方が当然、体積も一位になる。

この不確定な水面を古墳時代人が考慮していたか。葺石の葺き方については、墳丘裾で水がたまる部分は、斜面傾斜をゆるくして、たまり水の水ぎわあたりに小礫風の石を敷くような例が大阪府羽曳野市栗塚《くりづか》古墳など古市古墳群の古墳には多々みうけられる。京都府長岡京《ながおかきょう》市恵解山《いげのやま》古墳も同じである。古墳本来の周濠はあまり深く水をためる予定ではなかった。測量図にある履中陵・仁徳陵古墳の水面が高いのは、西の低地にある中近世の堺環濠都市のまわりの水田を灌漑する水溜めの役割をはたすために水位をあげた結果なのである。仁徳陵古墳の周濠に樋を設け、北庄《きたしょう》・中筋《なかすじ》・舳松《へのまつ》・湊村《みなとむら》をうるおした。

仁徳陵古墳の周濠掘削のときに排水溝をつくって近辺の低い土地に落とす有力候補は、古墳西側にある樋ノ谷という谷と西側の低地である。樋ノ谷付近の古墳築造以前、古墳が立地する台地の土層である洪積層があたった堺市の下水道のボーリング調査を参考にすると、一一《メートル》の深さまでは掘削できることになる（図22上）。つまり、中・下段が同じ幅である一対一にする深さまで掘削可能である。

図22　応神陵（下）・仁徳陵（上）古墳の築造前後（旧地形は一部復元）

仁徳陵古墳は墳丘仕上げの外表として、二〇センチの大きな川原石を用いて葺石を葺く。後円部上段中央の幅三メートルのテラスには何もおかなかったろうが、上・中段のテラスは幅一〇メートルもあり、埴輪列および笠形木製品などの飾り物の列をおき、テラスには礫敷を敷いたであろう。堤の上の方は二〇一八年の宮内庁と堺市の発掘調査で、礫が一重から二重に敷かれているのがわかった。造出しには、ミニチュアの須恵器大甕がおかれた。

さて、仁徳陵古墳の周濠の水を抜くと墳丘下段が大きくなり、墳丘長は復原模型では墳丘長五一二メートルとした。宮内庁が二〇一七年までに実施した航空レーザ、音響測深器、移動体計測を総合した所見では五二五メートルとなった。これは墳丘裾斜面角が屈曲するか、墳丘崩壊堆積土の関係で緩慢となった裾を示すとも考えられるが、今のところ推定最大値である。

幅三〇メートルの平坦な堤は最初の埋葬後に先の排水溝を埋め、内外の両肩付近に埴輪列および木製飾り物の列でふさぎ、南西には外区をもうけて巫女・馬形埴輪などを並べた。馬は仁徳陵古墳築造の段階より一足早いときに本格的におかれたが、人物埴輪はこの段階になってからである。ほかに、男子形埴輪、犬・鹿・水鳥など動物埴輪、威儀具《いぎぐ》や家・家財を模した形象埴輪がある。二〇一八年の内堤の調査で、口径が四〇〜二五センチの円筒埴輪が、二メートル幅の発掘トレンチに五本の間隔で検出された。ほかの古墳の埴輪間隔は五色塚《ごしきづか》古墳が鰭付《ひれつき》円筒埴輪の鰭と鰭がつくぐらいで一〇メートルに一八本、奈良市ウワナベ古墳が一〇メートルに二二本なので、これは密に並べる古墳では標準的である。仁徳陵古墳は、外内堤の両肩や墳丘各段のテラスなどに円筒埴輪を並べたとして、総計三万一〇六〇本におよんだ。

古墳造営キャンプの存在

古墳づくりに関して、酒井龍一氏は一九七七年に見通しをたてた。「被葬者・造営主体者・技術者・一般労働力・その他の関係集団の有機的結合をもって実施される。かつその実施には、イデオロギー・結集力・管理力・経済力・その他諸力の保持を前提とする」という（「古墳造営労働力の出現と煮沸用甕」『考古学研究』二四―二）。つづいて古墳造営キャンプの存在を想定する。

大規模な古墳の造営者群は、古墳造営に従事する期間のあいだ長期にわたって本拠の集落を離れて生活をしていたものと思われる。なぜなら、そこに動員されたと推定される労働力は「通勤」可能な範囲をはるかに超えたものと考えられるからである。とすれば、古墳造営そのものは、考古学的には彼等の生活諸痕跡と古墳の二者を産み出すことになるのだが、現在では古墳の存在を確認できても生活諸痕跡の確認は全くされない事実がある。その理由として、全く痕跡を残さなかったとする想定は論外として、次のようなことが考えられる。

それは、①現在では検証されない程度の微かな痕跡を残すにとどまった。②すでに発見されている集落遺跡の中になお識別されないまま、まぎれ込んでいる。③一般的な集落と基本的に同一の痕跡をもつ。④なおまだ実際に発見されていない、などである。

こうしたなか、埴輪生産キャンプの一端は現れた。それは新池遺跡である（図23）。その構成は、丘陵斜面に長さ一〇メートルほどの窯を三基並べ全体の高い部分を溝で囲み、上の丘陵上縁辺には作業場を設け、一〇〇～一四〇平方メートルもある大形竪穴建物が三棟並ぶ。なかには二〇基の作業用土坑があり、半数以上から粘土が検出される。これらは実際の生産作業にともなうが、その南東のカマド付竪穴住居が集中するユニットは工人たちの生活の場であった。全体で径一五〇メートルの範囲である。高槻市教育委員会の『マンガで案内するハニワ工場公園』（二〇一二年改訂版）の試算では、二二六メートルの継体陵古墳には七〇〇〇〇本の埴輪が使用され、それらは新池遺跡の三基の窯で焼かれたとする。窯は一度に三〇〇本、三基一年で四〇〇〇〇本が焼け、二年かかったとする。順次、新池遺跡から〇・八キロはなれた大阪府茨木市継体陵古墳の墳丘に運ばれ並べられたことになる（図24上）。

三万本をこえる仁徳陵古墳の埴輪はこの四倍以上の規模が求められた。埴輪生産は五世紀前半のピーク時にあって、製作と運搬といった労働力と燃料、粘土などの材料、古墳築造にかなりの負担がかかっていたことになる。

このことから、墳丘長二〇〇メートルをこえる造営キャンプは全体にそれ相当な大きさをもち、埴輪工房以外に大阪府茨木市安威《あい》遺跡の一般労働キャンプ、同葉室《はむろ》古墳群・総持寺《そうじじ》遺跡の

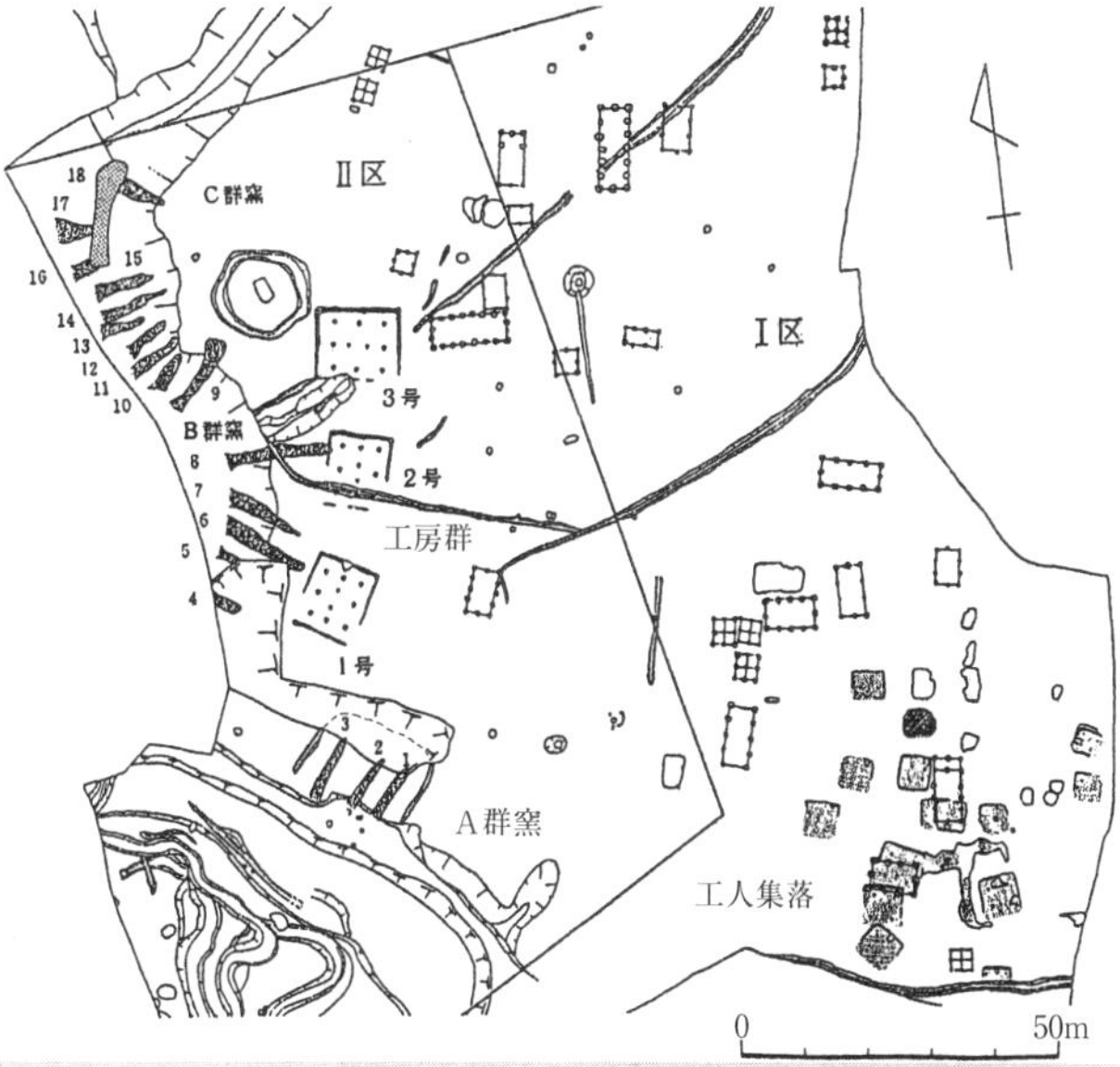

図23　新池埴輪生産キャンプ

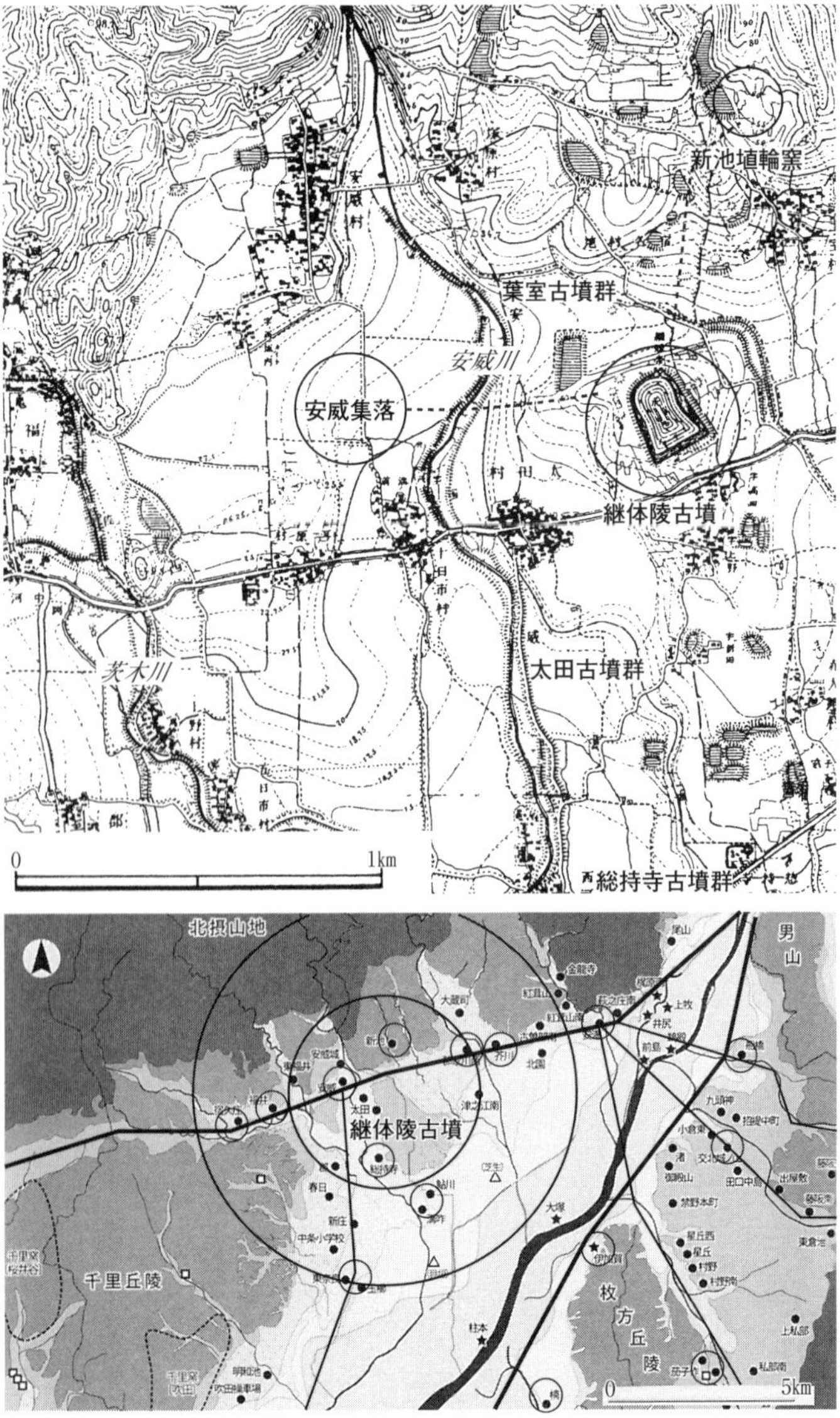

図24　継体陵古墳造墓ユニット（上），継体陵古墳周囲の古墳時代主要陸路と集落（下）

造営者墳墓群および官人層的な小型墳墓群といったものが継体陵古墳の半径一キロ圏内を中心に点在するという造営コンプレックスの景観が明らかになっている（図24）。

さらに、このコンプレックスの位置は、南北の安威川という水路網、そしてこの時期に加わった、のちの西国街道の原型となる馬を利用した東西の道路網の十字路となる。内陸、海上につながる中心的な要衝をおさえて、三島地域での強固な位置を被葬者は築いた。

古市古墳群の大型墳の埴輪づくり

四世紀代の古市古墳群の中心範囲は、大規模な水稲耕作のできない台地で集落跡はあまりない。むしろ古墳群の築造がさかんになるにつれて、まず大水川右岸の藤井寺市青山遺跡、国府台地の土師の里遺跡、次に林遺跡で居住域がひろがり、やがて小型墳もつくられ、時代を追ってこの地域は繁栄し土師寺をはじめ古代寺院が密集して建立され、官衙もひろがった。

古墳の間で埴輪窯が検出された。北に土師の里遺跡、南に羽曳野市誉田《こんだ》白鳥《はくちょう》遺跡がある（図25）。前者はちょうど古市古墳群の北半が大型墳で古いものが多いため、当初はそれらへ埴輪が供給された核的な窯群と考えられた。しかし、それぞれの大型墳には適合しない。しかも、それぞれ窯の経営期間も長いことがわかった。

仲津《なかつ》姫《ひめ》陵古墳の外堤南側斜面には長さ七・七メートルの埴輪窯をはじめ、五世紀前葉から六世紀前葉までのものが一六基以上、〇・四キロ四方にひろがり、そのなかに藤井寺市三ツ塚古

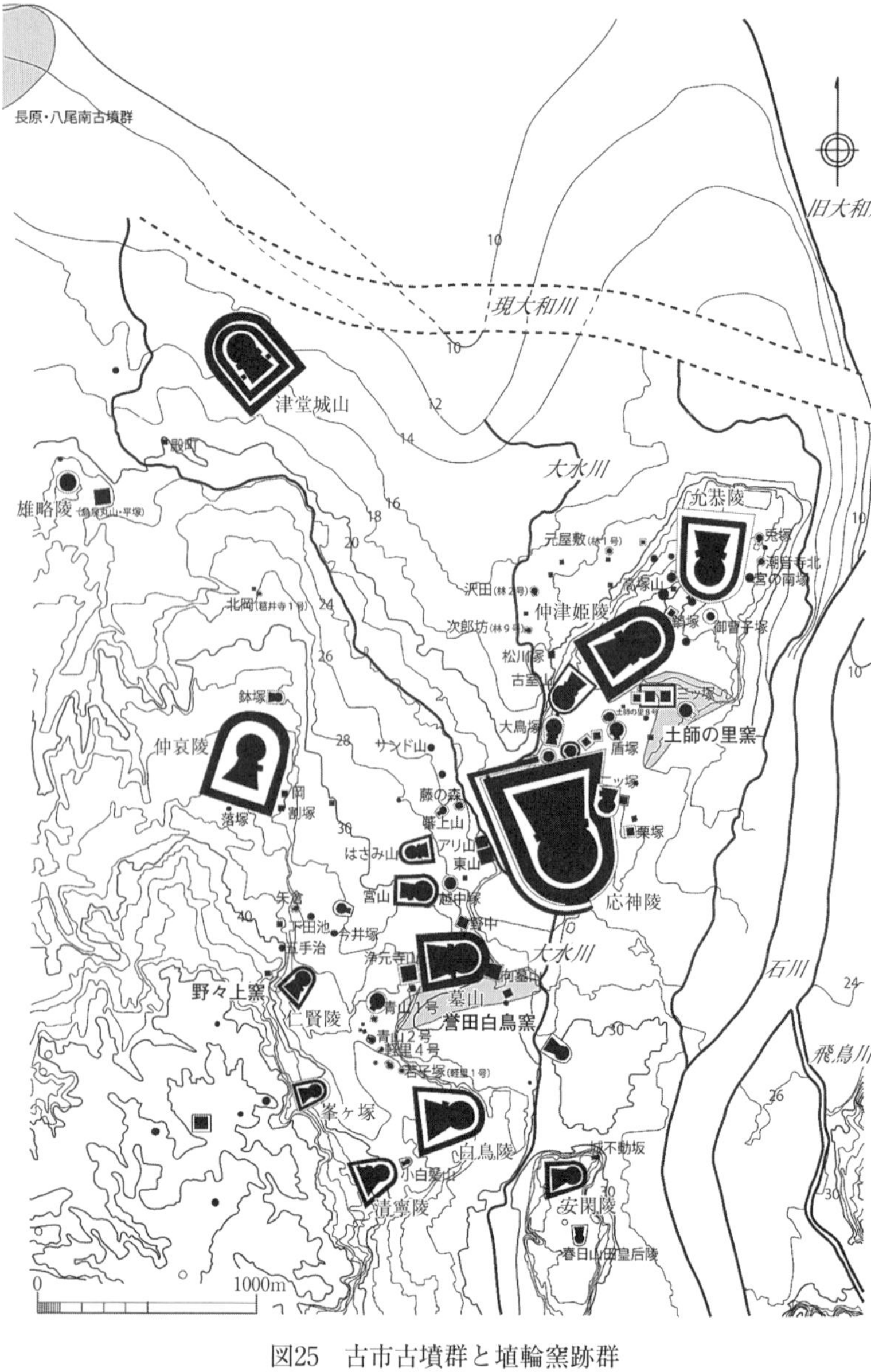

図25　古市古墳群と埴輪窯跡群

墳をはじめとする多くの中小墳も点在することがわかった。土師の里遺跡からの主だった埴輪供給先はそちらだったようである。その間には、竪穴住居を中心とする造営キャンプらしきものが集中する。

誉田白鳥遺跡の方もまず、墓山古墳の外堤南側斜面を中心に利用してつくられる。埴輪窯は長さ六・七五、四・四メートルなどの大きさで、一一基以上。窯体《ようたい》が確認できない場所でも、焼成したときにできた薪の灰や不良品が窯口のそとに棄てられてできる灰原《はいばら》がみつかっている。南側で工房とされる二×三間の掘立柱建物二棟も検出される。

さて、大型墳の埴輪生産の手がかりについては、六世紀はじめ羽曳野市の仁賢《にんけん》陵古墳（墳丘長一二二メートル）がある。この古墳の外堤は後円部側を中心に盛土してつくられるが、前方部北西側の丘陵との接続部分は丘陵斜面を一二メートルほど平坦にして削り出して外堤にし、外側に埴輪列をおく（図26上）。ところがその削りだした丘陵側の法面には二基の野々上《ののうえ》埴輪窯群の窯体断面があらわれた。長さ五〜六・五メートルで双方とも六回の床上げがあった。つまり、少なくとも六回以上は焼く。出土埴輪の製作年代は仁賢陵古墳と同じ時期である。

この所見からすれば、丘陵の接続部分を墳丘構築の最後まで残し、そこを墳丘への石室・葺石材などの搬入通路とするとともに、斜面を利用して窖窯《あながま》を設けて埴輪を焼成、生産して、墳丘に供給していた。そして最後にその斜面を切断するときに、窯体の灰原、窯

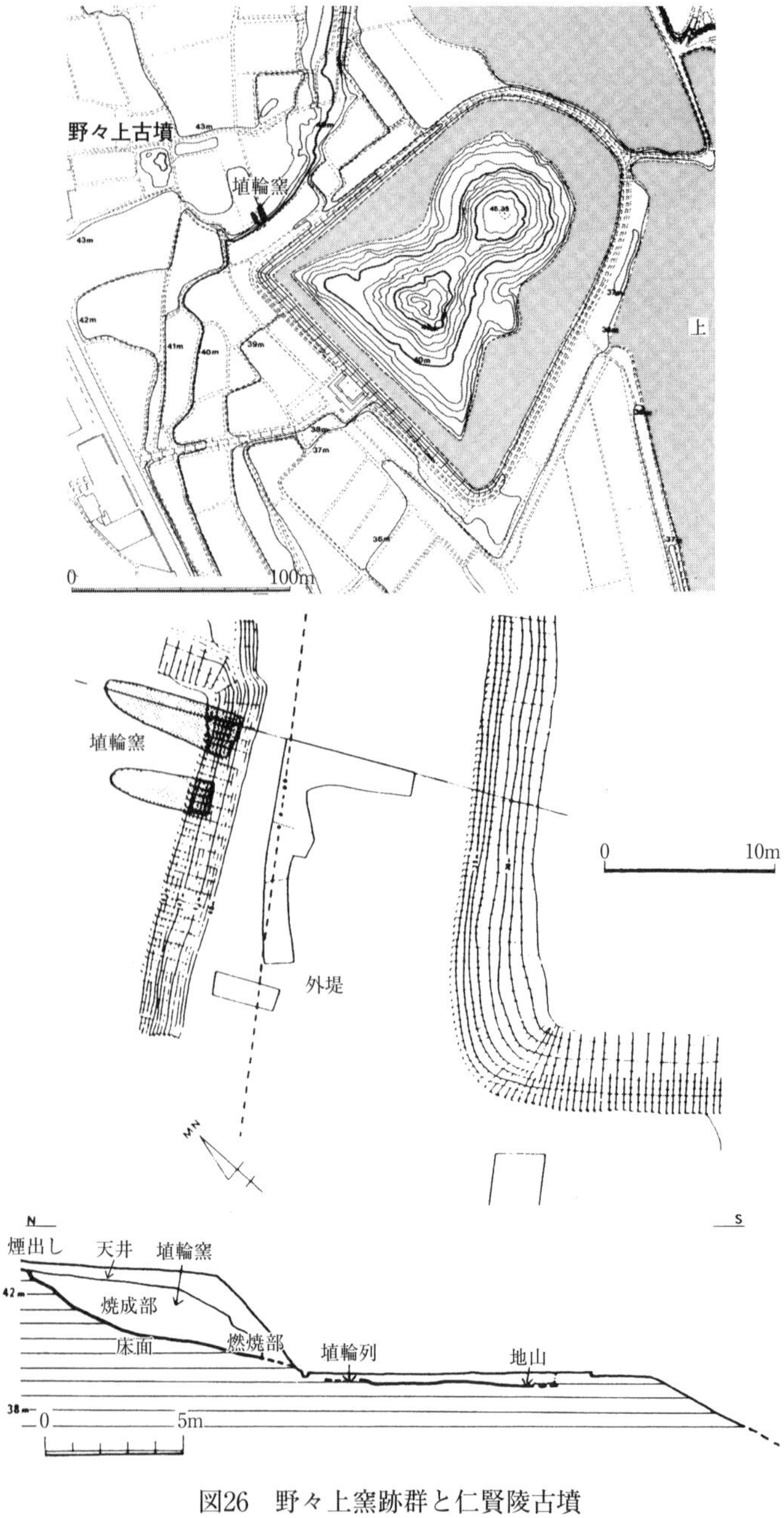

図26　野々上窯跡群と仁賢陵古墳

口の先端を削って、外堤を完成させたことになる（図26下）。

今のところ応神陵古墳の埴輪窯と目されるものは、周囲をかなり発掘調査したにもかかわらず見あたらない。仁賢陵古墳と同じように、墳丘と接続した位置で埴輪は焼かれたと見たい。その数は一万七九二〇本を生産し、二六〇立方メートルの使用土量が見こまれることになる。継体陵古墳の二・五倍の生産規模であるのだが。埴輪以外にも、応神陵古墳には笠形木製品が並べられた。出土しているものは直径一メートルもある。二二四〇個を墳丘に樹立したと見こむなら、長さ一〇メートルのコウヤマキで二〇個のみの生産量なので、直径一メートル以上の大木を最低一一二本は必要としたことになる。

仁徳陵古墳被葬者のころの空間配置

五世紀に平野部の縁辺のさらに高台に古市古墳群、大阪湾に面した高台に堺《さかい》市百舌鳥古墳群がつくられる。仁徳陵古墳がつくられたころは古墳群の造墓のピークを過ぎはじめたころではあるが、巨大な倉庫群がある上町台地《うえまちだいち》の先端を中心点として大前方後円墳をつくった統治・生産の構成要素と配置関係を図27に模式化してみた。

まず、中心点から一日で余裕をもって往復可能な距離の半径五〜一〇キロ圏内には、大王の直接的な居館と倉庫群といった統治ラインと平野を利用した農作地や牧といった生育ラインがあり、そこに付随した集落は、おそらく中心点をかこむ警護の外郭ともなったであ

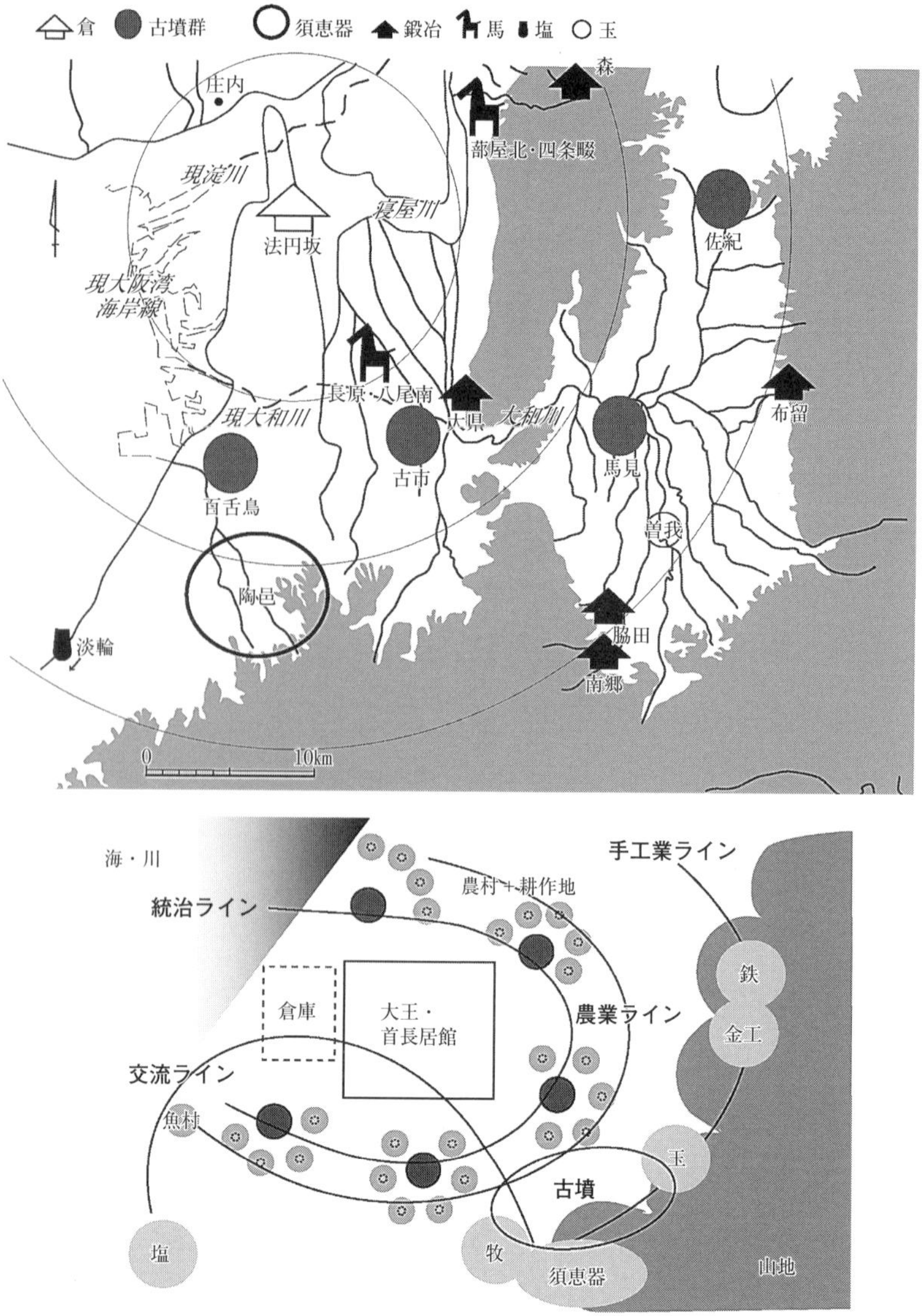

図27　仁徳陵古墳築造のころの大和・河内生産地帯と
大型古墳群（上），空間支配模式（下）

ろう。これは直接的なキャッチメントエリアにも相当する。さて、その周囲は一日でかろうじて往復可能な半径一五キロと、一日で到達可能な三〇キロとがある。そのエリアには台地と山地を利用した埴輪工房を併設する造墓ライン、森林資源近くに鉄鍛冶や武器の製造などの手工業ライン、その背後には須恵器工房といった大型化した手工業ラインがひろがる。

おきかえてイメージするなら、ここには大王の直接的な日常生活と蓄えをまもる範囲がある。その中心部を囲うのはやはり農作業を管理する地域首長からなる環境帯、その外郭は古墳時代に特殊・明確化されていく場が設けられる。灌漑《かんがい》を保証する平野に面した周囲の導水祭祀と庭的な広場といった祭祀場、高台の巨大な墳墓、鍛冶工房や須恵器窯などの手工業が森林に面して展開され、それぞれが同心円状に間隔をおいて配置された（図27下）。

居館（統治ライン）を、群馬県高崎《たかさき》市三ツ寺Ⅰ遺跡を参考に具体的にみると、敷地の位置は一定である。その内部は三代の首長がかわるたびに屋敷地内を整地して建物を建てかえる。意識的には新首長は新居をかまえている。対して墓域の方は、その政治・統治空間のなかで広範囲に設定される。居館の上流域に、保渡田《ほとだ》古墳群として墳丘長一〇〇メートルと、居館とよく似た規模の前方後円墳の三基が平面的に分布する。居館は広い屋敷地、周濠や柵列による防御施設、主屋たる大型建物を中心に、倉庫や長屋などの付属建物や井戸、祭祀を執りおこなう施設や祭祀遺物、従者などの住まいや官営工房的な施設群がある。

鍛冶工房といったものは鍛冶炉を中心に展開し、それに付随する建物群・炭置場などもそなわる。製品化するためにこれにほかの手工業が結びつく。大阪府柏原《かしわら》市大県《おおがた》遺跡では刀装具になる鹿骨の加工品が多く、武器の一貫生産がおこなわれた。これらにともなう火力燃料の消費は大きい。薪や炭などになる木材がゆたかにある場所が好ましい。それぞれの工房機能が河内の北・中・南部、大和中・南部に割りふられ、それぞれの丘陵沿いごとで展開していたようだ。これら施設間の移動には上階層では馬が利用されるようになり、陸路の整備が急がれた（図28）。

これは人間行動の法則性の把握とともに、面的に拡がる発掘調査が進み、遺跡の時代や時間、空間的な遺構のつながりもわかるようになってきた結果である。

五世紀前半の巨大古墳づくりは、畿内一帯を直接的に巻き込んでいた。そのなかでも、大王を囲むエリアが想定できる。大型墳の周囲にも、それを固めるように配置されたと田中琢が言う「衛星式陪塚」（『倭人争乱』集英社、一九九一年）のあり方が見られる（図29）。田中はこれを構造的な社会組織が墳墓に表現されたとみる。権力執行、軍事的・文治的分野、祭祀の補助の組織化と結びつける。これと関連して図27下で見るように、大王空間周囲に農業基盤を基礎とした防御線も兼ねた強固な統治ラインで囲む配置概念が設定できる。

古墳づくりの集団系譜

日本列島の一六万基におよぶ古墳のうち、五〇〇〇基ほどが前方後円墳である。残りは小形の円墳や方墳であり、ふつうそれらが単独で築かれることはまれで、特定の範囲に集まって「群」をなす。その群構成は古墳時代の前半と後半で大きく違う。古墳が群をなすのにはさまざまな要因がある。それは血縁や地域、時間的な積み重なり方や社会的な状況などいろいろなことが考えられる。群の引きつがれる系統を分析することでその事情が多少なりともは垣間みられる。

古墳群と小型墳の群集の性格

主だった大型古墳群・群集墳が占有する墓域規模と範囲は、三・四世紀の奈良県桜井《さくらい》・天理《てんり》市の大和柳本《やまとやなぎもと》古墳群が二×三キロの範囲、五・六世紀の古市古墳群の範囲は四・五×三・五キロ、約一〇〇基である。同じく四キロ四方の範囲に一〇〇基をこえる百舌鳥古墳群がある。六・七世紀の群集墳は、大阪府柏原市の平尾山千塚《ひらおやませんづか》二×三キロの範囲（約一五〇〇基）、和歌山市の岩橋千塚《いわせせんづか》二・五×三キロ（約七〇〇基）である。

三〜五世紀、古墳時代前半の古墳群は、血縁・地縁を基礎として群をなして累積した。大型古墳群内では、墳丘規模を目安に重層的なピラミッド構成をとる。

その重層性は、頂点となる箸墓古墳が誕生したときから明瞭になった。墳丘長三〇〇メートルあるこの古墳の周囲、JR巻向《まきむく》駅あたりを中心に半径一キロの範囲に中小の墳墓が集まる。特に、石塚、矢塚、勝山、東田大塚、ホケノ山といった、墳丘長九〇〜一〇〇メートル、後円丘径六〇〜六四メートル、前方丘長三〇〜三二メートルのものが目立ち、一九八八年に寺沢薫氏によって「纒向《まきむく》型前方後円墳」（「纒向型前方後円墳の築造」『考古学と技術』同志社大学考古学シリーズⅣ）とよばれる。しかし、本書では箸墓古墳以降を古墳と言う立場をとるので、前方後円形周溝墓としている（図9）。箸墓古墳の南東五〇〇メートルにある茅原《ちはら》大墓という四世紀末〜五世紀前葉の時期に位置づけられる古墳も同じような規模でこれらにつづく。墳丘長八六、後円丘径七二、前方丘長二〇・幅五〇メートルである。一〇〇メートル以下の古墳は、纒向という一定地域を中心とした在地に根ざした系譜としての造墓エネルギーが弥生時代末から継続する。これより大きな古墳は河内も含めた大和だけにとどまらないエネルギーに支えられ同じ範囲内で同居してつくられ、重層して混在することで大和柳本古墳群は大型化した。

三・四世紀の大和の墳丘長三〇〇メートル前後の大古墳を見ると、まず箸墓古墳にはじまり、景行陵・神功陵《じんぐう》古墳と五〇年に一基ペースで三基つづくが、そのあと、一五〇年が経過して、ようやく奈良盆地南部で六世紀後半の橿原丸山《かしはらまるやま》古墳が築かれるにすぎない。特に、盆地東南部で古墳づくりが他の地域を圧倒するのは四世紀初めを前後する時期に限られる。

五世紀の典型的な古墳群の一つとして百舌鳥古墳群がある。ここでは古墳の重層的な系譜がわかりやすい。すぐ見てとれるのは二つである。群内にある仁徳陵・履中陵・ニサンザイ古墳の三〇〇メートル以上の三大古墳は、百舌鳥が立地する和泉という地域にとどまらない広域型として隔絶した大きさで存在する。一方、和泉の北部を中心とした首長勢力によると目される地域型の古墳は、石津《いしづ》・百済《くだら》川沿いにある乳岡《ちのおか》、大塚山、イタスケ、御廟《ごびょう》山といった古墳があり、前三者が一五〇メートルの規模に集中する（図28・30）。この大・中古墳の重層関係はあとで詳しくみる。

五世紀前葉になって、大型古墳群と結びつき顕著な水稲耕作地をもたない小型墳の集中がみられる。必ずしも生業が土地に結びつかない被葬者の一群だろう。古市古墳群では大阪市長原《ながはら》遺跡（図25左上）、奈良市佐紀《さき》古墳群では京都府木津川《きづかわ》市上人ケ平《しょうにんがひら》遺跡といった、大型古墳群とは一定の距離をおき大形円墳を群形成契機とした「小形方墳群」というものが設定された。ちなみに、「小形方墳群」は窖窯《あながま》焼成の埴輪の樹立・須恵器の副葬が構成要素の目安となる。近辺に農耕地をもたない官人層的な被葬者像が第一候補である。これらを群集墳としてとらえるむきがあるが、六世紀以降のものと区別した方がいい。

五世紀後葉ごろから、全般的には、大型墳が接して群在しなくなり、その周囲に衛星的に配置する中小の古墳をともなわなくなる。しかしその後も、大型墳の築造は単発ながらもつづくことから、重層構造は基本的に変わらなかったが、逆に副葬墳的な陪冢《ばいちょう》の省略のほかに、明らさまに近接する小古墳を排除することで区別化をはかったと考える。

七世紀になると、大阪府太子《たいし》町推古《すいこ》陵・用明《ようめい》陵古墳といった大形方墳で構成される大阪府太子町磯長谷《しながだに》古墳群とやや距離を空けて、大阪府河南《かなん》町・太子町一須賀《いちすか》・羽曳野市飛鳥《あすか》千塚《せんづか》という小規模で均質な古墳が集中する群集墳という二極へ集約される。

以上が大王墓を巻きこんだ古墳群の動向である。

小形円墳という均質なもので爆発的に築造される古墳群の方は、六世紀中葉に横穴式石室の石材産地をもとめて群集する。このばあい、平野部で農耕を主体にして近隣に山地をもたない地縁的な集団もふくめて広域的な墓域配分に組み込まれていく。横穴の開口の群在はいたって目立つ存在である。これも石室構築へのアクセスという視角で、墓道についてはあとでとりあげる。

表2　小型墳群形成の諸段階

第1転換期	第2転換期	第3転換期
古墳以前：方形周溝墓・方形台状墓 契機1　周溝墓段階（三〜四世紀） 大阪府八尾市・大阪市平野川流域遺跡群（墳形・規模不均質）・同柏原・八尾市楠根川流域遺跡群（方形・規模均質） 契機2　前期大型古墳群段階（三〜四世紀） 奈良県天理・桜井市大和柳本古墳群・奈良市佐紀古墳群周辺（前方後円墳並列） 前方後円墳・円墳中規模墳顕在 京都府木津川市瓦谷・兵庫県丹波市奥丸山古墳群（前方後円墳、方墳主体） 奈良県橿原市新沢・葛城市兵家古墳群の初期（前方後円墳、方墳主体）	契機3　中期大型古墳群段階（五世紀） 大阪府藤井寺・羽曳野市古市・堺市百舌鳥古墳群周辺（前方後円墳、帆立貝式、方墳主体） 契機4　木棺直葬小形方墳群段階（五世紀） 京都府木津川市上人ヶ平・大阪市長原古墳群（円墳契機、方墳主体） 契機5　木棺直葬小形円墳群段階（五〜六世紀） 奈良県橿原市新沢・葛城市兵家古墳群・御所市石光山古墳群（前方後円墳、円墳主体）	契機6　横穴式石室小形円墳群段階（六世紀） 「初期横穴式石室群」大阪府河南・太子町一須賀古墳群Ⅰ支群 「高安群集標準型」大阪府八尾市高安古墳群 契機7　畿内型群集墳・横穴式石室段階（六〜七世紀） 「広域大型群集墳」大阪府柏原市平尾山古墳群 「高安群集密集型」大阪府柏原市田辺古墳群東群、奈良県葛城市寺口忍海古墳群 契機8　横穴式石室小形方墳群段階（七〜八世紀） 兵庫県宝塚市長尾山・京都市旭山古墳群（小横穴式石室） 大阪府柏原市田辺古墳群西群（寺院との結びつき）

これら小型墳の集中についての動向を、表2にまとめてみた。

古墳内での親族関係

田中良之は、一九九三年の学位論文で、出土人骨の歯冠計測値を用いて被葬者そのものの親族関係を明らかにすることを試みた（『骨が語る古代の家族―親族と社会―』吉川弘文館、二〇〇八年など）。五世紀中葉までは血縁関係がある成人男女が埋葬されることが多く、血縁を重視した双系キョウダイ原理にもとづいた埋葬であった。この状況は百舌鳥古墳群のニサンザイ古墳築造まではは大王墓でもつづいたと思われる。古墳時代前半期の「古墳群」の特徴の一つである。

そして、田中は五世紀の後半になって兄妹・姉弟主体が同一古墳内に埋葬されるまとまりから、それが脱落して男性家長を中心とした父系直系家族が成立したとする。大型墳は陪冢をもたなくなり、単独立地になる。六世紀前半〜中葉にはさらに変化をとげる。このころに築造開始される山口市朝田《あさだ》墳墓群では血縁関係のない同一世代の男女が葬られる。この女性の方は家長である男性の妻（次世代家長の母）であり、夫婦同一墓が確認できる。このころから横穴式石室墳が爆発的にふえる。

田中の類型は、以下に整理される。

【基本モデルⅠ】四〜五世紀代は双系キョウダイ原理に基づく同一世代が埋葬される。

【基本モデルⅡ】五世紀後半から男性家長と家長権を継承しなかった子どもたちと父系の

血縁に基づく二世代が葬られるようになる。【基本モデルⅢ】六世紀前半～中葉になり家長夫妻と家長権を継承しなかった子どもたちという構成となる。埋葬から読み取れる古墳時代の親族構造は、基本モデルⅡ・Ⅲと進むにつれて父系的なモデルへ移行することになる。

父系的なモデルの考え方については、埼玉県行田《ぎょうだ》市埼玉稲荷山《さきたまいなりやま》古墳の鉄剣金象嵌《きんぞうがん》銘が参考になる。辛亥《しんがい》年（四七一年）七月中に記すとして、親族関係が示されていく。杖刀《じょうとう》人首《じんのおびと》としての役柄で、獲加多支ル《ワカタケル》（雄略）につかえたという人物が「其の児、多加利足《タカリノスク》尼《ネ》、其の児、弖已加利獲居《テイカリワケ》、其の児、多加披次獲居《タカハシワケ》、其の児、多沙鬼獲居《タサキワケ》（ここまでスクネ・ワケの尊称をもつ）、其の児、半弖比《ハテヒ》、其の児、加差披余《カサヒヨ》、其の児、乎獲居臣《ヲワケノオミ》（ヲワケ自らの三代系譜）」であると、親子の代々の相続を主張し、世襲制を重視していた。時期的にこれはモデルⅡのタイミングである。

ワカタケルは中国史書の『宋書』にある倭の五王の武だとおもわれ、「祖禰《そでい》（祖先）みずから甲冑を擐《つらぬ》き……」と上表文でふり返る。その二代前の珍のとき「又倭隋等十三人を平西・征虜・冠軍・輔国将軍の号に除正《じょせい》」を求めてゆるすとある。珍は時期的にはニサンザイ古墳の築造年代にあう。倭王だけでなく除正をみるが、そのタイミングと同じときに、次にみる陪冢とされるものが激減する。支配者が自分を誇示するのは、古墳や豊かな蓄えを示す倉だけではなくなり、臣下の称号の認定が加わる。つづく済は二三人を郡号だけでなく軍郡に除すという記事がある。このころ築造の允恭陵古墳までは陪冢が残るが、以降、大王墓級はその周囲に小型墳も排除して単独化し、より隔絶した存在になる。

古墳群内にあらわれる階層系譜

百舌鳥・古市古墳群はいろいろな種類の古墳が集まるが、大型墳の周囲では陪冢とよばれる中小古墳が五世紀前半にさかんにつくられた。

これは古墳群の重層的な構造を示しており、主墳を中心とした平面分布で地表に残される（図29）。田中塚は「衛星式陪塚」と言う。

これが顕著になるのは古市の仲津姫陵古墳の段階である。応神陵古墳築造後には、前段階の帆立貝式や円墳でなく、古墳群全般に方墳としての墳形の規制が強化された可能性がある（図29上右・中上）。応神陵古墳の前方部北東には藤井寺・羽曳野市の二ツ塚古墳系列がある。これは応神陵古墳に先行して墳丘があったために東側内堤をゆがめる原因になった墳丘長一一〇メートルの前方後円墳、二ツ塚古墳につづく系列である。それが築かれたあとは、帆立貝式古墳の墳丘長七三メートルの盾塚古墳から、応神陵古墳に併行する鞍塚《くらづか》古墳の円墳、その後の珠金塚《しゅきんづか》古墳の一辺三〇メートルの方墳にまで小さくなって形も変わった（図29中上）。仲津姫陵・応神陵古墳がのる国府台地西側の稜線上は、北側の河内平野や南東の石川流域から一望できるが、それより東よりのやや鞍部になった斜面を中心にこの系列は展開する

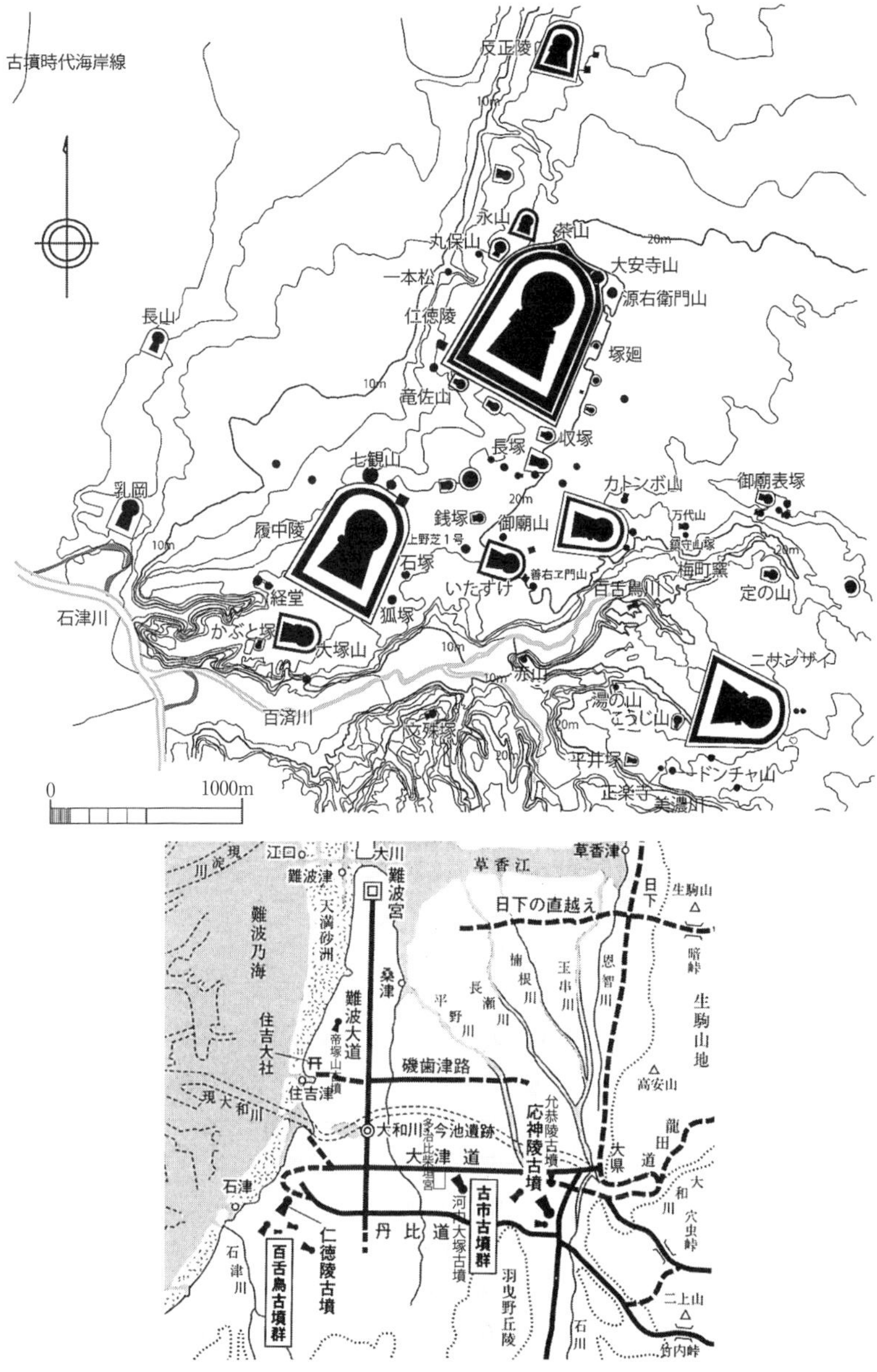

図28　百舌鳥古墳群の古墳分布（上），百舌鳥・古市古墳群周囲の古道と推定道（下）

（図25中右より）。そのため北側と西側の視界はさえぎられ、石川流域からの眺望を優先させる。このことから被葬者は在地系、しかも石川流域との関係が強いと考えることができる。仲津姫陵・応神陵古墳と近接して関係は示すものの一歩おいた下部の地域的な階層となるが、応神陵古墳築造以前に当該地で先行して墓域を確保していた地元の有力集団と言うことになる。

応神陵古墳の西側側面には藤井寺市アリ山古墳がある（図25中央、図29中右）。この古墳は一五四二本の鉄鏃《てつぞく》を中心に武器・農工具が大量埋納される方墳である。ちょうど左右対称の位置に一辺四五㍍《メートル》の同じ規模の羽曳野市栗塚古墳がある。いずれも築造位置に応神陵古墳との計画性が感じられるばかりでなく、同じ埴輪が立つ。このことから両者は二ツ塚系列以上にすこぶる一次的に応神陵古墳と密接な関係にある墳丘であることがわかる。

一方、中形前方後円墳系譜をもつ古墳が一辺五〇㍍《メートル》前後の方墳に変貌、縮小が見こまれる古墳系譜がある。墓山古墳とその周囲の方墳（墓山系列）の動向を見ると（図29上右）、これらは従来、「陪冢」と見なされ、野中《のなか》古墳にみられるような甲冑の多量出土例は主墳とする墓山古墳との関係も手伝って、田中晋作氏はこれを手がかりに「古墳時代の常備軍成立の可能性について」（『古代王権と交流』五、名著出版、一九九四年）などで軍事組織の編成を論じる。そうであれば同時代の最新の甲冑ばかりを集めて埋納したように感じてし

ふりがな ご氏名	年齢　　　歳	男・女
〒 □□□-□□□□ ご住所	電話	
ご職業	所属学会等	
ご購読 新聞名	ご購読 雑誌名	

今後、吉川弘文館の「新刊案内」等をお送りいたします(年に数回を予定)。
ご承諾いただける方は右の□の中に✓をご記入ください。　□

注 文 書

月　　日

書　　名	定　価	部　数
	円	部
	円	部
	円	部
	円	部
	円	部

配本は、○印を付けた方法にして下さい。

イ. 下記書店へ配本して下さい。

(直接書店にお渡し下さい)

(書店・取次帖合印)

書店様へ＝書店帖合印を捺印下さい。

ロ. 直接送本して下さい。

代金(書籍代＋送料・代引手数料)は、お届けの際に現品と引換えにお支払下さい。送料・代引手数料は、1回のお届けごとに500円です(いずれも税込)。

＊お急ぎのご注文には電話、FAXをご利用ください。
電話 03−3813−9151(代)
FAX 03−3812−3544

（ご注意）

・この用紙は、機械で処理しますので、金額を記入する際は、枠内にはっきりと記入してください。また、本票を汚したり、折り曲げたりしないでください。

・この用紙は、ゆうちょ銀行又は郵便局の払込機能付きＡＴＭでもご利用いただけます。

・この払込書を、ゆうちょ銀行又は郵便局の渉外員にお預けになるときは、引換えに預り証を必ずお受け取りください。

・ご依頼人様からご提出いただきました払込書に記載されたおところ、おなまえ等は、加入者様に通知されます。

・この受領証は、払込みの証拠となるものですから大切に保管してください。

収入印紙
課税相当額以上
貼　　付

印

この用紙で「本郷」年間購読のお申し込みができます。

◆この申込票に必要事項をご記入の上、記載金額を添えて郵便局でお払込み下さい。

◆「本郷」のご送金は、４年分までとさせて頂きます。
※お客様のご都合で解約される場合は、ご返金いたしかねます。ご了承下さい。

この用紙で書籍のご注文ができます。

◆この申込票の通信欄にご注文の書籍をご記入の上、書籍代金（本体価格＋消費税）に荷造送料を加えた金額をお払込み下さい。

◆荷造送料は、ご注文１回の配送につき 500 円です。

◆キャンセルやご入金が重複した際のご返金は、送料・手数料を差し引かせて頂く場合があります。

◆入金確認まで約７日かかります。ご諒承下さい。

※現金でお支払いの場合、手数料が加算されます。通帳またはキャッシュカードを利用し口座からお支払いの場合、料金に変更はございません。

※領収証は改めてお送りいたしませんので、予めご諒承下さい。

お問い合わせ　〒113-0033・東京都文京区本郷７—２—８
吉川弘文館　営業部
電話03-3813-9151　FAX03-3812-3544

この場所には、何も記載しないでください。

払込取扱票

02 東京

通常払込料金加入者負担

口座記号番号	金額
00100=5=244	千 百 十 万 千 百 十 円 ※

加入者名	料金	備考
株式会社 吉川弘文館		

ご依頼人・通信欄

フリガナ
※お名前
郵便番号　電話
※ご住所
※

〈この用紙で書籍代金ご入金のお客様へ〉
代金引換便、ネット通販ご購入後のご入金の重複が増えておりますので、ご注意ください。

各票の※印欄は、ご依頼人において記載してください。

◆「本郷」購読を希望します

購読開始　　号 より

1年 1000円 (6冊)　3年 2800円 (18冊)
2年 2000円 (12冊)　4年 3600円 (24冊)
(ご希望の購読期間に○印をお付け下さい)

日附印

裏面の注意事項をお読みください。(ゆうちょ銀行)(承認番号東第53889号)

これより下部には何も記入しないでください。

切り取らないでお出しください。

記載事項を訂正した場合は、その箇所に訂正印を押してください。

振替払込請求書兼受領証

口座記号番号	00100=5 244	通常払込料金加入者負担
加入者名	株式会社 吉川弘文館	
金額	千 百 十 万 千 百 十 円 ※	
ご依頼人	おなまえ ※ 様	
料金		日附印
備考		

この受領証は、大切に保管してください。

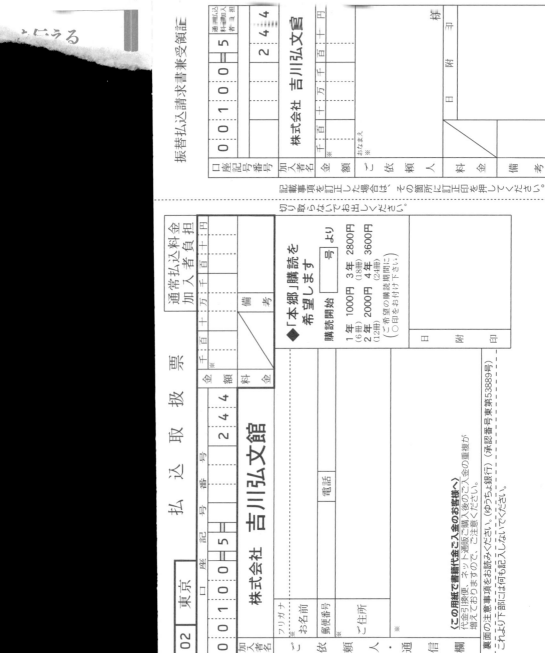

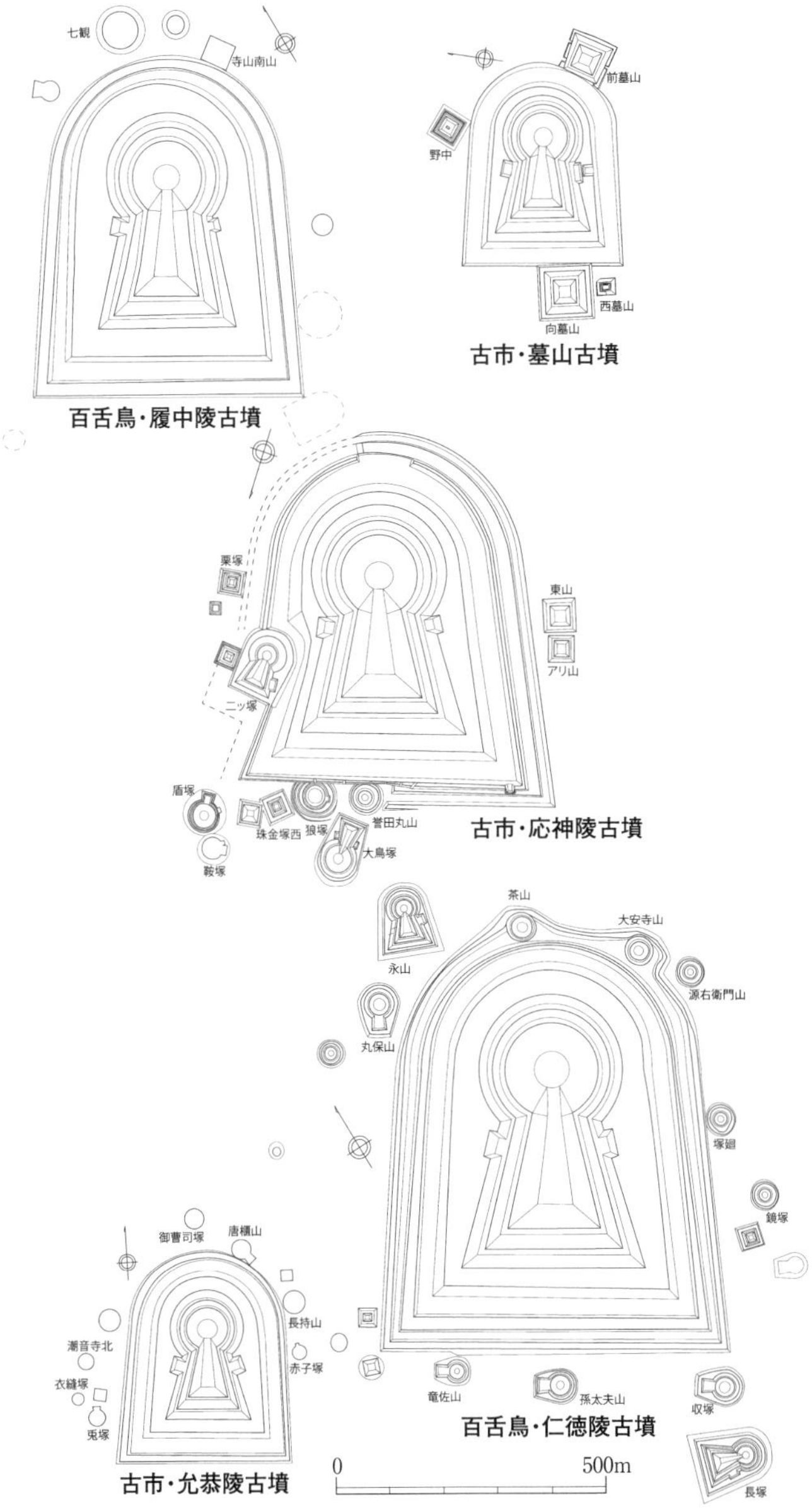

図29　百舌鳥・古市古墳群の大型墳と陪冢の変遷

まうが、調査者の北野耕平は『河内野中古墳の研究』（大阪大学、一九七六年）のなかで甲冑に製作時間差があることから時代相を示すとする。一人の人が年齢を重ねて手に入れた一群とも思われるのである。野中古墳の埴輪の時期は応神陵古墳よりも新しく、墓山古墳築造からは三〇年はあとになる。古市古墳群内では応神陵古墳の出現によって、二ツ塚古墳系列のように中形前方後円墳築造層に対する方墳への規制が一気に強まるとみたい。こうした事情を考慮するなら、墓山古墳と周囲の方墳は同一被葬者系譜にのることになる。

ただし、墓山系列として注目できる施設がある、墓山古墳の西側にある、刀剣など二〇〇本以上が出土する藤井寺市西墓山古墳である。この古墳は人体埋葬がなく、墳丘中心部は武器や農工具を大量に納めた副葬箱であり、墳丘外に付加的要素がとびでた副葬施設と見なせる。こちらの埴輪は墓山古墳本体と同じ時期である。

以上のように、「陪冢」という施設名をつけても、その内容は複雑である。

従属度が強く親密性の高いものとしては、仁徳陵古墳のまわりの古墳がそうである（図29右下）。収塚《おさめづか》古墳は仁徳陵古墳よりやや新しく、ニサンザイ古墳までは下らない。埴輪も比較的に精美なB種ヨコハケ（図21中左を参照）の系統を受け継ぐ。源右衛門山《げんえもんやま》古墳も収塚古墳と同じような時期であるが、整然なB種ヨコハケの系統から百舌鳥古墳群に特有なヨコハケが目立つ。塚廻《つかまわり》古墳も同じであるが、B種ヨコハケを貫徹させる統制力の差がみられて優劣がある。丸保山《まるほやま》・竜佐山《たつさやま》古墳はこれらより新しい。外堤上にある茶山《ちゃやま》・大《だい》安寺山《あんじやま》古墳はともかくとして、周囲のほとんどが仁徳陵古墳築造を契機として造墓されている。さらに、大きなものから小さなものへ、前方後円墳、帆立貝式古墳、円墳という墳丘変化の傾向もみてとれる。ここでは応神陵古墳の方墳に対して、円形のものに規制がはたらいていているようだ。

百舌鳥古墳群の地域型系譜と百済川

百舌鳥古墳群の履中陵・仁徳陵古墳といった広域型の大王墓級の古墳が大阪湾にそって南北に並ぶのに対して、百舌鳥の地に東西向きの堺市乳岡《ちのおか》・大塚山《おおつかやま》・イタスケ・御廟山《ごびょうやま》古墳と四代つづく系譜がある（図28上）。これは、日本列島各地が帆立貝式化、円墳化して墳丘規模をおとす同時代の古墳に対して、墳丘長一五〇㍍以上を維持して優勢を誇った。この地域型の勢力を乳岡系譜とよんでおく。石津川に合流する百済・百舌鳥川の両岸に分布する。

まずは四世紀末に、後に履中陵古墳がつくられる台地端頂部から西に派生する微高地端に、大阪湾に面して南北方向、北側に堺市長山《ながやま》古墳、南側に乳岡古墳が築かれた。それらは一〇〇㍍をこえ、葺石・埴輪をもった本格派であったが、石津川沿いを中心とした地域的な古墳の格をこえない。ただ、百舌鳥の古墳が次々とつくられるまえは大阪湾に船が入る際に、葺石の白がはえて石津川の河口を示す灯台のような役割をはたした。その後、ここから北東側の進路を選ぶと百舌鳥古墳群へ、南東側を選ぶと日本最古の大窯業生産地帯である堺市陶邑《すえむら》窯跡群へたどり着くことができる。五世紀になり往来は激増した。

この地域勢力に支えられながら、他地域から侵入したであろう墳丘長三〇〇メートルをこえる巨大古墳、履中陵古墳が出現する。以降は、この古墳が目印になった。さらに北側の仁徳陵古墳が築かれてからは陸路で東の大和に向かう起点ともなった（図28下）。

さて、乳岡古墳につづくのは墳丘長一六八メートルの大塚山古墳である。後円部四基、前方部

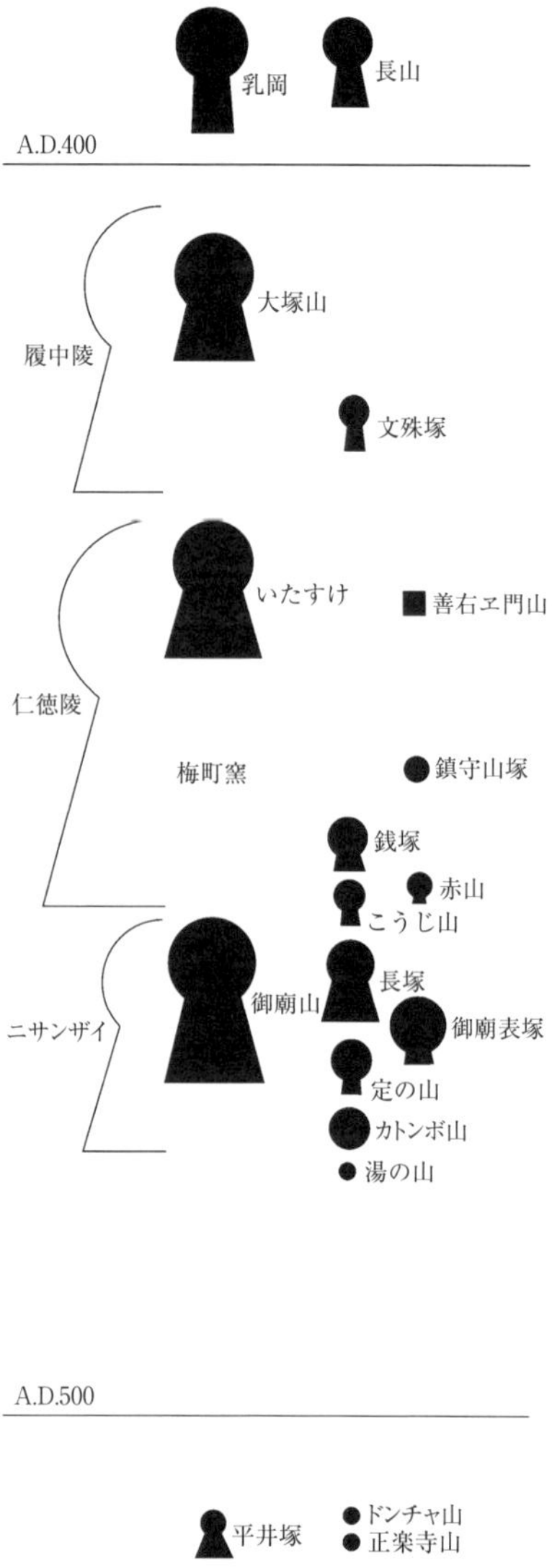

図30　百舌鳥古墳群の階層系譜

四基の粘土槨があり、乳岡古墳が和泉砂岩製の長持形石棺の直葬であったのに対し、こちらは石室・石棺でもない。いずれにせよこの系譜は墳丘規模が大きいわりに、埋葬主体はかなり劣勢といわざるを得ない。副葬品は三角板革綴襟付短甲のほか、鏡、刀剣、玉類、農工具などが出土する。乳岡と大塚山という古墳は石津川とそこから分岐する百済川の北岸に沿ってつくられた。石津川の南岸は比較的に法面の傾斜がゆるく前時代では大規模な弥生集落の堺市四ツ池遺跡がある。その上流部で弥生時代末から頭角を現す核集落の堺市下田《しもだ》遺跡があり、集落が石津川に沿って線的に拡張していったようすがうかがえる。この遺跡が在地型の古墳の被葬者集落であろう。その上流、奥の丘陵内陸に陶邑窯跡群が広がるという構造になる。対して北岸は、法面の傾斜が急で大阪湾側も履中陵古墳の西方以外は比較的に急である。ここでは台地下に大規模な集落を生む平坦地は望めない。石津川の北岸はまさに百舌鳥の荒れ野だったのであろう。そこに在地もふくめて古墳が群がった。

百済川の下流、大王墓級の古墳の最初の築造としては地域勢力が集中するエリアの外縁部、大阪湾岸沿いからはじまったのである。

その履中陵古墳の南側には在地的な大塚山古墳がひかえる。その上流にある、いたすけ古墳は履中陵古墳より山手に入り一気に内陸に入った感が強い場所に築かれる。この両古墳の築造の間に履中陵古墳は築かれた。乳岡系譜では窖窯で焼く埴輪をそろえた最初のものである。この古墳に付随するのは方墳の堺市善右ヱ門山古墳《ぜんえもんやま》である（図30）。いたすけ古墳より堅牢に焼かれた埴輪をともない、より墳丘が大きくなったのは御廟山古墳である。さらに奥まったところにつくられた。これに東接するのは、径五〇メートルの円墳、堺市カトンボ山古墳である。粘土槨に鏡、鉄製品、大量の滑石製玉類・模造品が出土したのが特徴である。代表的なものには、子持勾玉五個、勾玉七二九個、臼玉二万個があるほか、双孔円板、剣・斧・鎌・刀子《とうす》形石製品がある。

百舌鳥川がつくる谷奥の両岸に小型墳の築造はつづいた。しかし、もはや地域勢力は一〇〇メートル以上の古墳は築造できなくなる。このタイミングでその南に大王墓級であるニサンザイ古墳が築かれる。墳丘長八五メートルの堺市御廟表塚《ごびょうおもてづか》と六九メートルの定の山《じょうやま》といった帆立貝式古墳になって前方部が縮む。これらと御廟山古墳のちょうど中間の百舌鳥川沿いの谷南側斜面に堺市梅町埴輪窯が検出される。この窯は百舌鳥川上流に集中した小型墳一群の埴輪生産を担っていた。

大王墓級系譜と隣接しながらも、乳岡系譜の古墳に直接関連した地域的な中小墳はあくまで百済・百舌鳥川を造墓の幹線墓道として終始利用して、川沿いを上流へと築く二重構造となって、大きくは百舌鳥古墳群となって同居していた。

石室と墳丘の連鎖

古墳内部の埋葬主体は古墳時代の前半の竪穴式《たてあなしき》石室から、後半には横穴式石室に変化した。

墳丘内の石室の位置は上部から下部へと移るが、にもかかわらず、前方後円墳の墳丘づくりはつづいた。遺骸を墳丘の頂きに掲げ覆うことではじまったものが、裾から潜り塞ぐという行為に変わった。石室をいかに墳丘になじませたのか。さらに、横穴式石室墳の墳丘は、石室架構のための石材を持ちあげる作業工程が加わった痕跡も残した。

埋葬主体と墳丘構築

古墳時代、六世紀前葉ごろを境にして、その前半と後半では特に墳丘と埋葬主体との位置関係が違ってくる。そもそも前半期は竪穴系のもので墳丘の上部にあり、後半期は上部を踏襲していたものがしだいに下方に移る。埋葬主体設置はどのように墳丘構築とからんで変化したのであろうか。

竪穴式石室と横穴式石室という埋葬主体

竪穴式石室は上から穴を掘ることからはじまるイメージがあるが、和田晴吾氏は「掘込墓壙《ぼこう》」「構築墓壙」として区別をする。前者の多くは墳丘の概略を整えてから墳頂部に穴を掘って石室をつくる。後者は、あとで見る奈良県桜井《さくらい》市メスリ山・奈良市日葉酢媛《ひばすひめ》陵古墳などのように、墳丘上部の石室石材の組み上げと同時に墳丘をつくる。

古墳時代の後半には、墳丘構築以前に横穴式石室の石材の積み上げが優先される。石室周囲の堅牢な盛土が段階的に石室の巨石化とともに強化され、それにともなって土嚢《どのう》列や列石、石垣などが多用されて墳丘内に埋没するようになる。墳丘外表面の最終仕上げには、骨格になる石を隠して化粧土で覆うことが多い。ただし、石室前面、羨門《せんもん》から法面《のりめん》保護に必要な墳丘裾をつなぐ前庭側壁部分に限っては、外護列石《がいごれっせき》(図42上中、大室二三号墳のもっとも外側の列石)や貼石(図52上)が帯状に付設されるばあいもある。

五世紀はじめに北九州からはじまった横穴式石室は、その中ごろに河内・大和でもみられるようになる。大阪府柏原《かしわら》市高井田山《たかいだやま》古墳の石室は後葉のもので(図31左上)、朝鮮半島の百済を中心とする地域から伝わったものである。六世紀中ごろには畿内独自の石室が盛行して爆発的につくられるようになった。石室(玄室《げんしつ》)に入るための水平方向の通路(羨道《せんどう》)があり、羨道の入口側を石で閉塞する(図33上下参照)。閉塞石をはずして追葬《ついそう》できるのも横穴式の特徴である。

五世紀代は墳頂部からの掘りこみであり、石室は上部にある。六世紀後半以降は、墳丘での位置が順次、中・下段と低くなる。時期が下るにしたがって下方、地下へのイメージとなる。また、横穴式石室の使用石材が大型化するために、それにあわせて入念な基礎地業をして強固にしてから石室をのせるようになる。ただし、中小の石室はしっかりした地

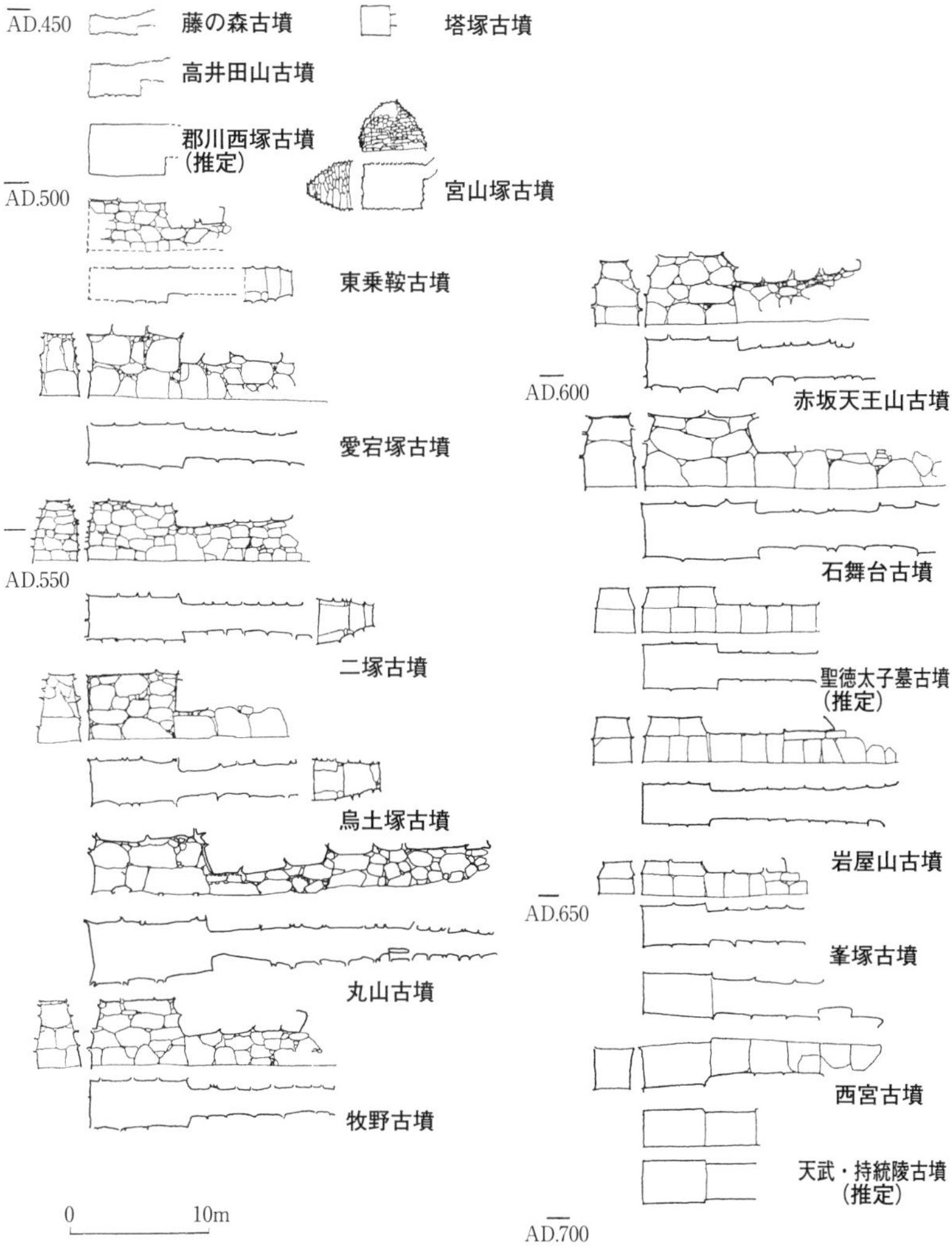

図31　畿内主要横穴式石室の変遷

山をその基礎地業とみなして掘り下げるため、より石室は沈み込む。墳丘下段が基台状に低い二段築成をとるようになる。墳丘内での埋葬主体のつくり込みは六世紀前葉には劇的に変わるが、ここにいたって墳丘概観が大きく変化していく。

さらに、エピローグで詳しくみるが、墳丘が前方後円形でなくなったあとの終末期古墳の墳丘基盤づくりはより入念になって墳丘範囲もふくめたものになる。埋葬主体はまず石室基底石列をおくのでなく、床石をおくところからはじめる横口式石槨《せっかく》となっていった。

メスリ山古墳の竪穴式石室と墳丘上部構築

さて、前半の竪穴式石室は、墳頂部を整えたあと、竪穴墓壙を掘りこんで石室を構築するが、ここではそれとは違う例からみる。

まず、メスリ山古墳の竪穴式石室のばあいである。墳丘長二二四メートルの前方後円墳の後円部墳頂中央では、四・五メートル以上、周囲で一〇メートルほど、前方部では〇・五～一一・〇メートルの盛土がある。墳頂にある石室は、一九七七年の伊達宗泰の報告では「墓壙を穿って構築するといった手法ではなく、日葉酢姫陵古墳の如く底辺から築きあげていった手法」とする。まず、断面台形状の石積みで囲い壁を築き、そのなかに石室を構築する。天井石の表面には酸化鉄を塗って厚い粘土で被覆する。さらにその面で栗石によって方形の区画をつくって、内面を小礫で盛りあげる。これは、単に典型的な竪穴式石室を報告する竪田直が「墳頂に深さ二一メートルたらずの竪坑をほり、その坑底に石室を築く」(『池田市茶臼山古墳の研究』大阪府古文化研究会、一九六四年)といったものの類とは程遠い。さらに、この石室の入念さは墳丘上部の構築とも結びつく。石室構築と同時進行して墳丘が形づけられていくのだ(図32中)。

構築順にみていくと、墳頂部は未完成のままで一旦、平坦にし、囲い壁を築き、そのなかではじめて石室側壁を積みはじめる。石室付近がやや盛りあがるほどに盛土し、副室(図32中上の中央にある石室の右上に示すもので、二二二本の鉄槍などの副葬品が大量に納められる)を築く。次にその周辺の低いところに一・五《メートル》ほど盛土し、石室・副室の上面のみをあらわにして墳頂部を平坦にする。そのあと、遺骸が石室におさめられ、天井石をかぶせ、その上に類をみない「栗石囲み壁」を築き、その上部まで墳頂全体に〇・五《メートル》盛土でていねいに石室上を覆う。その面で石室の上方を囲むように二列の埴輪列で方形に区画し、また〇・五《メートル》盛土する。さらに「栗石囲み壁」の上に〇・七《メートル》ほど墳頂部から突きでた方形壇に小礫を積む。

メスリ山古墳の墳頂部の作業工程は、後円部の墳頂上部の厚さ四《メートル》の盛土と石室の構築が七段階ほど連動する。これは竪穴墓壙のものより労力、期間がかなり違ってくる。ただし、石室下部の作業は双方とも同じ手続きをへる。それは、墓壙底中央に横断面がU字形の長方形のくぼみを掘りこんで、そのくぼみに沿って粘土を貼りつける粘土棺床をつくる

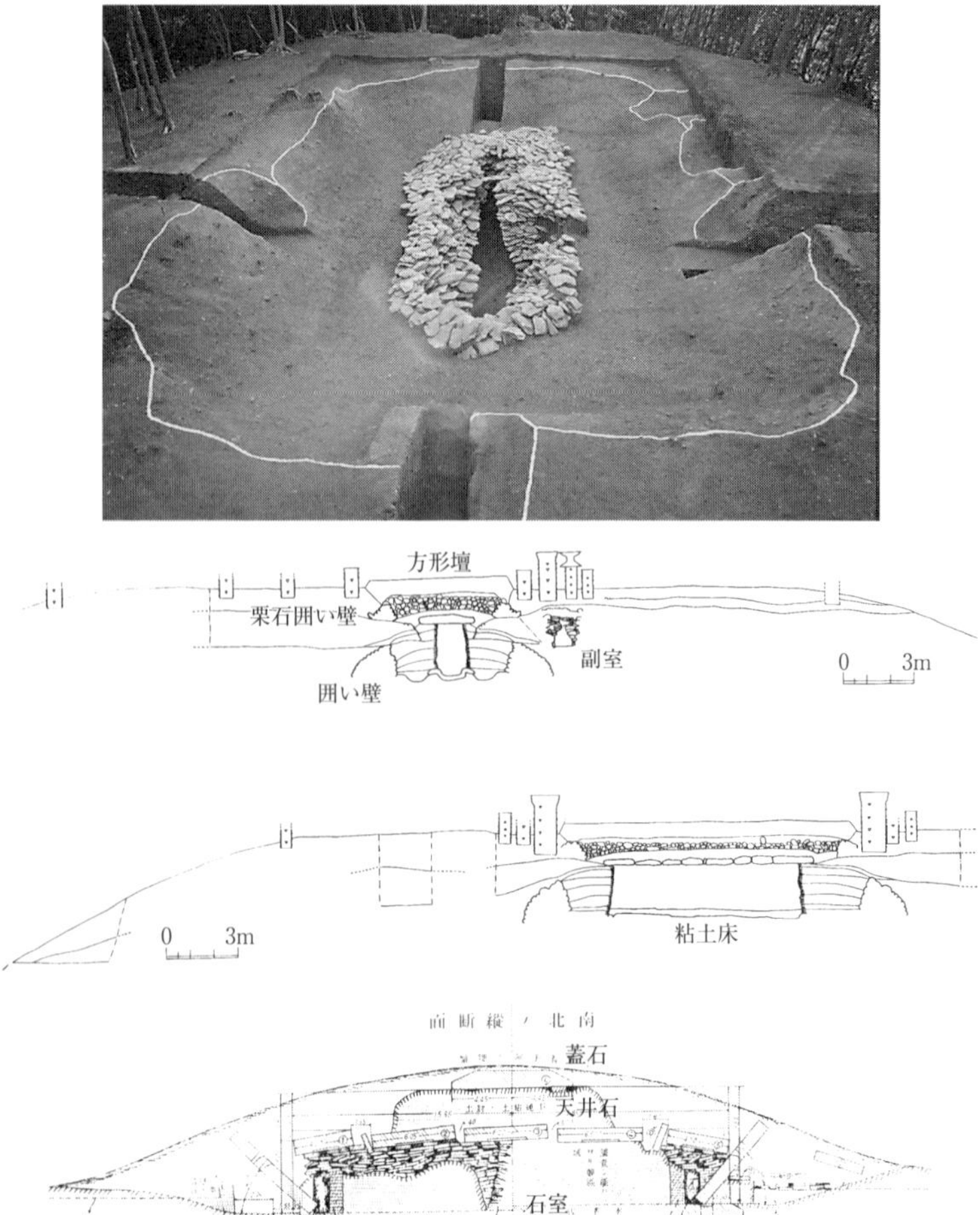

図32　中山大塚（上）・メスリ山（中）・日葉酢媛陵古墳（下）
墳頂部の竪穴式石室

という、竪穴式石室のなかではシンプルでむしろ新しい部類に属する。ところがそれに対して、遺骸を葬ってからの上部の入念な封じ込めと隔絶の意識は、二度と墓穴からよみがえってほしくないという強い意思をもつ。あとでみる出入りのできる横穴式石室とは対照的である。そうした意味では「掘込墓壙」と「構築墓壙」は共通した思考である。

墳頂にあるといえども、遺骸をおく場をつくり、埋葬をおこなったあとのメスリ山古墳の墳頂部のつくりこみは、より一層厳重なものだ。このように墳頂部と石室の構築を仔細にくらべることで被葬者間の格差を如実に見い出せる。

同じような構築墓壙および墳頂部構築は、メスリ山古墳からさかのぼるものとして、奈良県天理《てんり》市の中山大塚《なかやまおおつか》古墳の墳頂の状況にも相通じるところがある（図32上）。後円部の上部の周縁を高めた段階に板石で埋めながら石室壁面を築き、周囲より石室壁面が高くなった状態で石室最上段部がつくられる。総じて板石積みの石室断面形はレンズ状となる。墳頂最上部が石室を構築することと連動して仕上げられる。ここで使用される石材は、平野側のくびれ部より後円部頂に通じる板石で表面を平滑にした搬入路から持ちこまれた。箸墓《はしはか》古墳の後円部最上段は墳丘斜面が急な円丘壇になっているが、これもまた石室を構築したときにつくられた壇と考えられる。

横穴式石室と黄泉国神話

「イザナギノミコト（伊弉諾尊）とイザナミノミコト（伊弉冉尊）二神の国生みの最後に、イザナミは火の神を生んで亡くなり、モガリの後に、出雲と伯耆《ほうき》の国境の山に埋葬された。しかしイザナギは会いたくなって黄泉国《よみのくに》を訪ねる。するとイザナミは「殿の縢戸《とざしど》」より出てきて「悔《くや》しきかも、速《と》く来《こ》ずて。吾は黄泉戸喫《よもつへぐい》為《し》つ」と断りながらも、「黄泉神《よもつかみ》と相論《あげつら》はむ。我をな視《み》たまひそ」と言って「殿の内」に還り入った。しかし、いくら待ってもなかなか出てこないので、イザナギが殿の中を覗いてみると、遺体は腐敗しウジがわいていた。そこで、怒ったイザナミはイザナギを捕まえようとするが、イザナギは千引《ちびき》の石」を「黄泉比良坂《よもつひらさか》に引き塞《さ》え、石を挟んで問答し「事戸《ことど》を渡す」という話である」と和田晴吾氏は要約する（『前方後円墳』岩波書店、二〇一九年）。これは、横穴式石室の羨道部を黄泉比良坂、玄室を黄泉と見たてる向きもある。

小林行雄の『古墳の話』では「横穴式石室の内部を、死者の住む世界として、そこに生者の手で捧げられる最後の食事をおく儀礼は、やがて、その最後の食事をも、象徴的な副葬品であらわす風習をうみだした。それが土製の竈《かまど》に釜と甑《こしき》とをのせた、小型の竈一具を横穴式石室のちかくにおさめる風習である（黄泉戸喫）」として、ミニチュア炊飯具が玄室内に副葬される状況と関連づける。

前半の竪穴式石室は、祭祀的な役割の被葬者を葬れば、その威力を恐れ、被葬者にまつわるもの、特に銅鏡や石製品などの祭器とともに葬られた。そして、朱で真っ赤にした石室に蓋をして、入念に密封して閉ざした。そうした構造に由来する。

後半の横穴系の墓室については、「記紀」に伝わるこの黄泉の国説話をみると、行き来ができる境界があることに由来するのだろうか。イザナギが黄泉までイザナミをよびもどしに行ったが、イザナミが黄泉戸喫《よもつへぐい》して帰れないと言った。イザナギが黄泉から逃げたときに最後に大石で閉じて断妻之誓建《ことどをわた》したという。ミニチュアの炊飯具は黄泉戸喫を象徴するといわれる。断妻之誓建しの大石は横穴式石室の羨道入口の閉塞石に見立てられている。しかし、この千引の石は大石で、七世紀でも後半の奈良県明日香村牽牛子塚《あすかけんごしづか》古墳の横口式石槨をふさぐ巨大な石戸のイメージである。それ以前の横穴式石室の閉塞方法は、人頭大の石を図45下の市尾墓山《いちおはかやま》古墳の羨道部にあるような断面三角形に積みあげてふさいだものであった。「記紀」の記載は、具体的な表現について間近な時期のものをモデルにしていた。横穴式系石室で重要なことは、墓室までの通路をつくりこんで墳丘外から内部に侵入できるということにある。「記紀」の編者の生きた七世紀後半から八世紀にかけても火葬前夜にかかわらず墳墓の実態は残っており、それに引きよせて生々しく伝承を語ったと言うことになろう。

横穴式石室の設計があったのかについて注目できるものに、白石太一郎氏の「岩屋山式の横穴式石室について」の論考がある（『ヒストリア』四九、一九六七年）。

岩屋山式横穴式石室の設計モデル性

これは奈良県明日香村の岩屋山《いわややま》古墳例を標識とする石室類型の話である。白石氏は「いわゆる高麗《こま》尺の使用はほぼ確実と考える」としながら、「岩屋山のごとき（石を加工した）精美な横穴式石室でも、各部の長さは計測点のとり方によって大きく異なる」とする（図33上）。とはいうものの、この石室は六世紀代の石室のほとんどが何ら加工のない野石をそのまま使っているのに対して、共通した築造企画をもってそれに合わせるように石をきれいに加工して積みあげた切石造の一群と評されるものである。明確な切石の構築物になると綿密な使用スケールをあてはめることが期待される。それがどういった単位の尺度であるかを論じることはある程度、無駄ではない有効なものになる。ここでは八世紀初めには用いていた中国の唐尺《からじゃく/とうじゃく》に先行する朝鮮半島由来であろう高麗尺を白石氏は適用した（図33上のなかの数字）。たとえば図33の左の端は二七二$\frac{セン}{チ}$を計り、それは八尺だと解釈しようとする。ちなみに、六四六（大化二）年に発布された大化の薄葬令では、尋《ひろ》というおそらく極めて日本的な身体尺の単位を用いて、官位ごとにつくることができる墳丘の大きさを制限している。

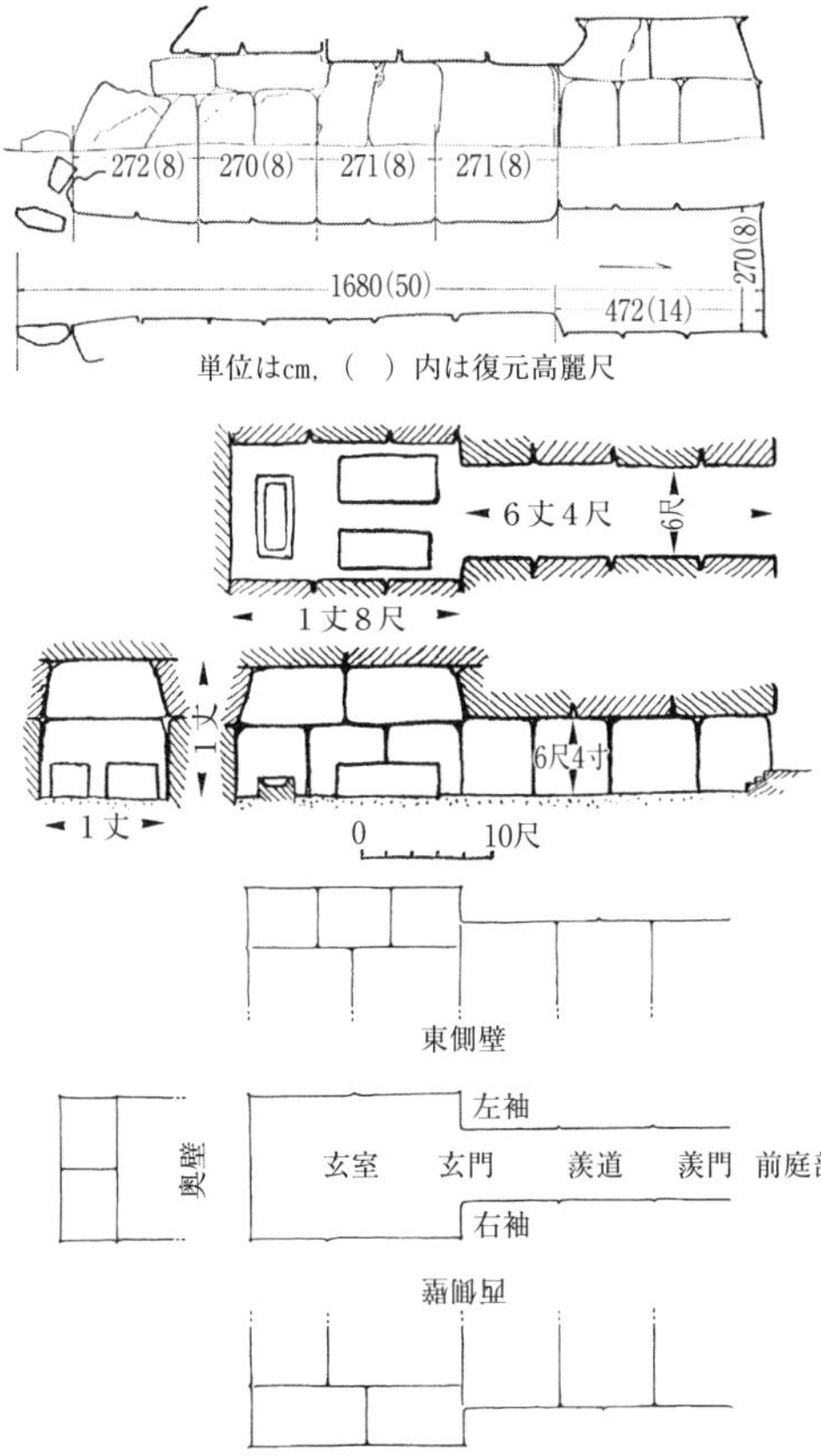

	玄室長	玄室幅	羨道長	羨道幅
秋里籬島著 『河内名所図会』	壱丈五六尺(十五～六尺) 4.54～4.84m	壱丈(十尺) 3.03m	弐間半(十五尺) 4.54m	六尺 1.81m
覚峰著 『埴生崗之古墳』	二間半(十五尺) 4.54m	一間半(九尺) 2.72m	二間半(十五尺) 4.54m	六尺 1.81m
『石室略図』	十八尺 5.45m	十二尺 3.63m	二十五尺 7.57m	六尺 1.81m

図33　岩屋山（上）・聖徳太子墓（中）・来目皇子墓古墳（下）の横穴式石室各部の長さ

白石氏が岩屋山式とするこの石室の特徴として、群集する小型墳にはあまりなく、大型独立墳に採用されることにある。分布は亜式も含め、奈良盆地南部の飛鳥から桜井、中央の布留《ふる》、平群《へぐり》、大阪府南東部の磯長《しなが》に限定される。岩屋山古墳例のあとは、奈良県天理市塚穴山《つかあなやま》古墳が出土須恵器《すえき》からすれば七世紀第1四半期、岩屋山式であるムネサカ一号墳例がそのあとにつづく。岩屋山式が七世紀第1四半期を最上限とすることがわかる。

一方下限の年代は、後続型式の奈良県平群町西宮《にしのみや》古墳の出土須恵器が七世紀第3四半期を示すことから、これにあてる考え方もある。さらに、全体の形状数値が岩屋山式のものに似て、もっとも下るものに大阪府柏原市安堂《あんどう》第六支群三号墳がある。玄室側壁下半が三枚の石で構成される。この石室の床面礫石中から出土する土器は七世紀第4四半期を示す。石室細部の数値は唐尺の可能性があり、厳密な岩屋山式にはあたらないであろうが、似た石室がここまでつづくことを示す。

さらに注目できることは、磯長では大阪府太子《たいし》町の石塚《いしづか》、聖徳太子《しょうとくたいし》墓、太平塚《おへら》といった古墳の大形横穴式石室の玄室側壁下半が、三枚の石で構成されることがつづくことである。この種のものが安堂第六支群三号墳例をふくめ、河内において長期間の石室構築集団の系譜上にあったことが確認できる。この系譜は岩屋山式の多い奈良県桜井、飛鳥にも集中するのも特徴である。

つまり、岩屋山式はその中でも使用石材を精巧な切石造にし、尺度を厳密なものにしたグループとして、一定のモデルを特定の地域で保持したというのが特徴である。特に、類似度の高い奈良県桜井市ムネサカ一号、岩屋山、橿原《かしはら》市小谷《こたに》などの古墳の石室については、切出し、運搬、調整、架構《かこう》という工程について、定まった石工集団によって長期にわたって構築されつづけたと考えられる。その時間幅はもっとも大きく見積もると、七世紀第2四半期はじめごろから第4四半期にかけての範囲である。これは、ゆうに半世紀をこえる。ただし、墳丘構築にあたってはこの集団は受けもたない。墳丘の方はあとでみる七世紀の多様な変化に追従して安定しないからだ。石工石室集団と墳丘構築は別の系統で、互いの集団が協働して、墳丘を仕上げたとみたい。

岩屋山式の石工集団を考えるときに、聖徳太子墓古墳の存在がある（図33中）。岩屋山式のなかにあって玄室高と羨道高差が大きく岩屋山式石室の類型の前半にくる。また、類似する大阪府羽曳野《はびきの》市来目皇子《くめおうじ》墓古墳の石室を考慮すると、岩屋山式の構築集団を安定的に支えた核的な地域は、磯長を中心としたとみたい。横口式石槨にあっても、奥田尚氏によれば、奈良県明日香村にある牽牛子塚古墳の石材調達域が飛鳥付近のほか、香芝《かしば》市・羽曳野市二上山屯鶴峯《にじょうさんどんづるぼう》付近、太子町鹿谷寺《ろくたんじ》跡〜牡丹洞《ぼたんどう》、柏原市亀ノ瀬、天理市豊田山《とよだやま》という、二上山ひいては磯長付近が主だったものになる。それ以降の古墳もその関係性は強い。

横穴式石室墳の墳丘構築と石室

前方後円墳の前方部が後円部に比べて飛躍的に幅と高さが大きくなるのは、五世紀中葉の百舌鳥《もず》古墳群のニサンザイ古墳である。同じときに、近くにある堺《さかい》市塔塚《とうづか》古墳や古市《ふるいち》古墳群の藤井寺《ふじいでら》市藤ノ森古墳の横穴式石室が出現する。これらは板状の石材で大型石材を用いないため、従来の竪穴式石室の墳丘頂部の構築技法とさほど変わらない。つまり、墳丘と石室の位置は竪穴系のものと変わらない。それでは石室の口はどこから現れるのか。羨道に通じる墓道もしくは前庭部はどこに置くか。頭を悩ませるところであったろう。

墳丘構築と石室架構の関係

初期横穴式石室に入る重量物としては、天井石、刳抜《くりぬき》式家形石棺や、玄室のなかを区切って棺のまえなどに衝立る石障《せきしょう》などがあった。石室の上半部の壁面を内傾させて丸くしてドーム状にし、大きくなる天井石のボリュームを減らした。この状況は、次の高井田山古墳までは変わらず、多少石室の石材が大きくなる大阪府羽曳野市峯ヶ塚《みねがづか》古墳までは踏襲される。その石材は奈良県天理市東《ひがし》乗鞍《のりくら》古墳のように六世紀前葉からの大型化が著しい。少なくともこの時点で、大型墳には巨石が採用されるようになった（図31・44）。

中河内の大阪府八尾《やお》市の愛宕《あたご》塚古墳は巨石材のゆたかな丘陵のふもとに立地し、理想的な直方体の巨石をその丘陵で選んでそこに下ろして大形横穴式石室を構築した。そのすぐあと、山地側に立地する大阪府八尾市高安《たかやす》古墳群では、六世紀中葉以降、巨石石室墳の造墓数がピークに達する。

高安古墳群では二〇〇四〜二〇一〇年の調査で石室下半の構築状況が明らかになり、その墳丘内には列石などがたぶんに含まれていた（図34）。横穴式石室墳の墳丘と石室の構築の関係をみるために、まずはこの列石が手がかりになる。その状況は、巨石をいかに持ちあげるかで配石のデザインを決めているかのようである。つまり、ここでは六世紀前葉から石室構築優先型の墳丘へと変貌を遂げていく方向がみえそうである。

それに基づいて石室・墳丘構築手順を考えると、墳丘を築くとともに石室を完成させるという両者が連動したA〜Cの三つの段階にわけることができる。

【A段階】まずは図34上のような列石をもうけ、石室壁面に沿って幅二メートルほどのテラスもしくはスロープを築き、それを順次、石室壁面の積みあげにあわせて高くした。石室壁面とともに裏込石をつめ、テラス縁辺を列石の上へと積み重ねて護壁状に整える。このことで、石室壁面外縁に沿ってスロープと堤のような石室周囲の墳丘骨格を築くとともに、石室そのものも強固なものにした。この外縁堤状の上方を通過して据えおかれる天井石にも対応できる強度を配慮した。図34上右の大窪《おおくぼ》支群二九号墳の奥壁背面の墳丘のなかには移動できない巨石が地山から顔をだす。この巨石は、天井石を背面側から持ちあげて据えつけ下ろすにあたって、奥壁背後に強固な土台として用い、石室奥壁面石に直接、作業で力をかけないような役割をはたしたとみられる。この段階は、下部の石室基盤づくりと石室下半の側奥壁の石材を架構するテラス、スロープにともなう墳丘内列石をふくんでいる。
【B段階】玄室上部、羨道・玄室天井石、天井石の上部を固めて包みこむように礫《れき》を置く（図34左下の服部川支群二二号墳の弧線内の礫）。礫群は排水・防水的な役割もはたす。円礫層がこれにあたる（参考として、図42の石室天井石上の盛土がこれに相当する）。石室天井石にかかわる盛土は「天井石積土《つみど》被覆《ひふく》」（図42上）とよびたい。

　図34右下に示す服部川《はっとりがわ》支群一二号墳の墳丘内の外側の大きな石を使った列石などは、壁面架構時と連動する。墳丘内側の列石は墳丘下半周縁の骨格をなす。こうした列石は従来、墳丘内暗渠《あんきょ》、外護列石とよんだものをふくむ。これらは最終的な墳丘表装にはならなかっ

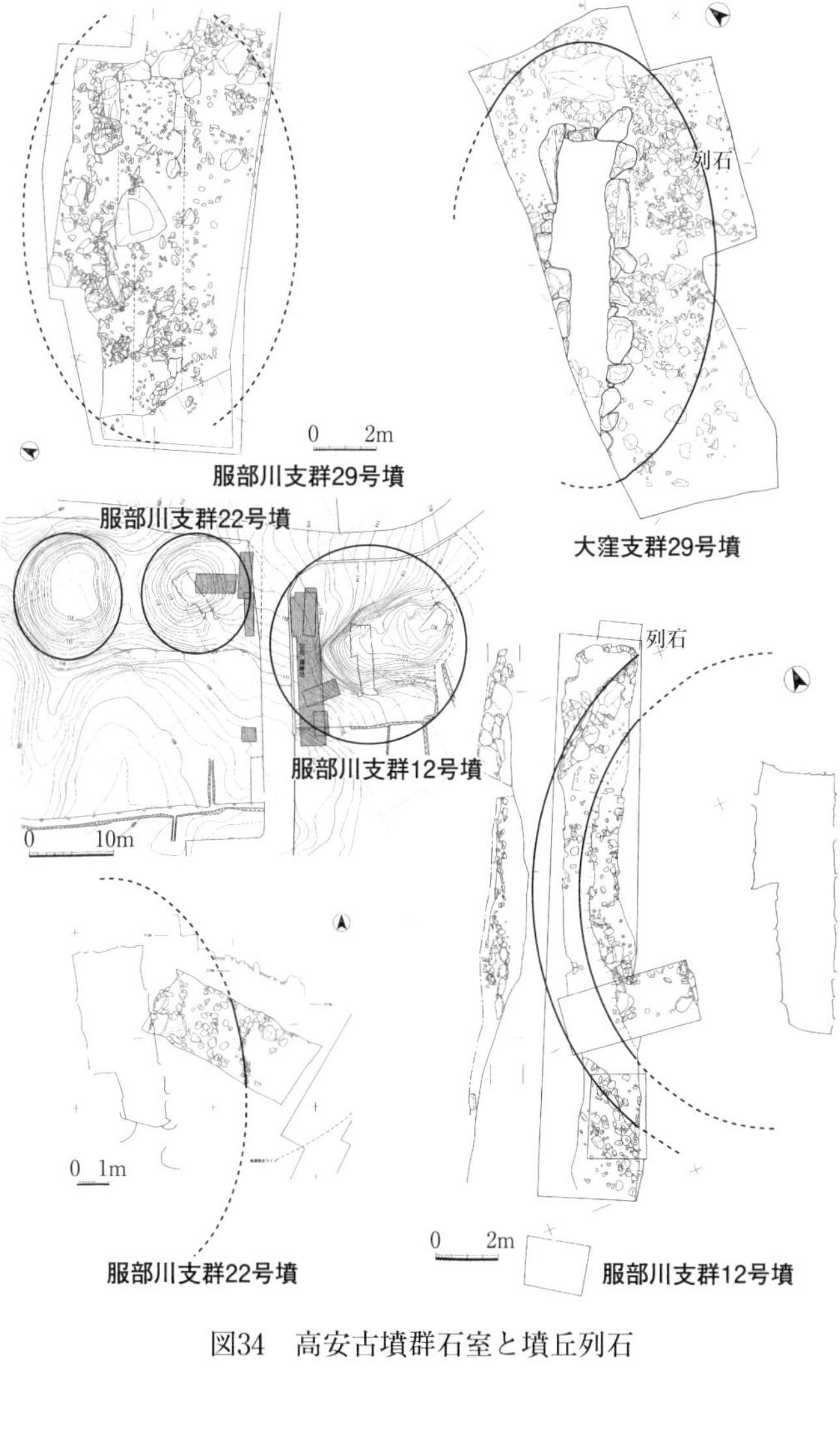

図34　高安古墳群石室と墳丘列石

た事例が多く、外護とは言えない。

【C段階】石室天井石が積み上がると、その最前部を付加するとともに、B段階の仕上げ材料として、服部川支群二二号墳のような初期のものでは粘土・円礫層でかぶせる程度であったが、これに加えて玄室天井の高まりを中心に墳頂に入念にぶあつく盛土するようになった。「石室上部被覆」とよびたい。六世紀後半の横穴式石室をもつ墳丘の外装はこの段階で墳丘全体をおおうように盛土化粧された。

以上が、高安古墳群の石室で考えられた手順であった。

円丘の内・外円丘の構築は、近年の調査で、この古墳の築造時期以降の古墳に目立ちはじめている。積石塚群として知られる長野市大室《おおむろ》古墳群のなかに、七世紀前半の土石混合墳である二三号墳がある（図42中上）。土生田純之は、墳丘内に埋もれる三列の列石石垣が石室構築と連動すると指摘する（「横穴式古墳構築過程の復元」『専修史学』二六、一九九四年）。

七世紀前半の八角墳、山梨県笛吹市一宮町の経塚《きょうづか》古墳は、外から外護列石、中段列石、上段列石が三重にめぐる（図42下）。後二者は墳丘内の埋没石積となる。中段列石の天井石をもち上げるときのスロープの基礎としてつかい、上段はそれをおおった。愛媛県松山《まつやま》市の大池東《おおいけひがし》一号墳は七世紀前半の横穴式石室墳である。第一・二工程は整地。第三工程は掘方と構築。第四工程は羨門から玄室までの部分を中心として径一四《メートル》の範囲を円形状に盛土。それは石材を積むのと同時におこない、石室の周囲七《メートル》の範囲には小礫をふくんだ黄色~黄橙色土を用い、その外側部分では浅黄色~黄橙色土を交互に積む。しかも、それぞれの盛土のまわりには粘性の強い茶褐色~黒色土をもちい盛土を固くしめると報告される。ここでは石室石材が羨門側からもち上げて逐次、墳丘が盛土されたようだ。

最終的な羨道前面側と墳丘外装仕上げは、京都府長岡京《ながおかきょう》市物集女車塚《もずめくるまづか》古墳でも認められる。渡辺博氏などが示した『物集女車塚古墳保全整備事業報告』（向日《むこう》市教育委員会、一九九五年）では、六つの後円部の構築工程を示す。（一）旧表土などを整形して基盤平坦面の形成、（二）羨道・玄室平面に応じた排水溝の掘方、（三）暗渠排水溝と石室基底材の設置、（四）玄室側の羨道天井石被覆と石室材積みあげ、（五）玄室上部石室材積みあげと天井石架構、（六）羨道入口側の側壁・天井石の付加であり、羨道前面と外装の仕上げは最後の六工程目にあたるのである（表3参照）。

高安古墳群の石室・墳丘構築手順を大形横穴式石室にもあてはめてみよう。まずは基礎工程として石室基盤づくりが高安古墳群では確認できないが、これをふくむとA段階は石室側壁づくりとともに二つに分かれる。入念な石組みの石室基盤は奈良県高取《たかとり》町市尾墓山（図45下）、高槻市今城塚《いましろづか》、京都府宇治《うじ》市五ヶ庄二子塚《ごかしょうふたごづか》といった古墳にみられる。これはしばらくたつと古墳が立地する丘陵地での地山のしっかりした地盤を削り出して基盤づくりに置きかえた。今城塚古墳では貼石と呼ばれるもので基礎となる基盤の周縁をおおい、暗渠排水石組みなども付属させて、墳丘内部の石室構築を堅固なものにした。貼石はりっぱなものであるが、墳丘表面の外装にならないのは、貼石とされる石垣の小口面の仕上げがあまくてそろわず、排水溝の口はその面より突出し、その口以外が外装にくるのは不自然だからである。高安古墳群の手順でもA段階の石室側壁にともなう周囲列石およびB段階の天井石積土被覆は墳丘の盛土のなかに埋もれてしまう。C段階の最終ともなる貼石周囲の被覆化粧には、六世紀後半以降は、土のみを用いるものがほとんどになる。今のところ、橿原丸山古墳では現状の地表面で石が確認できない。にもかかわらず、墳丘各段の急な法面が崩れずに維持されるのはこうした墳丘骨格の強さを物語るのであろう。また、奈良県葛城《かつらぎ》市平林《ひらばやし》古墳の羨門前にラッパ状にひろがる前庭部の列石もまた本来、埋葬後は土で埋没するものであったに違いない（表3）。

これまで墳丘下半を中心にみてきたが、次に、もっとも大きく、しかも高く架構しなければならない天井石の据えつけについて、径二三メートルの円墳の奈良県明日香村真弓鑵子塚《まゆみかんすづか》古墳例に注目する（図35）。石室下部は、高安古墳群のような石室壁周囲のテラス、スロープがつくられ、石材背後の土層は比較的に平坦である。そして、その墳丘の西側には平坦

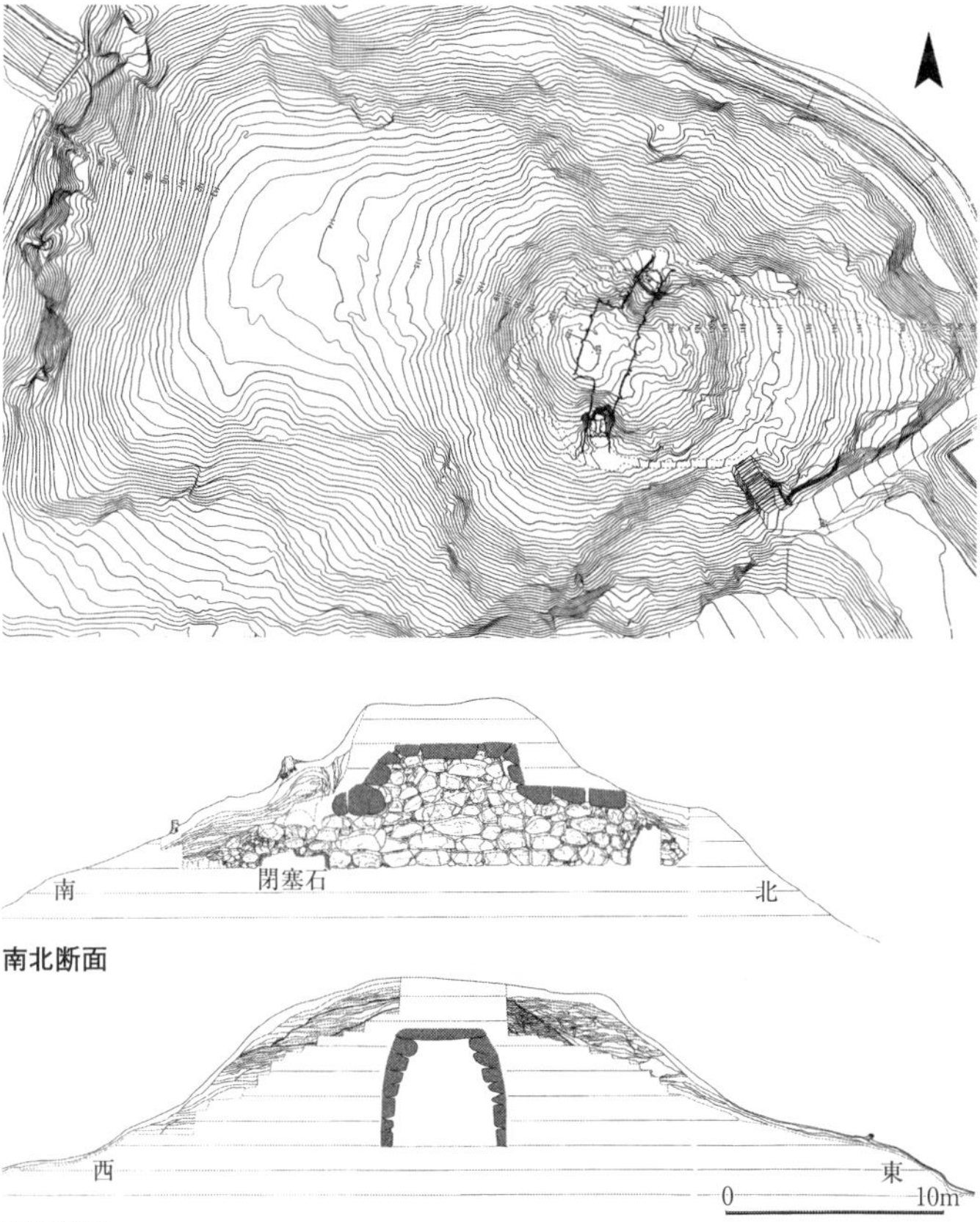

図35　真弓鑵子塚古墳墳丘平面・断面

面が拡がる。そこから墳丘西北西裾の接続部あたりに向けて方形に出張る斜路がある（図35上の測量図の円の左やや上に突き出すもの）。図35下の石室近くの土層断面をみると、玄室天井石をあげる前に、羨道天井石上を全体が厚さ二《メー》トル《トル》になるように多数の細層で石室に向かって蒲鉾《かまぼこ》状に固めている。墳丘東側（図35下右）の天井石積土被覆の部分には急傾斜の細層があるが、対照的に西側は比較的にゆるやかである。石室下部の盛土がもっとも水平でゆるやかに盛られる。天井石積土被覆は土饅頭《どまんじゅう》状となるが東側に比べてかなりゆるい。つまり、大形石室石材の多くは西方に接続する平坦部から搬入されたことになる。

そのあと、石を高く持ちあげなければならない。まずはスロープを整える。それだけでなく、石室上半の壁を内側に傾けてドーム状にするために、壁面の石材を下半部では垂直に積みあげていたものを上半部で石材を内方へ迫りだしながら積んで壁を内傾させると言う持ち送り技法を用いる。その作業を確実におこなうため、順次、積もうとする石材の大きさにあわせ、ていねいに石室まわりの運搬面を整えていく。いざ石を積み重ねるときには、石材を設置しようとする位置より多少高いところまで持ちあげ、積もうとする石材の形にあわせてすり鉢状に土をくぼませ、そこに石材を誘導し、滑り落とす。石をおくたびに土を裏込めしながらそれをくり返し、石室石材を積み上げながら墳丘も盛りあげていった。

後期前方後円墳の墳丘下部の土嚢列

六世紀になると、墳丘法面勾配が急になる要因の一つになったと考えるものに土嚢がある。墳丘盛土内に明瞭に残すようになる。

横穴式石室構築にともなった石材運搬架構のため、先にみたように墳丘盛土内に石材を持ちあげるための核的な骨格をつくる必要があり、土嚢や列石、護石の積み上げを多用する古墳が確認できる。図34右下にある高安古墳群の同心円の列石的なものなども、この役割をはたす。土嚢列は墳丘構築の工程が把握しやすい。その格好の例が羽曳野市蔵塚《くらづか》古墳である（図36）。渡り土堤と周濠がつく二段築成、六世紀中葉に築かれた墳丘長五三・五㍍の前方後円墳で、前方部がひろがるが、残念ながら小規模なので後円部で石室の占める割合が大きくなり、図4に示すニサンザイE・白髪《しらが》山F主導類型などとぴったりとした相似形とはならない。石室の痕跡を調査で確認できなかったが、むしろ前方後円墳の基底付近を平面的に調査する機会がないなかで貴重な存在である。

蔵塚古墳では、土嚢を石垣のように小口積みするものと貼石のように斜め積みするものがある。これとは別に、後円部の円を施行管理するための中心点である0点のチェックポイントから放射状に土嚢列を配するものもある。墳丘設計の施工に際して、後円部の割付け方法とともに後円部優性の構築法がこの時期までつづいていたことがわかる。

土嚢は長辺三四・二一、短辺二四・〇九、厚さ一二・五〇㌢、重さ一〇・〇〜一七・五〇㌔

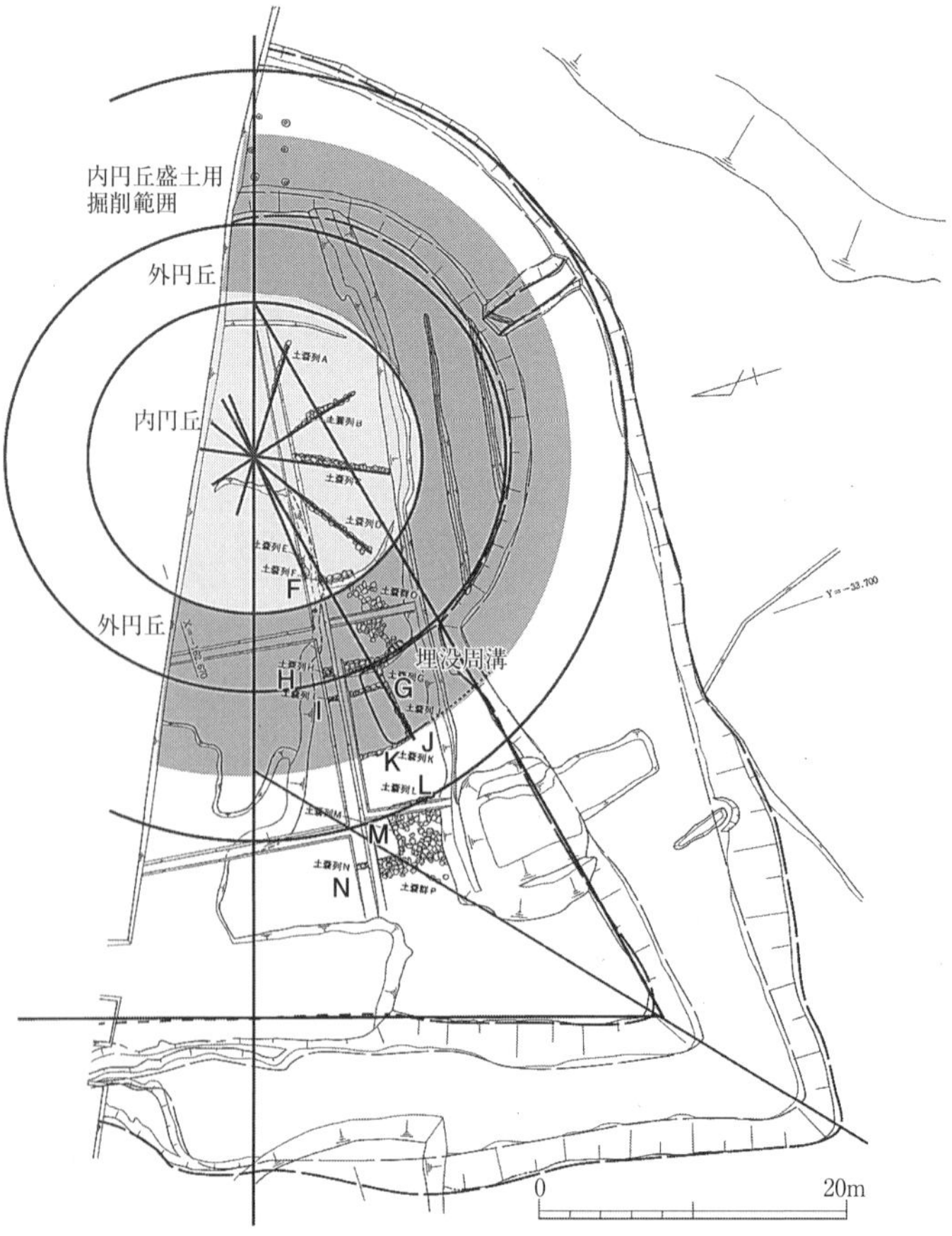

図36　蔵塚古墳墳丘下部の状況

であるが、断面がレンズ形になって左右が薄くなるため二個を交互にして均等に一二センチほどの高さになるよう両端を重ねて列積みした。その列表示が見えなくなるまで周囲を埋め、土嚢中央のふくらんだ上部がかくれる寸前に、列を踏襲・表示するためさらに上へ土嚢列を積む。総じて見かけ上は石垣のようになるレンガの交互積みに似るが、一気に垂直に積みあげたわけではない。この状況は土層断面の観察だけでは証明できず、調査のときにはこうした積みあげが考えられるばあいは、平面で確認するように心がけなければならない。

　土嚢列のなかには後円部の墳丘のなかで二重の同心円構造も呈するものがある。放射状の土嚢列によって導き出されて核となる、図36・37に示す内円丘の輪郭の根拠になる円弧を描いて列をなす土嚢列Fがある。この内円丘は、径三三メートルある後円部の半分ほどの径一七・二メートルのものである。この内円丘に盛土するのがもっとも先行する作業だ。後円部円丘基盤を水平にするための整地では、同時に周濠予定範囲の旧表土を除去しながらおこなう。円丘下部でこの表土の形をとどめる土壌ブロックが積まれる。一時的に後円部の中心に約〇・七五メートルの高まりの土饅頭を先につくる。O点の設置のためであろうか。外周の法面角度は最大六〇度、土嚢の法面積みは高さ〇・七五メートルであわせる。盛土は高さ〇・五メートルくらいの高さごとで一旦整えて積み重ねていく単位が確認できる。土嚢四段分見当であろう。外円丘の直径は二〇・三メートル、法面角度、高さ、盛土単位は同じである。

前方部の盛土は上半部で、水平積みでなく大きな盛土単位での傾斜が目立つ。総じて、後円部と前方部もともに段築下段の盛土をととのえたあとに上段をつくるのでなく、後円部上段に対応した墳丘内の骨格づくりが先になる。つまり、これは後円部内円丘の成形をすべてについて優先させ、順次石室づくりの高さにあわせて墳丘が盛りあげられたことを示す。これには前方部を石材の搬入口とリフトアップのためのゆるやかなスロープの確保・維持の意図もあったからだろう。

このような蔵塚古墳の墳丘下部の状況を段階にまとめてみてみよう（図37上）。

【蔵塚Ⅰ段階】後円部円丘の基底を水平にするための整地と、同時に周濠予定範囲の旧表土を除去する。つまり下部では表土積換工法とも天地返しともよばれる表土をともなった土壌ブロックを剥がす作業と、その土での整地積みがあわせておこなわれた。この採土には、後円部側の周濠予定部分のうちの内側半分の最上部を剥いだ（図36のアミの外半分の前方部以外）。くびれ部前方部外側に残る埋没周溝でわかる掘削範囲の上面掘削にあたる。この周溝は前方部予定の中央を掘り残している。この範囲で手に入れた土砂は後円部中心部分に盛土され、まず〇・七五メートルの土饅頭の高まりができあがる。放射状の土嚢列に加えて、周縁を法面角度が平均五五度の石垣状に土留め土嚢をおく。土嚢は一段ずつ積みあげつつ、それにしたがって内側が入念に敷きならされ、石室の下部構築基盤面が整えられた。

引きつづいて、天井石を架構する前までは石積みとともに墳丘が積みあげられた。

【蔵塚Ⅱ段階】内円丘の周囲に、その一・六七倍した外円丘が一・二メートルの厚さで盛土される。下層には表土積換工法はなく、主に内円丘に用いた土砂掘削範囲を下に掘り下げることで地山起源の土砂が深くから採取され盛土された。中層は放射状の区画で、旧地表面近くの土砂と地山起源のものとを相互に連続して、ていねいに水平に互層積《ごそうづ》みし、強固な基盤を築いた。土砂は後円部の周濠外側部分の掘削土砂があてられた。これも上部には、周縁五五度傾斜の断面三角形の強固な土留め土嚢の堤を築いた。その中を外方から選択した土砂で埋めていく。この段階でもっとも重量のある天井石が持ちこまれたことであろう。

【蔵塚Ⅲ段階】いよいよ後円部に接続する前方部分を表土積換工法で整地する。これはくびれ部と前方部側の周濠上部の表土層でまかなわれた。図36の内円丘盛土に用いるために掘削した範囲の外側ラインのところに並べた土嚢列Kを起点に、後円部側を高くしてスロープをつくる。同時に、前方部の予定範囲まで食い込んで初期に掘削していた埋没周溝のGのあたりの前方部相当部分がようやく埋めもどされる。この埋没周溝の設定時には、前方部の主軸には掘り残された陸橋（前方部陸橋）を設け、Ⅱ段階までの資材運搬に活用していただろう。そしてこの段階、石室の概略が整ったのちに、後円部墳頂を高く積み上げた分、裾まわりを盛りたして広げ、墳丘の表面の法面角度をゆるくするためさらに埋め

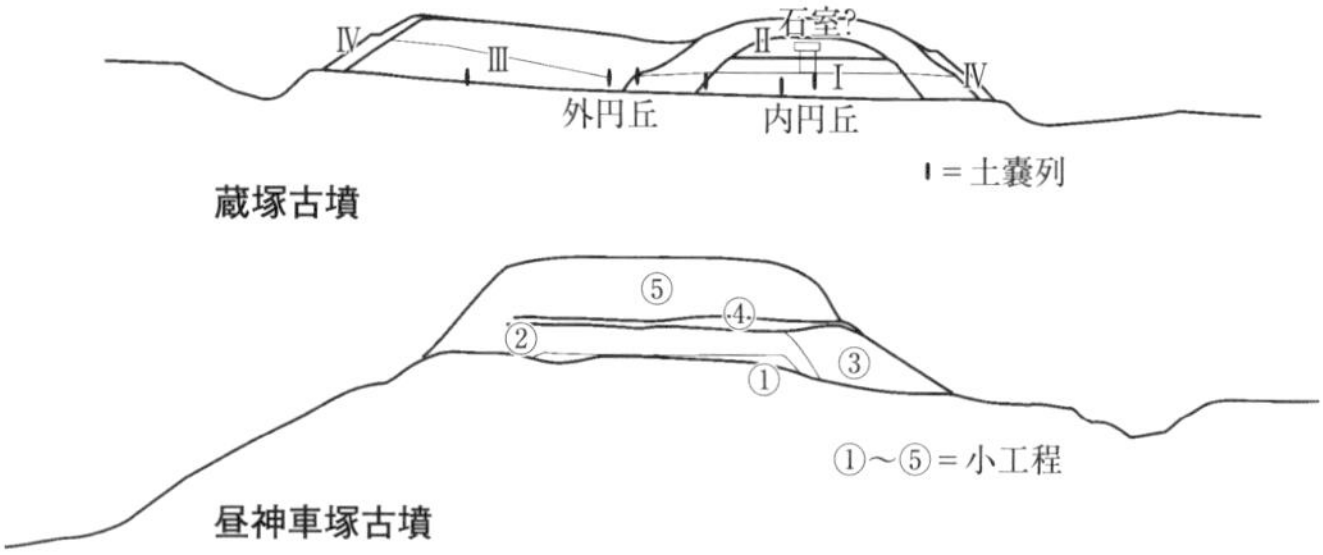

図37　蔵塚・昼神車塚古墳構築工程模式

	工　　種			
墳丘	墳丘基底の水平面の整地	後円部内円丘の形成	渡り土堤・前方部陸橋（埋没周溝の掘り残し）からの石材搬入	石材積み上げ用幅２ｍのテラス・スロープに伴って周縁の土留め（護列石，埋没石積み，土嚢）
石室	玄室側羨道と側壁	排水施設等の整備		
墳丘	前方部側へのスロープ	後円部外円丘の形成	前方部内方丘の基礎	接続丘陵との搬入路の確保
石室	玄室上部石材の積み上げ	玄室天井石の架構		
墳丘	後円部上部・前面部の盛土	埋没周溝の埋め戻し，石室上被覆土（円礫）	前方部下部台錘の形成と下部の整備	前方部造り出し状張り出し，前方部前面仕上げ概略表示
石室	前庭部の付加	羨道入口側の付加		
墳丘	外面形成土，化粧・外装	下部周囲の整形	堀割周溝（周濠）	丘陵部切断，墳丘裾下地山整形
石室	閉塞	石棺		

もどされた。後円部裾まわりの拡大部分に、石室羨道の外側と前庭部が加えられたことであろう。

後円丘の前方部側に向けても、造出し状に土嚢列ＩとＧが拡張される。前方部端の方では、予定前方部頂に中心を示すＰ点から前方部隅角の輪郭の方向をさすであろう角を土嚢列Ｍ・Ｎでもって設定してその外側を堤状に盛りあげる。ここではじめて前方部前面の概略がようやく立体的に示される。この段階であっても土嚢列Ｋ－Ｌ間は埋めずに

表３　後期前方後円墳の墳丘と石室構築工程

全体工程	後円部段階	前方部段階	墳丘工程	石室工程
１：基礎	１段階	前段階	蔵塚Ｉ　昼神１段階 ①工程	物集１～４
２：石室上部	２段階	１段階	蔵塚Ⅱ　昼神１段階 ①・②工程	物集５
３：石室上被覆	３段階	２段階	蔵塚Ⅲ　昼神 １～３段階 ③～⑤工程	物集６ 平林１～３
４：墳丘仕上げ	付加	３段階	蔵塚Ⅳ　昼神４段階	物集６

後円部側からの土砂供給など作業用、排水用としてくぼめたままであったが、ようやくつづいて前方部分を本格的に盛土するために排水溝が埋められた。その後、地山起源の土砂を中心に後円部側から最低二工程に分けて前方部を盛る（図37上）。前方部周濠の掘り下げと同時に前方部の概略は一気に仕上がる。

【蔵塚Ⅳ段階】前方部の外方丘が周囲に足される。これには旧地表面土砂が含まれることから、前方部と接続する丘陵部と墳丘を完全に切断するときのものを用いたのだろう。

蔵塚古墳では、Ⅰ・Ⅱ段階のほとんどが後円部と石室構築に費やされた。Ⅲ・Ⅳ段階では前方部構築にかかわった工程の前後関係が確認できる。しかしながら、前方部上部の具体的な状況がつかめないので、次に同じく土嚢列がはっきりする高槻市昼神車塚《ひるがみくるまづか》古墳例をみてみる。墳丘構築工程の表記は報告書にあわせた（表3）。

昼神車塚古墳の土嚢と前方部盛土

昼神車塚古墳は、南にのびる尾根筋とする丘陵端が南端で東側に貼りだすところに墳丘がある（図38）。蔵塚古墳とよく似た規模で、墳丘長六〇メートル《メートル》、後円部径三〇メートル《メートル》、前方部幅三〇メートル《メートル》の前方後円墳である。前方部の発掘調査では、墳丘裾テラスに犬や猪、角笛をもった狩人などの一四体の埴輪が並んでいた。一九七八年に前方部頂までの前面側の盛土がすべて調査され（図38下）、二〇一五年に『附編：高槻市天神町所在『昼神車塚古墳』』として報告書が完成した。

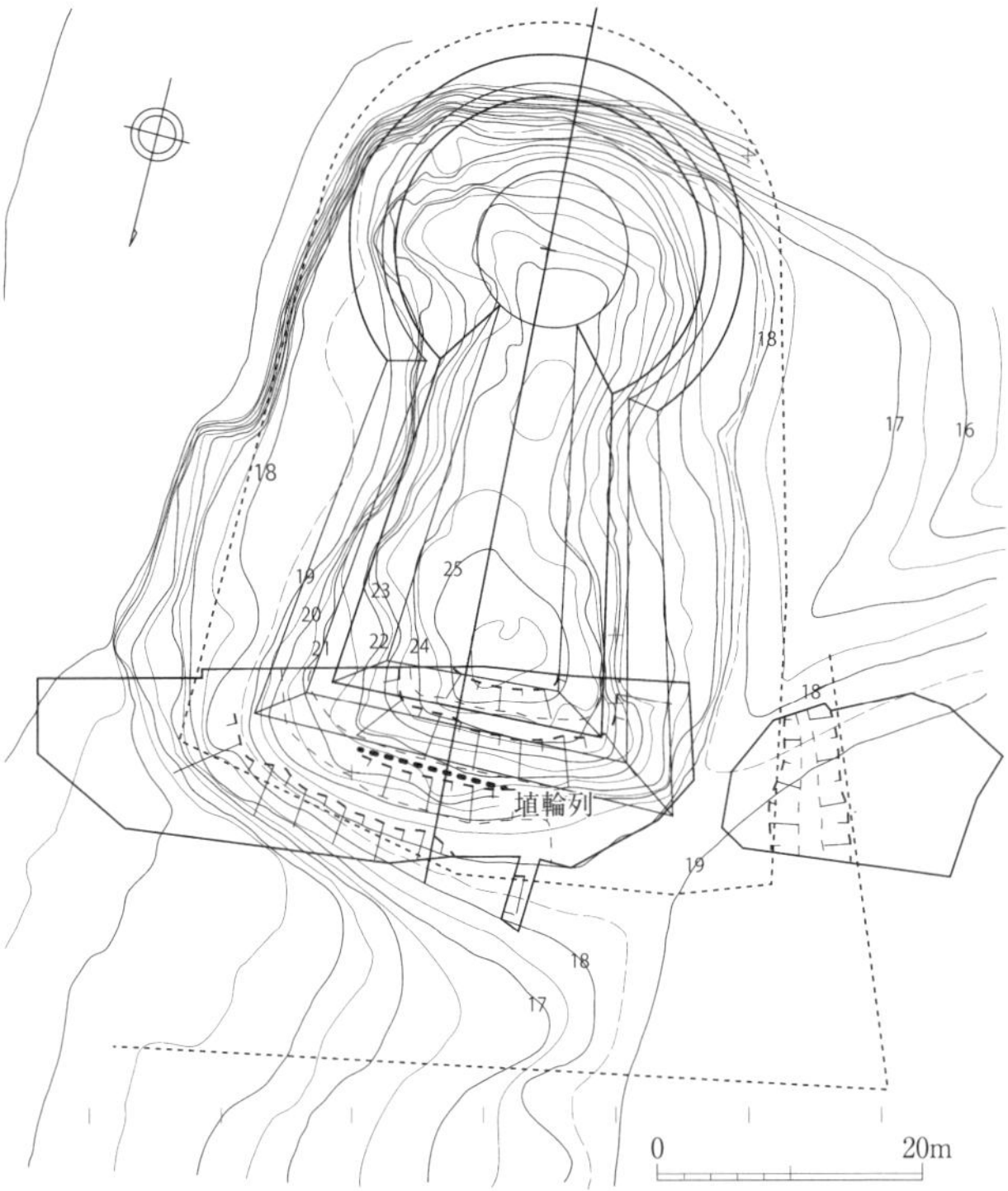

図38　昼神車塚古墳墳丘と丘陵復元（上）と前方部墳丘盛土土層断面（下）

報告では三段階五工程にわかれる（図37下）（ここではあとの理由で四段階にわける。そして、表記は蔵塚古墳と混同しないように、1～4段階、①～⑤工程とする）。地山には弥生時代の包含層があり、その上面は一九・四メートルが最も高く、墳丘盛土の最高所が二三・八メートルにある。その差は四・四メートルとなる。その盛土層には、蔵塚古墳より大きい径五〇センチ、厚さ一〇センチの断面凸レンズ状の盛土ブロックが確認できる。これを手がかりに盛土の施行工程をつかむことができる。さらに、蔵塚古墳の表土積換工法と同様に、旧地表付近掘削土として認識できる黒色粘土系の弥生時代包含層が特徴的であり、採土箇所の目安となる。

【昼神1段階】下部錘台《すいだい》の形成でおおむね下段が築成される（前方部上段に等しい規模の平面が施工開始面である旧地表面上に描かれる。この際、北西部の接続丘陵からの搬入路を確保）。

①工程（図37①）：包含層由来の黒色土ブロックを、旧地表の低い部分に積む。図37①の右側の低いところの外縁は、高さ〇・五メートルで傾斜角を五〇～六〇度にしてブロックを石垣状に積んで整える。この前方部基礎の内方丘の内側は土砂を水平に充填していく。この時点では主に周囲の旧地表にある黒色土とそれに近い土砂を採取する。

②工程（図37②）：前方部基礎を覆うように、錘台形に暗茶褐色の土で北と西に一メートルずつ拡張しつつ積みあげる。この工程までは接続丘陵との搬入路が幅広く確保されている。

③工程（図37③）：高さは同じで、淡褐色土を多用して北に一・五メートル、砂混じり灰褐色粘

質土を西に五メートル以上、拡大する。西は外縁が上がり気味である。この西側で丘陵部からの資材の搬入路を西にずらし、せばめて整える（図38に示す墳丘本体の右下部分）。

【昼神2段階】下段上部を全体に水平に整地して形成。

④工程（図37④）：拡張した錘台の上面を〇・二〜〇・三メートルの淡褐色砂礫などで水平に整える。北へ一・五メートル以上ひろげる。外側に暗灰色腐植土《ふしょくど》が薄く堆積することから、墳丘盛土を一時停止面としている。

【昼神3段階】中央に核をつくり、水平に周囲に盛土して上段を一気に整え、上部を形成する。最終の墳丘表面に腐植土層が堆積する。

⑤工程（図37⑤）：前工程で整えた錘台の上に二・五メートルの盛土を一気におこなう。中央部分に暗茶褐色土の核をつくり、その東西に水平気味に淡褐色砂礫をしく。

【昼神4段階】最終の上・下段の法面角は四〇度でゆるくなって仕上がる。

③〜⑤工程の盛土を切る四〇度傾斜でかぶる下層のものについては外面形成土とみる。このときに用いられた土砂は、前方部側前面と西側面とが丘陵部との切断のための掘割周溝掘削土から得られた。この周溝は北東側の墳丘裾周囲の平坦面をつくりだす。つまり、墳丘下方の造作の仕上げとしてもとらえられ、墳丘上下段とも四〇度の法面となるとともに、丘陵部との切断とともにここに仕上げ段階を加え、報告にはない昼神4段階を加える。

ところで昼神車塚古墳の上段テラス幅は一・四〜一・五メートルである。最近では堺市ニサンザイ古墳以降、古墳時代後半期は表装にていねいな葺石が施されないことがわかってきた。六世紀後半以降は大阪府河南《かなん》町金山《かなやま》古墳のように、斜面というよりも平坦面に大粒の礫のみを敷く傾向がある。上段テラスで検出される礫帯はテラス面の埋め込み的な石敷と考えたい。一方、下段テラスは幅が一・二メートルでややせまく、標高一八・七メートルであり、その付近の一九・四メートルより下は地山整形でまわりをととのえる。堀割周溝部の掘削底面で周囲をそろえ、下からの眺望は見かけ三段築成をかもし出す。したがって、主に盛土で構成される上二段は五・一メートルの高さとなる。その下方は三・二〜四・二メートルであり、丘陵下からの眺望は下段のボリューム感をかなりかもし出している。

六世紀の前方後円墳づくりはその工程から、後円丘、しかもそこに構築する横穴式石室の石材架構が優先される。一方、墳丘裾まわりの付加的要素は省略傾向にあることがわかる。何が形式化して残っているかで、当時の人々の前方後円墳の伝統に対する意識を感じることができる。

古墳時代後半期の墳丘設計

私は大形前方後円墳の墳丘周囲の整備・拡大、前方部の増大といった墳丘形態の発達具合にもとづいて主導類型を設定した（図4）。それらのうち、前方部が後円部より大きくなる五世紀中ごろ以降は、ニサンザイE、白髪山F、橿原丸山Gの順で推移する。最後の類型を代表する橿原丸山古墳は、奈良県最大の墳丘である。被葬者は欽明《きんめい》天皇と目されるとともに、前方後円墳の終焉を象徴する。後半のニサンザイE主導類型以降は、内部の埋葬主体が竪穴式石室から横穴式石室に変わる。これによって、それらの墳丘設計の理念は貫徹されたのであろうか、それともそれは大きく変わったのであろうか。

ニサンザイE主導類型と橿原丸山古墳の墳丘

墳丘類型の後半はじめの基本形となるニサンザイ古墳の墳丘は、仁徳陵古墳より総合的に縮んだ。二重の外濠・外堤の築造停止だけでなく、墳丘を装飾する木製品も小型化し、墳丘最下段の葺石も省かれた。葺石は墳丘築造が日本列島で極端に縮む六世紀に入って、葺かずにランダムに川原石を埋め込むだけの峯ヶ塚古墳や市尾墓山古墳にみられる特徴かと思われたが、すでにその省力化の起点がニサンザイ古墳にあることが二〇一五年までの堺市の調査でわかった。なんと最大の仁徳《にんとく》陵古墳の築造直後からすぐ縮んでいるのである。以降、二度と大きくなることはなかった。

ところがこのニサンザイ古墳は、古墳時代後半の古墳にかなりの影響を持つことがわかってきた。相似形古墳を多くもつ墳丘型の一つで、五世紀第3四半期を中心にしたニサンザイ型とまとめることができる古墳でもある。古市古墳群では、後円部径に対して前方部幅が一・五倍にも広がる羽曳野市白鳥《はくちょう》陵古墳（図39右上）。これ以降、台地の平坦なところから丘陵端部の立地となるが、そのばあい、前方部が丘陵高所を向く。

墳丘設計は墳丘長と前方部幅の比が重視される。墳丘長は一〇〇㍍をこえることがほとんどなくなる。墳丘が小さくなる分、後円部径の設定は横穴式石室の規模に制約され、前方部との比は不ぞろいとなり、小形のものほど墳丘類型の平面プランの比は忠実には踏襲できなくなった。むしろ円と方が一体化した墳丘全体での長幅比で相似形関係を判断したほうがよい。長幅比は白鳥陵古墳につづく藤井寺市仲哀《ちゆうあい》陵古墳では前方部と周囲周濠の前方部側の幅も広がらないが、白髪山F主導類型を代表する清寧《せいねい》陵古墳では前方部の三角が鋭角な二等辺三角形から正三角形になる。

前方後円墳の究極の墳丘変化は前方部の増大である。ついに、その前方部が正三角錐《すい》に達した（図4）。にもかかわらず、前方部の増大はこれをピークとしていた。次につづく橿原丸山古墳ではくびれ部のはっきりしない、むしろ前方部の高さのないもので、丘陵の上に飛びだしたように円丘をのせた姿へと移った。前方後円墳的な基壇のうえに主円丘がのるといったスタイルに意識が変わっている。

この丸山古墳について墳丘復原を試みた。二〇一二年に、航空レーザ計測で得た三次元データから岡本篤志氏が二〇チセンの等高線を起こした（図46）。やはり墳丘を比較するのには正確な等高線が必要だ。墳丘復元はこれにより精度の高いものになり、白髪山F主導類型より前方部の幅を狭める丘陵尾根のような二等辺三角形ではなく、平面形は前方部のかなり幅の広いニサンザイ型の墳丘モデルを踏襲した可能性がでてきた。

そこでニサンザイE主導類型を細かくみてみよう（図39）。ニサンザイ古墳に先行する大仙D主導類型の代表は仁徳陵古墳である。後円部径を墳丘長で割った指数は二・〇前後と、前方部を長くして墳丘規模全体の拡大を計って日本最大になった。これは、応神陵古《おうじん》墳の時期には墳丘頂三〇〇《メートル》をこえる岡山県の造山《つくりやま》・作山《つくりやま》古墳といった吉備地域の古墳などとともに、大王墓の墳丘規模が相対的に優越するという、あいまいな墳丘本体の規模による階層序列に終止符を打った。五世紀中ごろのニサンザイ古墳は墳丘本体の規模も縮めるが、大仙D主導類型を踏襲することなく新たなものを生み出した。その志向は上田宏範も指摘する周濠の長幅比が一・〇の正方形のなかにおさまった、前方部の長さ以上に幅を重視したものであった。新たなニサンザイE主導類型は畿内政権中枢部で発想され、前方部増大の精美さを完成させ、結果としてこの主導類型としては長寿モデルになった。

このモデルが、いかに他の古墳にかかわっているのかを次にとりあげる。

ニサンザイ型系前方部に由来する階層秩序

ニサンザイ古墳の前方部の規模増大は階層秩序を示す役割もはたした。つまり、関東・九州などで展開するD主導類型の前方部延長の仁徳陵型系は、前方部幅の大小を通して前方後円墳自体に格差をつけて二分した。しかも大王墓級より下位層は、三段築成ではなく二段築成が徹底されていく。加えて前方部の縮んだ帆立貝式をふくめて三つに分化した。①後円部径で前方部幅を割った指数が一・四前後、②その指数が一・〇前後、③その指数が〇・六前後の帆立貝式、④前方部をもたない円墳、といった円形原理のなかで前方部四段階への序列化

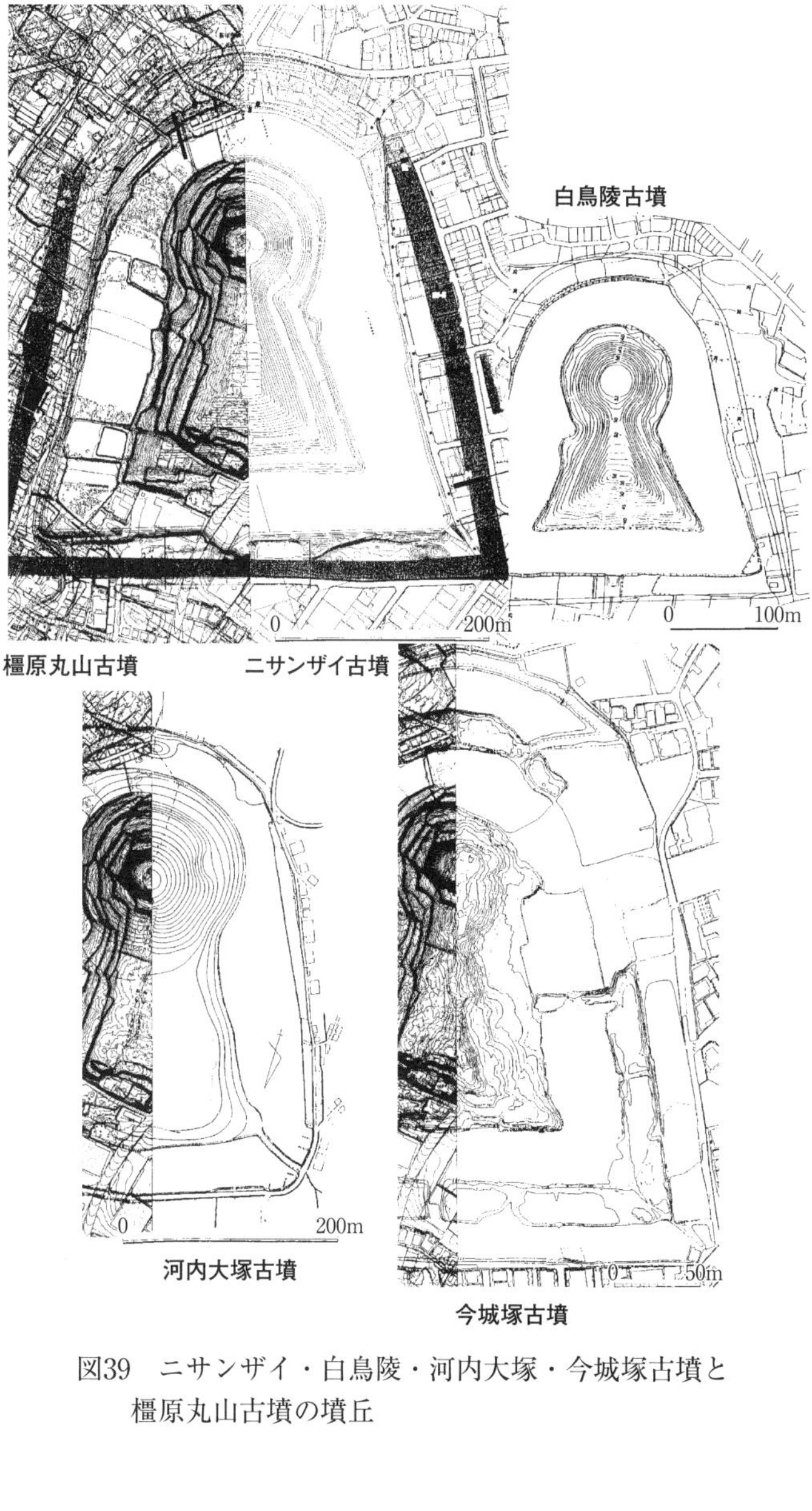

図39　ニサンザイ・白鳥陵・河内大塚・今城塚古墳と橿原丸山古墳の墳丘

がみられる。

　ニサンザイE主導類型を起点とした墳丘平面形は日本列島各地とともに、二段築成で立体感も大きく違うが、類似形が朝鮮半島の韓国南西部の全羅《チョルラ》南《ナム》道《ド》栄山江《ヨンサンガン》流域の前方後円形のものにも二段築成で①と②の二タイプが適用できる。広く影響力をもち、存続期間も長い。なかでも、こうしたニサンザイE主導類型でもって後円部径で前方部幅を割った指数が一・四前後の前方部増大に影響された墳丘については、ニサンザイ型系とよんでおく。

　ニサンザイE主導類型の後半はより前方部を幅広くしようとし、墳丘規模が小さいながらも各地で白髪山F主導類型のスタイルへと指向する傾向をみせる。このばあい、先にふれたように、後円部にある横穴式石室の規模によって径の比率が大きくなり、小さな墳丘ではなかなか相似形にはならない。後半は六世紀前半を中心とする。

　こうしたニサンザイE主導類型とニサンザイ型系のすぐあとに、橿原丸山古墳は築かれたということになる。そうした流れで墳丘をみると、丸山古墳の墳丘裾まわりは現状でも安定的に前方後円形を描き、類型に追従する形態を呈すると解釈できる。墳丘裾の上の平坦部を下段上テラスと復元した。同時にこれは、後円部で確認される標高九三メートルが床面と想定できる横穴式石室の開口部でもある。上方、中段と上段下の二段が前方後円形にまわり、平均斜面角が一七度となる。後円部はさらにその上に三〇度の急斜面の上段上部がつくと復元できる（図46下）。

二〇一二年に墳丘を測量した計算上で導きだした値は次のとおりである。後円部径は一七三・四四二メートル、前方部幅が二七〇・三四一メートル、墳丘長が三三二・四九一メートルである。測量する航空レーザはヘリコプターから木や建物などの高い障害物などにも照射されるが、垂直・斜め方向からもあてて、そのなかでもっとも低い標高を自動的に取りこんだもので、墳丘の前方部北西隅が南北の旧道や現道で平行して建物造成で改変されたところも隅々まで計測できた。特に西側の旧道側にそった家屋が列をなして並ぶところは削平を受けていたが、隅角の延長部分は細い路地や庭地にレーザが入り込み、墳丘前方部稜角の輪郭を等高線でとらえることができた。

従来どうしても幅せまく見積もりがちであった前方部北西隅の墳丘復原をすることができ、前方部は大幅に長く、幅広くなった。ちなみに、一九九二年の『前方後円墳集成』の従来数値（近藤義郎ほか、山川出版社）より、長さが二〇メートル、幅が六〇メートルほど大きくなった。これにより、前方部幅は後円部径の一・五六倍という比率を得た。

橿原丸山古墳の計測値をふまえて、ニサンザイ型系の各主要古墳の墳丘各部数値を表4に掲げた。そこでの数値を比べると、各々で似るものがある。たとえば、丸山古墳の比率は白鳥陵古墳とおどろくほど近い。墳丘長／前方部幅、墳丘長／後円部径、前方部幅／後

後円部径（m）			前方部幅（m）			周濠長	周濠幅（m）	高さ（m）	参考文献
下段裾	中段裾	上段裾	下段裾	中段裾	上段裾				
170	130	92	236	184	126	394	384	28	堺市2008
140	100	70	160	118	78	299	237	24	藤井寺市2015
106	90	72	165	131	96	270	282	20	藤井寺市2015
148	115		182	118		350	268	21	藤井寺市2015
180			220			400	350	20	末永雅雄1975
102			150			250	244	15	高槻市2004-2008
173	132	101	270	210	142	404	401	25	一瀬2012
116			138			260	214	24	宇垣2006
80			120			200	190	13	深谷2015

円部径、周濠幅／周濠長といったものである。

大王墓級として、ニサンザイ古墳は墳丘長三〇〇《メートル》をかろうじてたもった。以降、それ以上は三二〇《メートル》の河内大塚、三三一《メートル》の橿原丸山古墳のみで六〇年に一基の築造ペースとなる（表4、図39）。これより大きくはなされるが、二〇〇《メートル》級は允恭《いんぎょう》陵・白鳥陵・仲哀《ちゅうあい》陵・今城塚古墳で二五年に一基ペース。墳丘長二〇〇〜三〇〇《メートル》が大王治世範囲での築造規模の限界値でもあったのであろう。総じて、二〇年に一基のペースである。前方後円墳後半期の大王墓級造墓エネルギーの目安となろう。三〇〇《メートル》級は特筆すべき大王墓ということになる。

ニサンザイ古墳築造にやや遅れてそれより後にずれ込む墳丘長二〇六《メートル》の吉備地域の岡山県赤磐《あかいわ》市両宮山《りょうぐうざん》古墳をのぞけば、允恭陵古墳の

表4　ニサンザイ古墳以降の主要墳墳丘各部の比率と規模

古墳名	類型	E類系比	墳長幅比	墳長／径	幅／径	濠幅／長(比率)	墳丘長（m）		
							下段裾	中段裾	上段裾
ニサンザイ	E	E1	1.27	1.76	1.39	0.97	300	258	222
允恭陵	C		1.44	1.64	1.14	0.79	230	194	165
白鳥陵	E	E2/3	1.21	1.89	1.56	1.04	200	170	149
仲哀陵	C		1.33	1.63	1.23	0.77	242	205	
河内大塚	E	E1	1.45	1.78	1.22	0.88	320		
今城塚	E	E2/3	1.27	1.86	1.47	0.98	190		
橿原丸山	G	E1	1.23	1.92	1.56	0.99	331	289	244
両宮山	C		1.49	1.78	1.19	0.82	206		
断夫山	D	E1/2	1.30	2.00	1.50	0.95	160		

出現は規模は小さいながら、二〇〇メートル級が畿内大王級墳墓だけであるという畿内勢力が確固たる地位を築いた瞬間となる。さらにそのあと、主導類型によく追従する他地域の大墳丘は墳丘長一六〇メートルの尾張地域の名古屋市断夫山《だんぷさん》古墳ぐらいである。

表4で並べた大王墓級のものの相対順位は、円筒埴輪の編年によって五世紀中葉から六世紀前葉に相当する。相対築造順はニサンザイ・允恭陵・白鳥陵・仲哀陵・今城塚古墳で誤りない。これにもれる河内大塚・橿原丸山古墳については明確な埴輪の出土がないが、埴輪生産が前方後円墳の終焉まで続くことから、埴輪の有無が時期決定の根拠にはならない。墳丘主導類型からすれば、丸山古墳は今城塚古墳の後である。小さいながらも今城塚古墳もまた白鳥陵古墳と

同じ相似形で、三分の二となる。周濠の広さは縮まるものの、大王墓で比較可能な規模と比率はもっとも近似する。さて、河内大塚古墳については、前方部幅／後円部径の比率が仲哀陵古墳と似て前方部幅がせまい。ほかのニサンザイ型系とは系列が違う大仙D主導類型の影響を延長した仁徳陵型系よりとなろうか。

これらに先行するニサンザイ古墳について、丸山古墳の墳丘各部の数値とくらべると、墳丘中・下段裾の後円部径がおどろくほど似る。石室の位置に比して丸山古墳はこの径を重視したのであろうか。これに加え比率の方も、墳丘長／前方部幅、周濠幅／周濠長が似る。他の部分にある橿原丸山古墳との顕著な誤差は、前方部の長さと幅の拡張にあったといえる。白髪山F主導類型の影響を経ながらもニサンザイE主導類型からの形態を踏襲し、順当に前方部を増大させようとした意図がうかがい知れる。全体を通して、実寸法値そのものは相互がよく似ると評価できる。そこで、丸山古墳はニサンザイ型系の実寸法類似として、表4にはE1類とした。さて、二対三相似形のE2／3類とでも分類する白鳥陵古墳は先にみたように墳丘各部の比率がきわめて似る。丸山古墳は墳丘前方部をニサンザイ古墳より増大させるために、白鳥陵古墳の前方部比をあえて採用したのであろう。

丸山古墳の本体周囲の時間変化要素に注目すると、図39のように、まずニサンザイ古墳とは墳丘本体の前方部が大きく拡大していることで、それにともなって前方部側の周溝も大きい。反して、後円部背面側はやや小さくなる。前方部増大の方向性が強く感じられる。丸山古墳の周溝は溝底の比高差がはげしく、清寧陵古墳のような渡り土堤もなく（図4）、水をたたえる構造となっていない。ここで、崇神陵古墳以降つづいてきた大王墓級前方後円墳の水をたたえた周濠はとだえ、周溝となった。それでも輪郭は相似形と見てよいであろう。後円部背面にある外堤はニサンザイ古墳の外堤・外周溝をも凌駕する。丸山古墳の東側の造出し位置は同じような場所になる。こうした墳形の変化は、一二〇年ほどの基本的な共通性を保ちながら、顕著な変化は前方部の拡大というものにとどまっていたことがわかる。

古墳時代の後半期は、世代ごとに墳丘設計に強い独自性を打ち出す発達力は薄れ、伝統的・世襲的な概略の形式を保持、踏襲する度合いに意義を見出すようになったようである。

横穴式石室と巨石

墓室として荒々しい巨大な野石を積むのを特徴にするのは、日本の横穴式石室。これをアメリカ人のモースは、明治時代に、世界中にある巨石の「支石墓（ドルメン）」と呼ばれるものをあてはめて紹介した。巨大な石を運ぶのは寺院や近世城郭にもあるが、巨石を運び架構する起源は古墳時代。大きいものは山から巨石を降ろしてのぞむところで石室を架構したが、小さなものはおもに石材が手に入りやすい山のふもとに古墳自体が群集した。

墳丘での横穴式石室の位置と巨石の架構

一九〇五年に閉鎖されたはずの橿原丸山古墳の石室が、一九九一年に開口していたことがわかり、一九九二年に丸山古墳の詳細が宮内庁の陵墓調査で明らかになった。日本最大を誇る長さ二八メートルの横穴式石室をもち、幅四・五メートルの巨石を用いた石室であった。ところがその奥壁の位置は、後円部の中心より二三メートルも南にあった。床面は墳丘基底から五メートル高い標高九三メートル、墳頂より一九メートル低いところにあった（図46下）。

江戸・明治時代には、石室が巨大であることは知られていたが、現在の実寸法の確認で、それまで石舞台古墳が巨石運搬、羨道の長さのピークのように象徴されてきたが、それは丸山古墳にとって代わられた。

橿原丸山古墳の横穴式石室は粗い巨大な野石を積んで構築される。同じような羨道と空間をもつ、岩盤を刳《く》り抜いた横穴と横穴式石室の最大の違いについて、横穴墓の研究会のおりにその最大の特徴を聞かれた大阪府柏原市で横穴を調査した安村俊史氏は、「横穴は一人でもつくることができるが、一人でかかえることができない石材を使う石室は協働作業を余儀なくされる」と答えた。

巨石を運ぶ

石は重量を増せば増すほどあつかいがやっかいな代物である。多少大きくなるだけで動かすことは命がけとなる。また、一人で曳くことができずに大人数での協働作業になる。青森市の三内丸山《さんないまるやま》遺跡の六本掘立柱にみるように縄文時代のいにしえから巨木を運んだ。ものをのせて運ぶソリ状のものは弥生時代からある。支石墓の石は大きいものは二・五メートルほどあり、楯築墳丘墓の墳頂には三メートルにもおよぶ立石もある。古墳時代にいたって、桜《さくら》井《い》茶臼山《ちゃうすやま》古墳の竪穴式石室の大きな天井石で三メートルをこえる。大阪府柏原市の安福寺《あんぷくじ》にある割竹形《わりたけがた》石棺は長さ二・五六メートル、松岳山《まつおかやま》古墳の組合式石棺の蓋は四メートル近い。津堂城山《つどうしろやま》古墳の長持形石棺蓋は三・四メートルである。

これらは大阪府藤井寺市の三ツ塚古墳で出土した長さ八・八、幅一・九メートルのY字形木製品の大修羅にのせてみると余裕で積める。積載オーバーになりそうなのは図40に示すように、六世紀の横穴式石室石材以降である。材料の木は水より比重の高いアカガシ製のかたいも

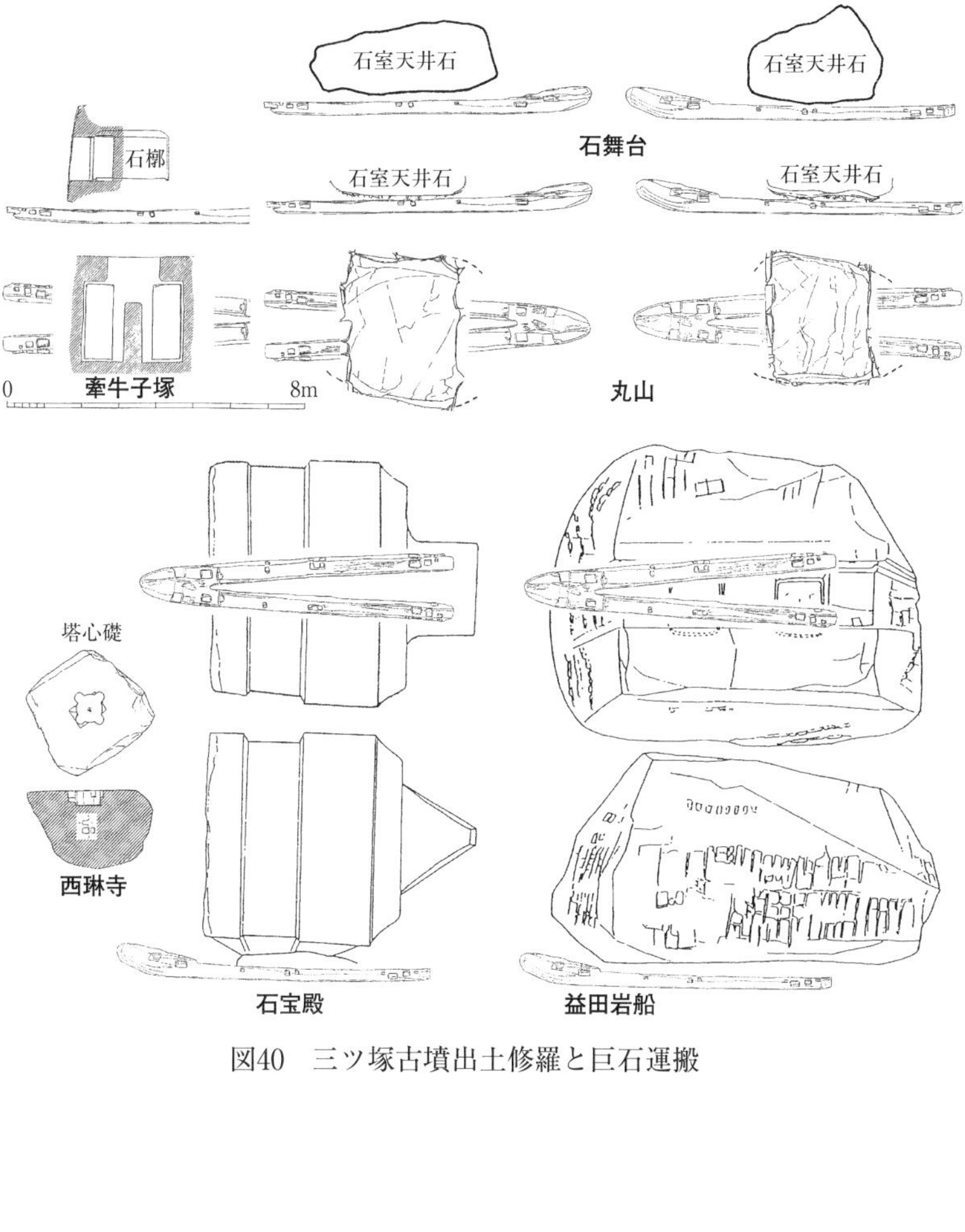

図40　三ツ塚古墳出土修羅と巨石運搬

ので、大きな石をのせてもへしゃげない。たいていの巨石は、ともに出土した長さ一・八、幅〇・七メートルのクヌギ製の小修羅がふつうに使用する石にはほどよい感じである。修羅自体が重量物でとりまわしが難しいものであり、やはり、小さなものをまとめて積んで運ぶことはなく、小さなものもそれに見あった修羅を量産して運んだ。そう考えると、大修羅は今のところどういった重量物を運んだかは決着がつかない。

しかし、運びたい大きな巨石については、大修羅で積載できる限界はすぐにやってきた。六世紀後半の橿原丸山、七世紀の石舞台といった古墳の石室の天井石がそれである。牽牛子塚古墳の横口式石槨は五×三・五×二・五メートルをこえる大きさである。

石曳きにはどれくらいのものが運べ、引き手やその方法はいかなるものであったか。運搬物の重さに応じた人数で綱を曳く。数人足りないだけでもビクともしない。石の上の音頭とり、コロやレールの移動係、テコ棒をもった舵取りといった係などは、多くの近世の絵図に描かれる。大きな石を曳くのは人手がいり、命がけなのだ。

三ツ塚古墳出土の大修羅の牽引シミュレーションは、出土当時の一九七八年に朝日新聞社がおこなったものがある。その記録を瀬川芳則氏が「「修羅」人力牽引実験結果」としてまとめている（『修羅―発掘から復元まで―』朝日新聞社、一九七九年）。オキナワウラジロガシ二本の自重四トン、一四トンの生駒石をのせた「地曳き」は、曳き綱一二本、曳き手三

○○人、後方テコ棒四本、かけ声一五回（一分間）で三・三二メートルが動いた。丸太をひいた「木馬道」使用では曳き綱一三本（方向一本）、曳き手（前後合わせて）四〇〇人、後方テコ棒四本、かけ声二回で二メートル。木馬道にサラダ油をひき、曳き手三〇〇人だと三五秒間で四一・六メートル動いた。「道板（レール）とコロ（径一〇センチの丸太）」を使ったばあい、曳き綱一本、曳き手一八人で一五秒間にコロ一回転弱。曳き綱二本、曳き手三六人で一五秒間に一〇メートル弱。曳き綱二本、曳き手六〇人、後方ブレーキ曳き手に二〇〜三〇人、道板とコロ棒移動に四〇人が、四〇メートルを二分一五秒、五メートルを一五秒で動いたという。いろいろ組み合わせるごとに、牽引力の増減がわかる。近世の石垣を積むのにも石によってもさまざまである。栗石などはロールベアリングの役割もはたした。石自体がレールでもあるのだ。古墳時代も工夫は重ねられたことであろう。

　計算上、石舞台《いしぶたい》古墳の二石の巨大な石室天井石の角閃《かくせん》花《か》崗岩《こうがん》は、六四トンと七七トンの重さが推定される。この大きい方を自重三・二トンの大修羅で曳くとするなら、総重量八〇トンとなり地曳きで四二トンの力がいる。一人あたり三〇キロを曳くとすると一四〇〇人。コロ使用のばあい、八トンの力が必要で二五〇人の曳き手となる。道をある程度ととのえてコロレールとコロをおいて、曳き手は二五〇人程度となる。これに補助する周囲の人数を加えることになる。限られた墳丘のスペースのなかで、のぼりや石材架構の曳き手、くだりになると後方ブレーキとテコ棒での固定人数もふえる。運搬内容によって、古墳づくりの現場での作業員の配置など、よほどの工夫がいりそうだ。

こうしたことをイメージするなら、六世紀中葉以降の巨石横穴式石室づくりのための石材運びは、輸送が遠距離なばあい、途方もない群集行列を編成したことであろう。安全に障害なく遠距離を運ぶのはかなりな労力であったが、道中では集団関係をアピールする効果もあったろう。いざ横穴式石室の架構現場に立ち入れば作業人数が限られることから、作業道の整備、吊りもと、コロレール、コロ、コンパクトな修羅など、こまかな設備と道具が求められた。一九八四年に石舞台古墳発掘五〇周年記念事業委員会がおこなった石室組上げ復原に用いたような縦・横軸ロクロの痕跡は今のところ古墳・飛鳥時代には確認されていない（NHK放送分）。

石曳きの木ゾリ
―入谷のキンマ

三ツ塚古墳の大修羅と似た木ゾリが東北地方にある。実際に石を運んだときのようすを記録し、そして碑の切り出し場所までわかる興味深い資料であることから、ここでは参考にとりあげたい（図41）。

その木ゾリは入谷《いりや》八幡神社の床下におかれていたもので、宮城県南三陸町《みなみさんりく》「ひころの里」に残る。長さ三・三七、幅〇・九四メートル《メートル》のケヤキの幹を用いたY字形の二股のもので、「キンマ」とよばれる。一九一〇年に、高さ二・四五、径〇・七八メートル《メートル》砲弾形の「昭忠碑」と

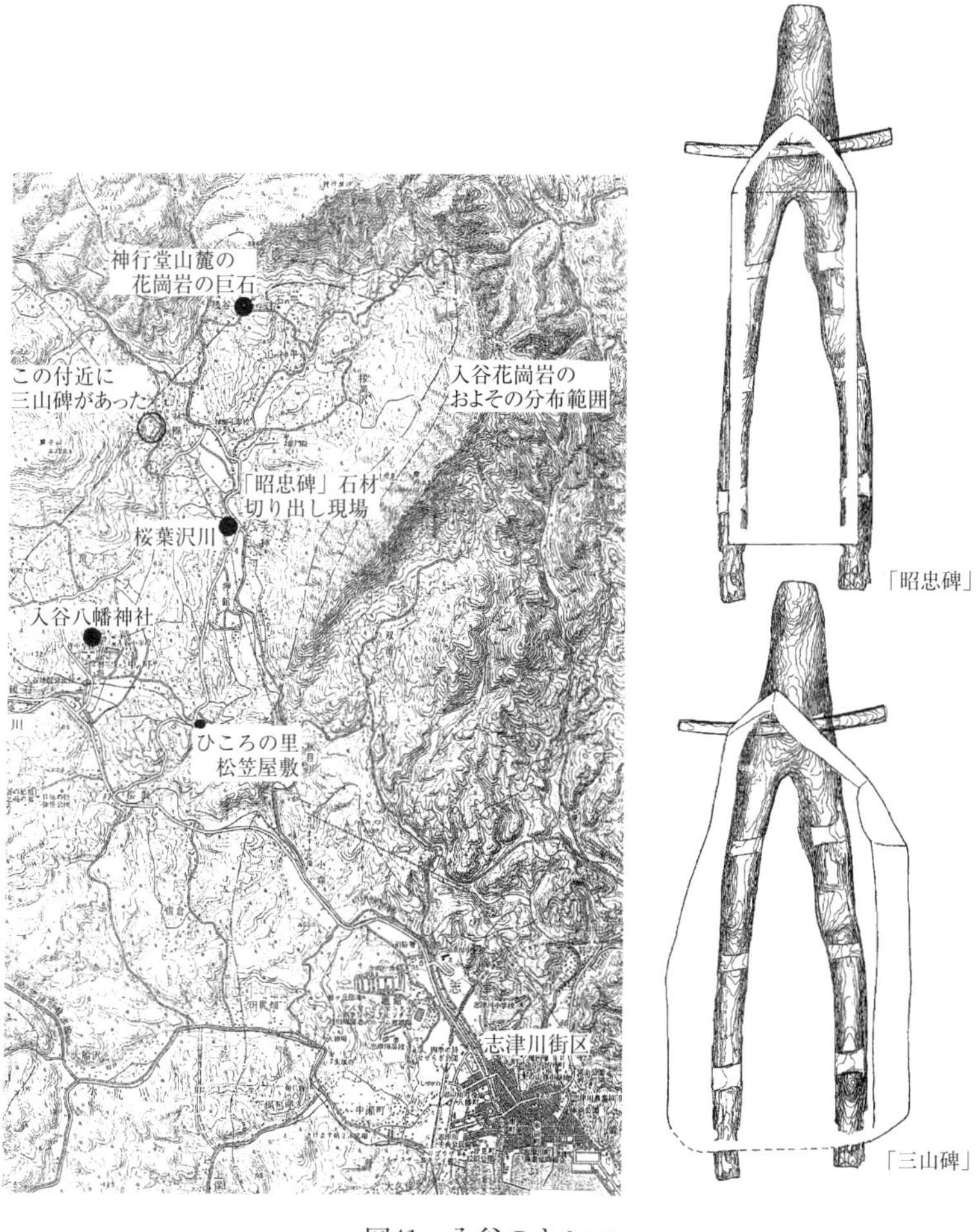
神行堂山麓の
花崗岩の巨石
この付近に
三山碑があった
入谷花崗岩の
およその分布範囲
「昭忠碑」石材
切り出し現場
桜葉沢川
入谷八幡神社
ひころの里
松笠屋敷
志津川街区
「昭忠碑」
「三山碑」

図41　入谷のキンマ

刻まれる花崗岩製の忠魂碑の運搬のためにつくられ、一九三〇年には高さ二・五一、幅一・四五メートルある「三山碑」の建立に使われた。前者の碑の記録としては一九一七年の『町村誌』（入谷村誌）に「昭忠碑建設ノ由来」がある。一九一〇年九月に入谷村の帝国在郷軍人団長である村長が企画したという。石材は長さ六・三六、幅三・一六メートルの大きさで寄付された。切り出し現場で大割りをおこない、白蔵峯に新道を拓いて、八幡山の建設地に運搬した。日数は六日、作業員一六〇〇人余かかり、碑の周囲を砲弾形に磨き、正面に「昭忠碑」の三文字を、背面に「明治四十三年九月十五日」と刻んだ。台は高さ一・三六メートルの三層、周囲に九・一メートルの七層の階段をつくって完成。一一月三日に碑の除幕式をおこなう。

この碑とキンマのある一帯はすり鉢状にくぼみ、入谷花崗岩が分布する（図41左）。その中央には巨石をふくんだ尾根が隆起し、桜《たら》葉《ば》沢川《さわがわ》がそれを通過するときに極端に蛇行するが、碑は川沿いの石の切出し場から西南へ一尾根こえて八幡神社まで一・三キロの道程を運搬された。村中の人がかかわり、交代要員も含めて、一度に五〇人ほどの人手を要した。石の上で木遣《きやり》掛《が》ケとよばれる一人が音頭をとり、二〇人ほどが綱を曳く。加えて、バンギというコロを移動させる人、テコ棒をもった舵取りなどがいた。

キンマを製作したのは大工であったため、ふつうのキンマより加工は数段ていねいなものとなったらしい（長さ・～二メートルのキンマは第二次世界大戦後も炭焼きのときに、一般的に用いられていた)。先端部に蛇類の頭を模して目、鼻、口が表される。その頭部上には、ケヤキ製のコギという横木が直交して取り付く(図41右)。コギは断面台形で上からの引っ張りでは抜けない構造で、石材を固定するために使われた。下に敷くバンギは雑木の細い幹や枝で、フジ蔓にぼろ布を巻き、その先端を鉈《なた》で叩き細かくして、サメの肝からとったサメユを塗り、滑りをよくした。そのため、下り坂ではスピードが出すぎ、畑の土手に三尺も突っ込んでしまったらしい。

これは元志津川《しづがわ》町教育委員会の鈴木卓也氏にうかがったエピソードだが、もはや日本列島のどこを探しても、こうした聞き込みはできないだろう。

墳丘での横穴式石室の位置

巨石の運搬、架構にはとりわけ神経質になる。初期の巨石積みに対する石室の基底づくりには特に注意がはらわれた。白石太一郎氏が二〇一〇年に「墳丘における横穴式石室の位置の変遷」を論じた(『書陵部紀要』六一)。

横穴式石室の受容期から展開期前半の六世紀中葉以前の段階では、埋葬施設を墳丘の高いところに営む伝統を否定できずに、墳頂近くあるいは二段築成の上段に営んだ。その後、比較的大きな石材を用いるようになって、盛土内に「基礎地形(基盤工)」を採用し、地山に穿った堀り方内に石室下部をおさめるようになった。こうして、墳丘下段の裾付近から石室に入るようになった。平面位置の方は古いものが墳頂平坦面中央に玄室中央を、六世紀初頭に石室奥壁位置を墳丘中央に置くものが出現したとした。六世紀後葉には地山付近に石室を置くことはなじむ。橿原丸山古墳の石室もまた低い位置にあるが、平面位置については、奥壁が後円部の中心より二三メートル南にはずれていた。

　こうした橿原丸山古墳石室のあり方について、白石氏は玄室奥を墳丘中央に置くという原則と大きく乖離するが、これは墳丘があまりに巨大で石室位置を中段の墳丘端に近づけなければ墳丘斜面に開口できなかったためだと解釈した。

　実は、未知の本来の石室がいまだ確認できない墳丘中央上部にあり、それを避けながら墳丘の下方の周縁に近い位置にずらせて二基目の石室を構築したこともあり得ると言う人もいる。しかし、長さ二八メートルの石室の据えつけとそこに二基の刳抜式家形石棺を納めていることなどを考えると、残ったスペースにこれより大きい石室を後円部内で想定することは難しい。それにしても、後円部の中心よりこれほど偏った原因は墳丘端に石室を開口させるといった事情だけだったのだろうか。

　先にみた石室・墳丘構築手順に作業をつけ加えると、A段階が地山掘り込み墓壙と墳丘下段と側壁、B段階が天井石積土被覆、つまり墳丘上段と天井石・礫群、C段階が石室上部被覆および石室羨道前の追加、羨道・墓道閉塞、墳丘輪郭・外装・化粧という手順を踏む。六世紀中ごろからは玄室部分について、横穴式石室をもつ小形円墳がふえるにしたがって、地山を強度のある石室基盤だとみなして、直接、石室墓壙を掘り込むようになる。

六世紀後半の山口県下関《しものせき》市の岩谷《いわや》古墳は地山を掘り込むことでＡ段階を省略する（図42上）。それでも天井石をのせたのち、上部に入念な盛土をすることはおこたらない。これは竪穴式石室のような開口部をなんとしても塞ぐという覆い方とは性格が違い、埋葬部分には墳丘横の羨道から入り込むことができ、死者との隔絶とは異なる。大・中型墳はこの古墳ほど石室墓壙が深くなく、石室基底の石の分を掘り込むのがふつうである。石室側壁上部までは基本、水平に土を盛る。岩谷古墳は天井石付近から石室中央に向かって薄い細層で高く積み上げ、石室の石材は持ち送られる。天井石はのせる段取りについて岩谷古墳の石室天井石上の土層をみると、後方に玄室長分を後ろに引いたスロープをつくり、最も後方の天井石をまずのせ、次にその上を越えながら前へ積む。前の天井石積みが順次進むほど背後のスロープの盛土は高くなり、追加する細層も前方に進む。すなわち全体に積もうとする石よりまず土を高く盛りあげ、石を設置しようとするところにその石の形に合わせたくぼみをつくり、そこに落とし込む。結果として、この一連の盛土は天井石積土となる（図42上）。同じような手順は先にみたようなものとなる。

できあがった天井石積土被覆の土饅頭状の高まりの上に、さらに土饅頭状に石室上部被

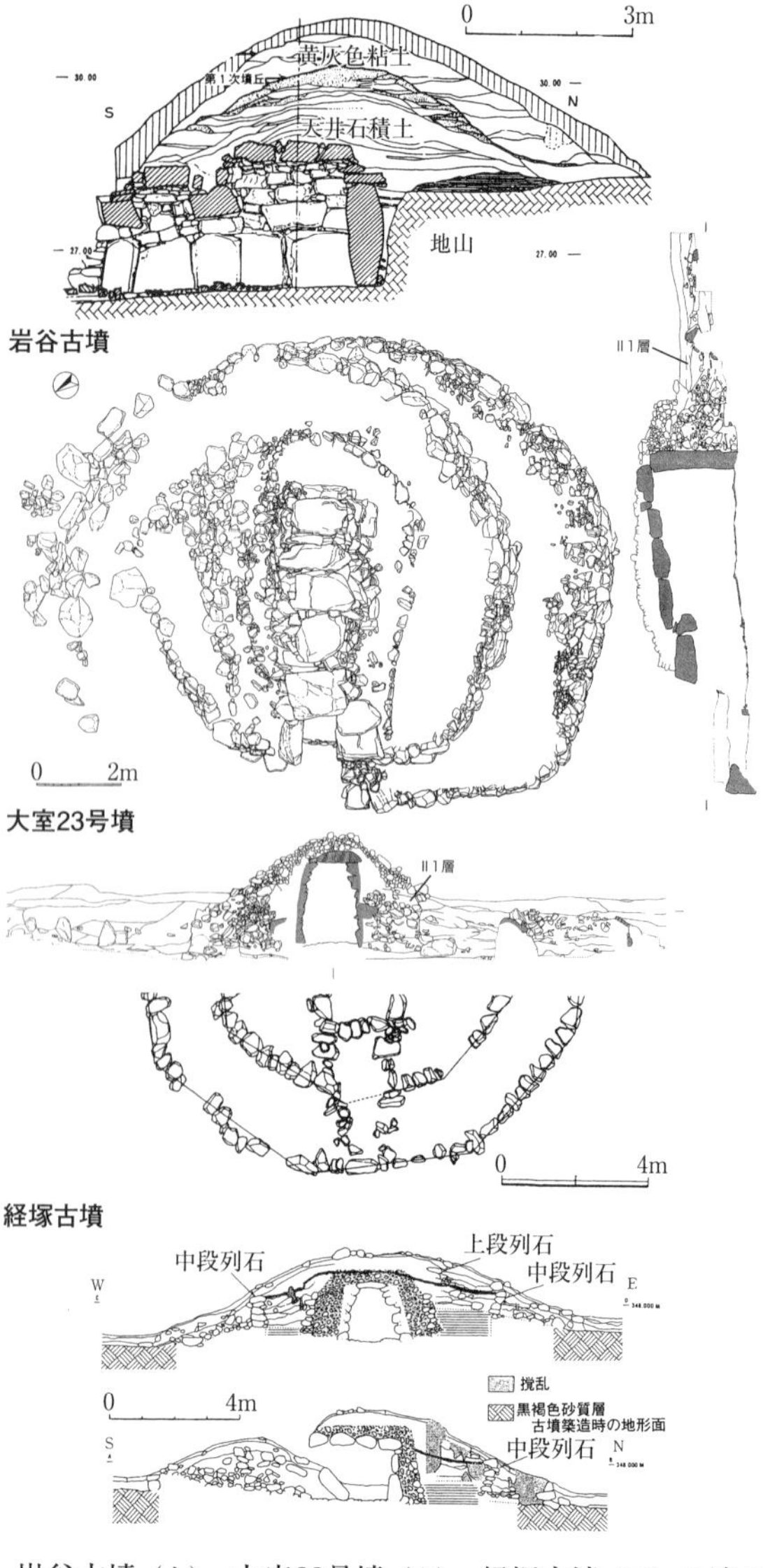

図42　岩谷古墳（上）・大室23号墳（中）・経塚古墳（下）の墳丘断面

覆をのせる。これにより墳頂部は丸みを帯び、従来のような墳頂平坦面をもたなくなった。

この墳頂形状については高安古墳群では六世紀前葉の初期段階からみられる（図34の服部川支群二二号墳など）。前方後円墳について墳丘測量図で確認すると、市尾墓山古墳の墳頂は土饅頭化する（図45上）。やや先行する峯ヶ塚古墳は平坦であり、このばあい上部に石室がある。その前後の近畿の墳丘長一〇〇メートル以上でみるなら、奈良県天理市西山塚《にしやまづか》・ウワナリ（図43中・下）、清寧陵、大阪府太子町敏達《びだつ》陵、橿原丸山（図46）、奈良県明日香村欽明《きんめい》陵といった古墳の後円部墳頂はすべて丸みがかる。六世紀前葉中にその変化点をみいだせる。

この変化のあと石室位置は墳頂でなく、三段築成のばあいは中段裾付近を石室の床面付近、二段築成は白石氏の指摘どおり、高さをあまり持たない下段に石室をのせる位置関係になった。三段築成であれば上段部分は玄室の厚味のある天井石積土被覆と、さらにその上に入念な石室上部被覆で構成されるようになる。石室が上段から中段方に下がった時点で、上段にこれまで以上の被覆機能をもたらすようになった（図44上）。

さらに時期がくだる七世紀には、牽牛子塚古墳は刳抜式石槨を石材で囲った上で四段墳丘の上二段がそれを覆う。京都市天智《てんじ》陵古墳の上部にある八角形列石段は屋根状施設が加わったことを意味するであろう。奈良県明日香村天武《てんむ》・持統《じとう》陵古墳は五段築成であるが最下段は裾石敷で高さはない。対して最上段は中段の二段分の三メートルの高さをもつ。一二三五（嘉禎元）年、野口《のぐち》王墓盗掘事件と内部の実検を記した『阿不幾乃《あふきの》山陵記《さんりょうき》』にある玄室高二・四メートルから考えると少なくとも天井石積土被覆の上にさらに三メートル以上の被覆があったことになる。一方、奈良県明日香村中尾山《なかおやま》古墳の墳丘には沓形《くつがた》石造物とよばれる加工石材がある。墳丘上部にそなわって、被覆が屋根・天蓋状施設とみなすのなら、それが石化したうちの一部品になる可能性がある。墳丘の石室上部被覆は大王墓級のものに限って過度の装飾化を歩むようである。

横穴式石室と墳形の相性

橿原丸山古墳の墳丘は六世紀後葉にふさわしい。巨石を積み上げるための控えスペースとして前方部は有用されたであろう。墳丘と横穴式石室の開口とのすり合わせは順次、変化を遂げながらつづいていったが、結局のところ、そもそも横穴式石室からみれば前方後円墳の前方部、さらに大きな円丘はミスマッチだったのであろうか。

後期前方後円墳石上系列の墳丘仕上げ　墳丘仕上げでの作業は、外面形成土、下部周囲の整形、堀割周溝、接続丘陵部との切断、下方の地山整形といったものがある（表3下）。そういった作業が省略されていく流れがある。その具体的な変遷をみるため、五世紀末ごろから、中小の前方後円墳が数多くつくられる奈良県天理市に所在する大和東部の中形前方後円墳に注目する。

この地域は、少なくとも五基が墳丘長一一〇メートルほどの規模でつづいて築かれる。古市古墳群の大王墓級と目される後期古墳の墳丘長が仁賢《にんけん》陵古墳一二二メートル、清寧陵古墳一一五メートルであることからすれば、被葬者たちを畿内有力豪族クラス以上に位置づけて遜色がない。そうした王族に匹敵する古墳が一五年間隔で一〇〇年近く石上を中心とした一定地域で順次築かれたことになる。六世紀を通じて前方後円墳の前方部などの墳丘形態の細かい推移をうかがい知ることができる系列なのである。ここでは石上《いそのかみ》系列とよぶ。

もっとも古い天理市西乗鞍《にしのりくら》古墳は、墳丘長一一八メートル、両側に造出しがつく（図43左上）。横穴式石室かどうかはわからないが、後円部頂は平たいものの墳丘法面角度は強くなり、前方部側が幅の広い周濠で、その周囲を堤が囲む。それは立体感のある土堤状であるのがいかにも後期的である。前方部幅を後円部径で割った指数は一・三ほどで、ニサンザイ型系になることも古墳時代後半期の特徴である。出土埴輪は五世紀末ごろである。後円部頂が平たい分、石室が上部にありそうだ。

それにつづくのは、図右上、墳丘長八三メートルと墳丘が縮むが、すぐ東側にある東乗鞍古墳である。後円部には、玄室奥壁からみて玄門の右だけに袖のある片袖式《かたそでしき》横穴式石室があり（図33下の石室各部名称を参照）、玄室高が三・五メートルある。なかには六世紀前葉の家形石棺がおかれる（図44下左）。後円部背面側と前方部前面が墳丘仕上げで掘り割って切断される。

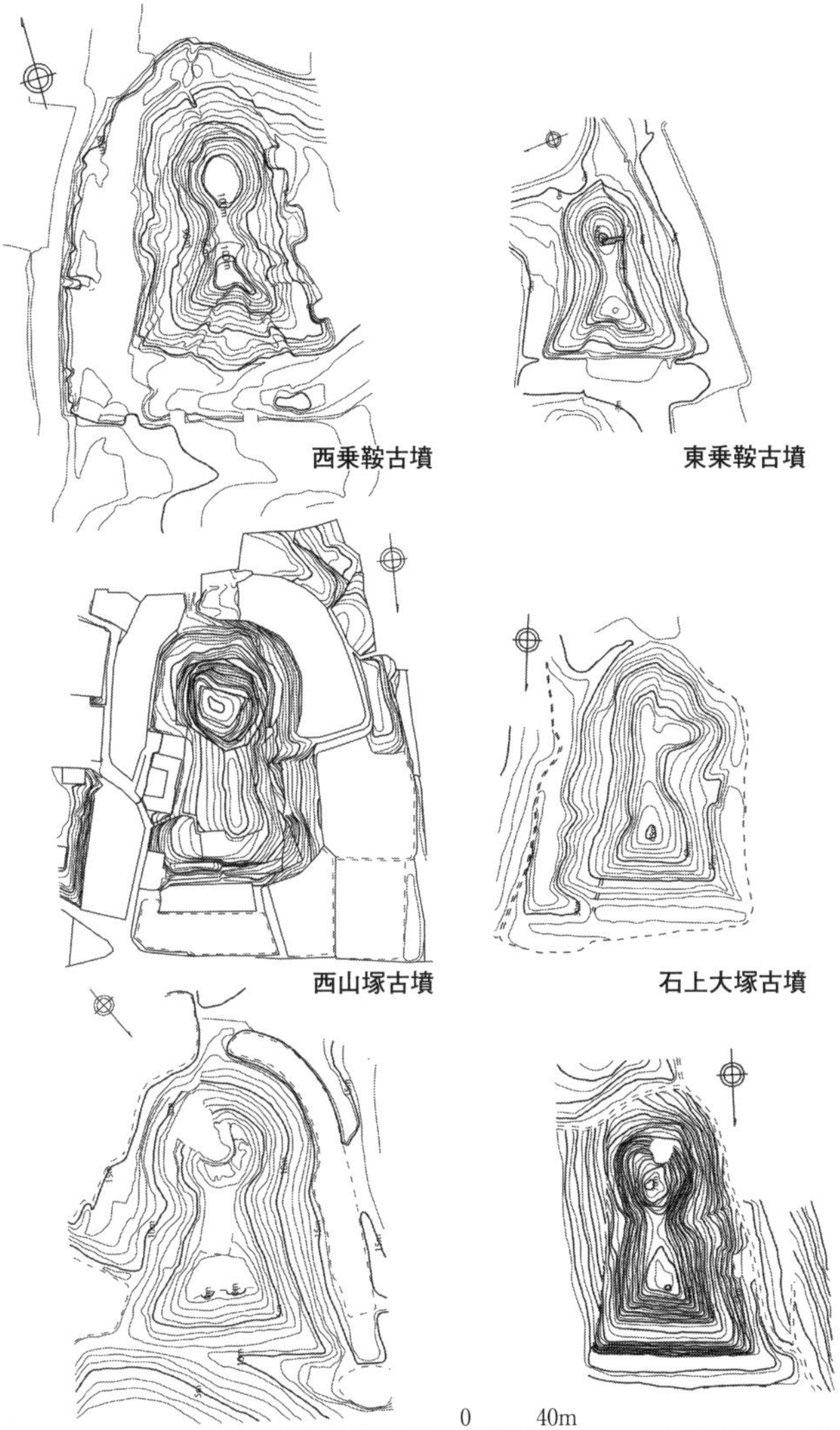

図43　石上系列の前方後円墳

石室は南側の谷に向く。墳頂は石室被覆が強調される土饅頭に変わる。前方部頂もとがり、墳頂部で大がかりな儀礼などは難しく、この時点では頂部の平坦面は消えている。

次は墳丘長が一一四メートルの西山塚古墳である。主な渡り土堤が後円部背面、前方部東隅につき、周濠の形も整備される。外堤は完周しそうである。手白髪《たしらが》命・継体《けいたい》天皇皇后と目され、ここまでが六世紀前半までに入る。日本列島全体の墳丘が縮小気味であったなかで、このあとも石上系列は一〇〇メートルをこえ、同じような規模でつづく強力な系譜としてその存在を誇示した（図44）。

六世紀中葉は天理市石上大塚《いそのかみおおつか》と別所大塚《べっしょおおつか》という古墳が築かれる。石上大塚古墳は墳丘長一〇七メートル、後円部には玄室長が六・三メートルの片袖式横穴式石室である（図44下中）。前方部幅を後円部径で割った指数は一・二二で前方部は広い。周囲の周濠はほぼまわるが、墳丘仕上げを示す前方部前面東と後円部に渡り土堤がある。造出しは片側となる。そして、西山塚古墳のような外堤は前方部側だけになった。さらに、墳丘長一二五メートルの別所大塚古墳は、指数が一・三二で前方部は広がるがはっきりと周濠が残るのは西側側面だけである。前方部東側は接続丘陵と接する。墳丘長一一〇メートルのウワナリ古墳は指数が一・四〇とさらに前方部が広くなるが、後円部に比べて前方部頂が低い。前方部の大きさは、依然と大王墓クラスより、劣勢である。後円部に両袖式と新しい傾向を示す横穴式石室があり、玄室は長さ六・八、高さ三・六メートル《メー トル》である（図44下右）。六世紀後半に入る。周囲は周濠、周溝すら認めにくく、北側の前方部前面に平坦面と墳丘下方を削りだす。

以上、石上系列では、まず後円部もふくめて、急角度の外面形成土、墳頂土饅頭・石室被覆土が顕著になる。外堤形状の土手・土塀・築地化も連動していそうだ。前方部を中心として、仕上げ工程が地表に残る造出し・渡り土堤・周濠・周溝・堀割・削りだしが省かれていった。それはさらに前方部頂の低平化という墳丘本体にまでおよび、前方部増大の流れをも拒んだ。前方部が低くなるのは橿原丸山古墳の影響下にあるのかもしれない。

前方部増大を拒むことで、横穴式石室構築と前方部という造形のミスマッチングという矛盾をあらわにしたと言え、石室に関連しないものは順次、切り落とされていった。そのなかにあって、なおも石上系列の前方部増大は平面的には拡大されることは特筆できる。このことは昼神車塚古墳の前方部幅が後円径と同じ、物集女車塚古墳は前方部長が短いという劣勢さからすれば、それらより上階層系譜の前方後円形を誇示しようとしている。

とは言え、石室構築の足がかりとして前方部のスペースを利用し、墳丘構築過程の作業手順のなかで前方部の仕上げを、もっともあとまわしにした現実を如実に物語る。その周囲の付加的要素はそれ以上に順次、省略されており、その衰退を加速させる。

横穴式石室天井石の架構と前方部

墳丘構造と埋葬施設としての横穴式石室の位置関係を、構造的・一体的な構築で緊密性をもたせながら、六世紀末に、大王墓級のものが前方後円形をすてて方形となり、一気に小さくなった。

その初例として奈良県桜井市の赤坂天王山《あかさかてんのうざん》古墳がある。崇峻《すしゅん》陵と目される。橿原丸山古墳より時期が遅れる、一辺五〇メートルの方墳であるが、それでも七世紀代に多い丘陵斜面ではなく頂部という立地は維持する。しかし、墳丘と石室の一体化が顕著である。まず石室と墳丘の主軸が合い、石室床面と墳丘裾が一致する（図44中）。石室の大型化にしたがって玄室奥壁あたりを墳丘の中心点とするようになったが、この石室では墳丘のほぼ中央に天井石もふくめてもっとも高さのボリュームがある玄室がくる。玄室上部壁面は四周とも内傾し、空間は家形化する。石室は低い位置にあるので、天井石積土被覆までは三段築成の墳丘下二段におさまり、上段はすべて石室上部被覆で仕上がる。

ここで石室の最大長が二八メートルの橿原丸山古墳ではとても起こりえなかったバランスのとれた墳丘と石室の組み合わせを実現している。墳丘規模が五〇メートルに縮んだとき、玄室の中央が墳丘基底の芯にあたり一体化した。気にかかるのは、六世紀前葉から後葉の大型墳は石室奥壁が墳丘芯になること（図45上など）が多かったことである。この偏りは墳丘に対して石室が短いためだけではない。玄室中心を主丘の中心に据えることに必ずしもこだわらなかったようだ。

前方後円墳かいなかの選択肢をあらためて整理するために、丸山古墳の近くの市尾墓山古墳の石室と真弓鑵子塚古墳の両者について、高安古墳群石室・墳丘構築手順を加味しながら、前方後円墳と円墳の石室架構の共通点を五点あげてみたい。①鑵子塚古墳は円墳で

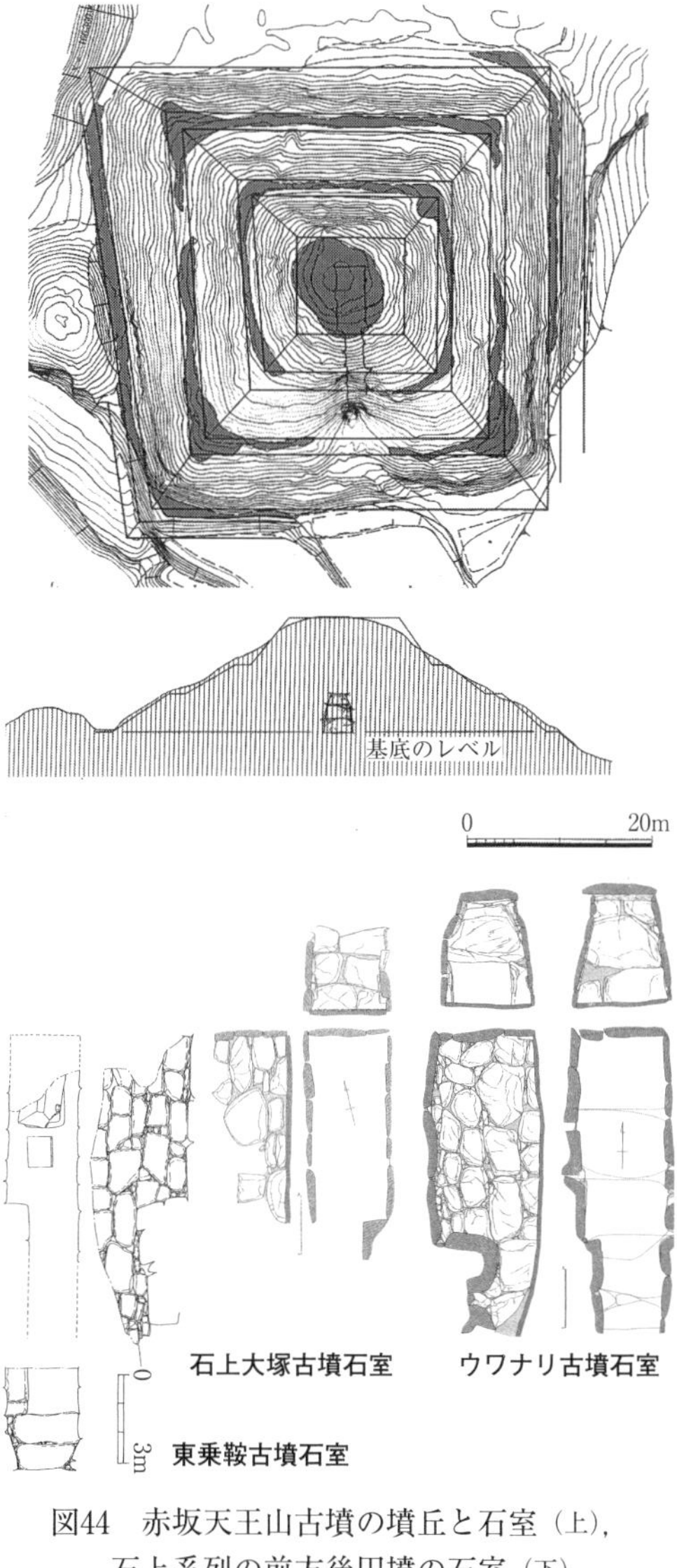

図44　赤坂天王山古墳の墳丘と石室（上），
石上系列の前方後円墳の石室（下）

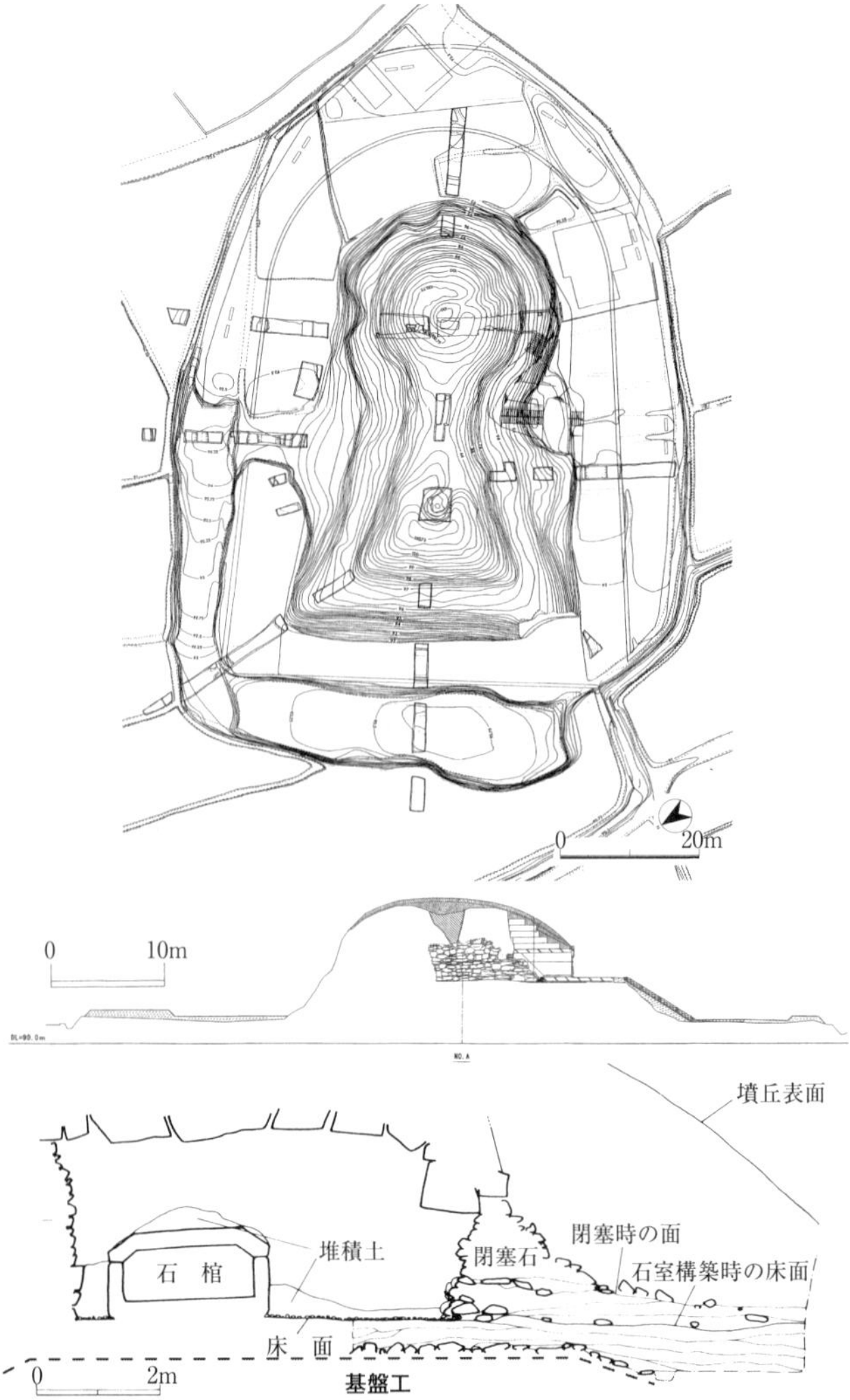

図45　市尾墓山古墳の墳丘と石室

あるが、西側に前方部状の平坦面がある（図35上）。墓山古墳も西側に前方部の平坦面がある（図45）。その盛土は後円部をおおむね終了してからはじまり、最後に双方の鞍部を埋める。石室の骨格ができあがるまでは同じ条件である。②鑵子塚古墳の平坦面を前方部と見立てると、双方とも主軸に対して石室は直交する。③石室下部は高安古墳群手順Ａ段階のようなテラス、スロープが形成されたらしく、石材背後の土層は平坦である。④墓山古墳の奥壁は上方が奥に向かって傾斜する（図45中・下）。奥壁側背後にまず裏込めもふくめて台形状の高まりをつくるようだ。鑵子塚古墳の石室奥壁側は羨道の閉塞施設のような形状である（図35中の右）。上には石がなく塞がらない。その内側壁は奥側に傾斜する。六世紀中ごろまでは、図45下のように玄室前壁の天井石が入口側へ傾き、石室上半が家形とならずに内傾しないことが多い。これは内壁面を整えるよりも、羨道をまたぐ玄門上の天井石自体が重心のある安定した台形状の石材をのせることを優先したために内傾しない。これと同じようなことは高安古墳群の石室奥壁背後の地山巨石でも言える。こうした石室付近で天井石を持ちあげるＢ段階のための独立した基礎固めを墳丘の中心で必要としたことが玄室中央を中心におけない理由でもあろう。⑤墓山古墳は石室奥壁の左側壁が後円部の中心となる。鑵子塚古墳も左側壁である。

以上の共通点をみると、石室構築に前方部状の控え空間、それに直交する石室主軸、石室周囲に石材架構用のテラス、スロープ、石室壁面は外に開き気味、石室側辺に墳丘中心がくるといったものがあげられる。

これらと丸山古墳とくらべるなら、前三者の特徴は似る。最後の側辺は現時点では照合できない。その前の壁面構成は時期的な差で丸山古墳の石室上半部は内傾する。ただし、巨大な奥壁は垂直に立ち気味であり、墓山・鑵子塚古墳にくらべて、巨大な天井石をうける強固な奥壁づくりの役割をはたそうとさせたのだろう。つまり、その背後に高安古墳群、大窪支群二九号墳で見られた強固な土台を通して石を持ちあげるような高まりなどを設けるスペースを後円部中心に設けて備えようとしたのではないか。

橿原丸山古墳の墳丘と石室の関係

石室構築の流れと墳丘要素をみてきたが、これらと橿原丸山古墳の石室位置の特異性との関係をあらためて確認してみたい。

まず平面位置と上部構造である。奥壁は後円部の中心より二三メートル南にあり、墳丘基底から五メートル高い標高九三メートルの床面は、墳頂より一九メートル低いところにある。さて、丸山古墳の石室と後円部との関係を見るために、宮内庁の報告断面に、宮内庁の指定範囲外を平板によるものとトータルステーション測定器による二種の測量方法で測り、それで墳丘南北断面を作図したものと、三次元スキャンの測量図を合わせ、復元した墳丘断面を重ねてみた。

図46　橿原丸山古墳の墳丘と後円部南北断面

図46の下にあるように、石室の高低差の関係からは、石室床面が墳丘下段上になる。これは六世紀前葉以降の特徴にあてはまる。そして、羨道天井石は上段下にかかる。高さとして玄室天井石は上段下におさまるが、平面的には玄室が上段上の範囲にかかる。玄室奥を墳丘中央におくという原則との乖離については、玄室天井石の上には過剰な被覆である上段上が、過大にかぶせた石室上部被覆と解釈すると、原則的にはそれに準じていることになる。

また、奥壁の背後には巨石を持ちあげるための高い強固な土台状の高まりを控え据え置きさせるゆえに、中央スペースに玄室空洞部をおくのをむしろ避け、持ちあげるための土台となる装置を設けるスペースを確保したのだろう。その周囲にはテラスやスロープが入念に整備され、積みあげられたはずである。巨石運搬の主な搬入スロープとして西側前方部、北側造出しといった場で余裕をもって大人数が作業できもした。

次に、墳丘があまりに巨大で石室位置を中段の墳丘端に近づけなければ墳丘斜面に開口できないという白石氏の解釈について考える。墳丘上段分は、六世紀後半の玄室上に過度の被覆機能のみを備えた墳丘一段分を重ねたことには準じる。その分、石室の開口部は下がるが、まだまだ墳丘裾にはならずに中段裾である。羨道前は図46上の後円部右上に石室入口と表示したが、ちょうどそこがくぼみ、平林古墳のようなラッパ状に開いた前庭部になる。羨道の入口側を築造後にあえて伸ばしたという見解があるが、その部分はこの前庭部とともに墳丘仕上げ段階に付加されたことになる。こうした特徴は明らかに赤坂天王山古墳に先行する。

橿原丸山古墳は六世紀後葉にふさわしい古墳であった。巨石を積み上げるためのスペースとして前方部は好ましい。横穴式石室の開口とのすり合わせで順次、変化を遂げたものの、後円部のなかでの横穴式石室のおさまりは後の円墳や方墳ほど具合のよいものではなく、相性が合わないまま、前方後円墳はその終焉を迎えたのである。

古墳群と群集墳の形成階梯

山間部を中心として、横穴式石室が密集して石の構造物が口をあけて露出する千塚とよばれる風景は、日本列島の多くの地域で目立ち、古墳時代後期を特色づけている。なかでも集約・密集的に古墳数が爆発的に群在するのは、六・七世紀の「群集墳」とよばれるものであり、それがそのイメージをかもし出している。一九八〇年に石部正志氏は、群集墳が六世紀になって突然成立したものでなく、何十基もの低墳丘墓が群集するのは弥生時代にもみられ、方形周溝墓群や方形台状墓群には古墳時代四～五世紀代のものも多数見られるとした（「群集墳の発生と古墳文化の変質」『東アジア世界史における古代史講座』四）。ここでは特に石室と墳丘をつくる足がかりをつかむために、横穴式石室の開口方向に注目し、その群集過程や墓域の割り当て状況などをみていく。

「群集墳研究」の歴史的解釈

近藤義郎は『佐良山古墳群の研究』（津山市、一九五二年）で、大形前方後円墳の墳丘規模に比べ、さほど大きくない古墳が群在する一形態について、「当時の支配体制と政治構造を表現しうるもの」とした。これらを構成する古墳の大半は十数メートル程度やそれに及ばないものもあるほど小形で単純なつくりのものが多く、一基ずつのもつ古墳の構造や副葬品から得られる情報量は少ないものの「後期において、急速に＝爆発的にとでもいってよい位、古墳の数が増えてくるのは、一体どうしたことであろうか？　しかも、横穴式石室という今までになかった構造の内部主体と副葬品とをもつて出現する。もちろん明確には一線は引けないけれども、前期・中期の時代の実態との間に、大きな相異が考へられずには居られない」といい、この時代の前方後円墳の衰退、墳丘規模の全般的な縮小傾向、副葬品における宝器から日常利器具供物への変化、狭小で限定的な墓域へ集中した造墓などの状況をあげ、前期と中期とをひとまとめにし、群集墳の発生に特徴づけられる後期古墳と対比させ、その前・中期と後期とのあいだにある画期の重要性を説いた。

一方、一九六一年に西嶋定生は古墳の被葬者について、大和政権がカバネ秩序を拡大することで五世紀後半から六世紀代にかけて生産力の発展を基礎として新しく台頭してきた地方の中小共同体の首長層や有力成員層が大和政権の支配秩序へ組み込まれ、古墳造営が可能な身分に属するものが増えたと、論じた。この支配拡大は擬制的に同族とする関係を設定する形で進んだとした（「古墳と大和政権」『岡山史学』一〇）。一九八一年に白石太一郎氏は、被葬者像から想定し得る大型群集墳の成立の契機をみても、同族が結合してその中心となる人物の墓とされた大型墳に接して同族集団の共同墓地としての群集墳としての範囲が設定されて各被葬者に配分されたという歴史性は感じられるとして、整理する。大型群集墳の形成時期や消滅時期に大きな相違がみられることも、こうした同族集団の形成に政権内部の政治的関係が反映されることを示す（「群集墳の諸問題」『歴史公論』二ほか）。

古墳は支配領域がわかる居住域と近接し、眺望下にあるといったような群構成から、次第にそれがつかみにくい広い範囲のなかで墓域が配分されるようになったのは明らかである。特に横穴式石室石材を地域内にもつ集団とそうでない集団をまとめている。この秩序を歴史的に位置づけようとしたのが、近藤・西嶋・白石見解といえる。一見、均質に思える六・七世紀を中心とするものについて、広瀬和雄氏が一九七五年に見通しを述べた。わずかな要素も手がかりにして、群集墳ごとの個性をあぶり出していく積み重ねが必要だと解く（「群集墳研究の一情況」『古代研究』七）。

実際の墓域配分について、一二三支群で二六二基の古墳が集まる大阪府河南・太子町の一《いち》須賀《すか》古墳群のばあいをみると、南河内の丘陵のなかにあって周囲に大規模な耕作地は見あたらないことから、農耕が主体的でない集団の墓地であり、その墓域は大王墓群の磯長谷《しながだに》古墳群と接することからその支配関係を強く導きだすことができる。さらに群の構造については、谷からアプローチする尾根ごとでグループがわかれる。これを支群としてグルーピングしている。そのうちの一つのB支群とするものは、一つの尾根をさらにそれぞれ三基ずつの空間を確保したうえで、それら空間にまず一基ずつが築かれる。それが墓域の割り当ての傍示《ほうじ》となる。そのあとはそれぞれ残った二基分の空間に順次つくられて、尾根筋は埋められて密集する。それでおそらく三世代分となるが（割り当て決定者・最初の造営主体者は二世代目である確率は高い）、そののちも同じスペースで造墓をつづけようとすれば、古墳群の中央にあるI支群の南側のように、最初に予定していた尾根に古墳を築いたのちに先行古墳の間に小規模なものやその斜面の下にはみ出して築かれ、より密集することになり、群集墳となった。

ほかの古墳群では、最初の横穴式石室をつくった墓道を足がかりにして、隣接するほかの古墳と接触しないように、その両側、背後に造墓して群集するのが極めてふつうで、一須賀古墳群のばあいはより墓域内できめ細かに墳丘場所が配分されたといえる。

高安古墳群の群形成を担う墓道

水野正好は、一九七四年に兵庫県宝塚《たからづか》市にある長尾《ながお》山の雲雀《ひばり》山東尾根中の群集墳構造を取り上げ、古墳にアクセスする「墓道」の概念をもちこんだ（『古代研究』4、元興寺仏教民俗資料研究所）。

ここではそれを発展させて大阪府八尾市の高安古墳群で石室の開口方向に注目してみたい（図47上）。群の中心となる服部《はっとり》川・郡《こおり》川を中心として横穴式石室二〇〇基以上が集まる。このまま下流域が西にある河内平野の各ブロックに流れ込むとそれらと関連づけられるのであるが、残念ながら斜面を下った傾斜変換線にはゆるやかに西に下降する扇状地があり、北へと流れる恩智《おんち》川にぶつかり、関係する集落域の手がかりが遮断される。

古墳は、生駒《いこま》山西麓の斜面が西の平野部にむかって径二・五《キロ》ほどのすり鉢状にくぼんでややゆるやかになる地形の場所、平野部では求めることができない花崗岩の野石が露出する場所の南半分で主につくられた。発掘事例は少なく築造時期を知る手がかりは少ない。東端の最も古い一三四号墳（森田山《もりたやま》古墳：図47下右上）のものとされる須恵器を根拠にするなら五世紀末葉、一三二号墳が六世紀後葉～末葉とつづき、五四号・一二一号墳の採集資料もその範囲に入る。主に六世紀につくられたことになる。

横穴式石室墳が群を形成するばあい、水野が墓道論で定義するのは次のごとくである。「いくつかの古墳を連繫」する枝道《しどう》、「横穴式石室墳の羨道に至る道」とする茎道《けいどう》という道を想定することは必須である。図47上に図示してみた。高安古墳群のばあい、それらにたどりつくまでの「根道」と「幹道」はどこにあるのか。

まず、「集落から古墳群にたどりつく」根道について考えたい。そもそも高安古墳群は生駒山西麓の尾根からの急斜面がやや緩斜面となり、河内平野が一望できる位置にある。すぐ下、間近の扇状地内だけで古墳被葬者・造営主体者が本拠とする集落がとどまるということはまず考えられない。すぐ下の北方に流れる恩智川をこえた西方にひろがる河内平野にその所在が思い浮かぶ。しかし、古墳から眺望できる農耕集落だけに限ることもできないだろう。弥生時代の方形周溝墓群のばあいのように、集落と墓域が近接するなら、その両者をつなぐシンプルな「根道」も探れよう。「なぜ群集墳がそこに位置するのか」という問いは、花崗岩の野石の石材産地とそこを結ぶ交通路などといったものより広域的な視角で造営集団の住み家を探る必要がある。副葬品も群を媒介にする同族を知る手がかりの材料にもなるだろう。

次に、枝道につながる「古墳群内を貫く」幹道についてては、服部川支群それぞれの谷ごとをつなぐ道となろう。そのなかでも、図47にとりあげる古墳群の古い群集形態をもつと考えられる西側のC・D・B支群では、図の西側の守園神社までにまず幹道がとりつく。そこから枝道を通じてD1・D2・D3といった単位グループにつながる。それごとに見合った

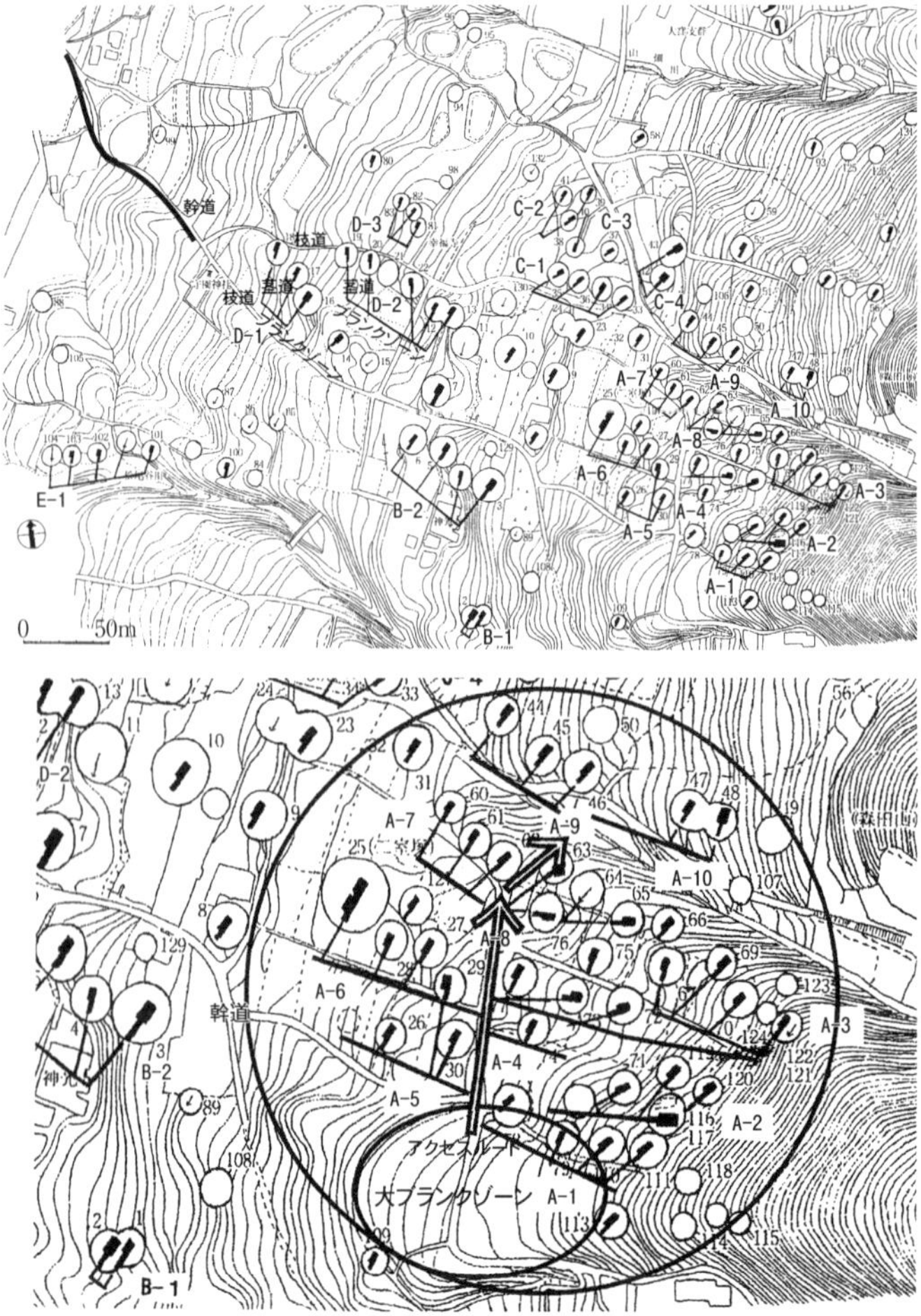

図47　高安古墳群服部川支群の横穴式石室の分布と
A群大ブランクゾーン

墳丘を築かない小規模な空き地、すなわち羨道に直結するブランクゾーンがD1〜D3にはそなわっている。そこから茎道を通じて羨道とつながる。直接で基礎的な単位グループはこれでまとまる。具体的には、図47のB2・D1・D2・D3・C1群の各古墳をつなぐすぐ前の谷筋がブランクゾーンとなって枝道となる。これらの谷筋の延長にある古墳を束ねるのが幹道となる。西に根道ということになるがこの西側のルートは今では追えなくなり途絶える。

つまり、造墓関係者は各々の谷筋をつたって各々のブランクゾーンに達する。そこは必要におうじて造墓と埋葬、祭祀などの行為のために各方面からアクセスできる場という構造になる。こうした古墳アクセス・ルートをもつものを「高安群集標準型」とする（表2）。

ところが高安古墳群は単純ではなく、服部川支群では結果として中央にあるA6群西端二五号墳の二室塚《にしつづか》古墳築造を契機として、B2・D1・D2・D3・C1群から山側になる東側の図47下のA群の単位グループがより集約的に形成されていく。A群の範囲の小規模な東西に長い五尾根のなか、A1群の南西のもっとも南側の尾根は大ブランクゾーンの役割をはたした。この段階では幹道がここまでのびることになる。この空き地は石室築造が可能な尾根であるが、現状では古墳の痕跡をつかめない広い空間である。そこが核、ハブとなり北の古墳へのびる細長いアクセスゾーンが派生するとみたい。全体として、この大ブランクゾーンを共有することで、各単位グループは各々のブランクゾーンをはぶき、古墳がより密集する構造になった。

「幹道」とみなすD1群の谷筋から、まずはアクセスできる大きな前庭的なものが確保され、そこに幹道が山奥へとのびた。そこで墳墓の構成配置を配分することによって、本来必要であった基礎単位のブランクゾーンのスペースも古墳の築造にあてることができ、群は飛躍的に密集することになり、集約的な墓域配分をおこなうようになった。つまり「高安群集密集型」（表2）は地形的には、群全体がすり鉢状になった斜面の底部付近を核にして、ハブになる図47下の下に示す「大ブランクゾーン」を設け、そこからA群の中心部にむかって直接にアクセスできる構造をもつ。これはゆるやかな谷鞍部に集中する傾向にある表2の契機7・8に示す七世紀の群集墳によく知られる構造となる。

各墓域配分の最初の一基に作道した墓道を手がかりに順次、連接していく。これがもっとも近しい集団どうしの造墓単位ということになる。この築造のための大前庭部とでもいえるその場は、巨石をあつかう横穴式石室墳ではその構築のはじめの工程をつかさどる重要な空間で、これがあってはじめて石室墳づくりがはじまるようになった。

次世代の墳墓へ――エピローグ

高校生のときに中尾山《なかおやま》古墳の内寸一メートル《メートル》にみたない横口式石槨に入ったことは印象的だった。その小さな空間は、火葬された骨が入った容器が入るのには十分なものであった。中尾山古墳以降の墳墓は古墳といわなくなる。大学生のときに和歌山・奈良・大阪・兵庫・京都・福井の発掘調査に参加させていただいた。そのなかでも毎年、明日香《あすか》村の発掘には参加していた。

（1）終末期古墳の墳丘の特徴

飛鳥時代の大王墓は方墳と八角墳である（図4・48）。蘇我《そが》氏の権力が強かった前半は前者、中ごろの大化改新に前後する時期の奈良県桜井《さくらい》市の舒明《じょめい》陵古墳は急な斜面につくられた。下部は方形、上部が八角形、総じて上円下方墳となった。斜面下方にひろくエプロン状に方丘がひろがるので前方後円墳のようにもみえる。天智《てんじ》陵古墳はきれいな方形壇の上に八角形がのる。天武《てんむ》・持統《じとう》合葬陵、中尾山古墳は全体が八角形である。八角形とはいえど、墳丘表現方法はいろいろである。

終末期古墳の新墳丘構築法

古墳時代、古墳の墳丘づくりには当時の先端技術が散りばめられたが、飛鳥時代に入って、かげりをみせる。仏教関係の技術が重宝され、それが目新しい古墳を築く特徴となり、終末期古墳として位置づけられる。

埋葬主体の方は、あらあらしい巨大な野石からこぢんまりとして精巧に削った切石で組み立てるものになった。野石はまわりが丸いので、そのまま使うとボリュームがあるが、切石はまわりの丸味をそぐので二割がたは縮む。そして、最後には火葬となって墓室空間も縮む。墳墓に大きなスペースをさくことのないコンパクトなものになっていった。

終末期古墳の墳丘の特徴について、一九七二年に奈良県明日香村の高松塚《たかまつづか》古墳の極彩色壁画がみつかったときに、堀田啓一氏は「発掘調査が開始された直後、高松塚古墳を訪れたのであるが、その際、古墳の直径に対して高さの割合が異様であることを感じていた。すなわち、高松塚古墳の墳丘が非常に「腰高」であることに注目」したのである（「大和における終末期古墳の墳丘指数をめぐって―特に高松塚古墳を理解するために―」『橿原考古学研究所論集三十五周年記念』吉川弘文館、一九七五年）。さらに、高松塚古墳の調査時に一躍注目されたのは版築《はんちく》技法による盛土であった。調査の年にすばやく奈良県立橿原考古学研究所からだされた『壁画古墳　高松塚調査中間報告』で赤井浩一は、その版築土が締固め試験の最適含水比三六%とほぼ一致、地山的な密度であると報告した。

墳丘角度については、天武・持統陵古墳の貼石は四〇度、奈良市石のカラト古墳の下段葺石法面角は五〇～六〇度、中尾山古墳の下段が四七度、中段が五〇度である。初期の地山の削り出しは急角度でも墳丘法面はくずれにくいので、その墳丘裾まわりが六〇度になる中山大塚《なかやまおおつか》古墳のばあいもある。しかし、多くは四世紀の弁天山C一号墳が三二度、五世紀の心合寺山《しおんじやま》古墳が二一～二九度、六世紀の昼神車塚《ひるかみくるまづか》古墳が四〇度であり、六世紀になって横穴式石室の構築もあり法面《のりめん》傾斜はきつくなるが、終末期古墳はそれを上まわる。地山と同じような傾斜面ということになり、それがあまりくずれていない。

本格的な版築技法の初現は、初期寺院である法興寺《ほうこうじ》（飛鳥寺《あすかでら》）である。古墳の盛土としての利用は、今のところ岩屋山《いわややま》古墳であろう。七センチの層厚を確認している。本来、版築は板を両側にあててそのなかに土を一定の厚さを入れ直径一〇センチをこえるくらいの丸太のつき棒で叩き締め、それを何層にも重ねてあげていく。板をはずした側面は土層が水平な縞になってみえる。七世紀後半の古墳には二～八センチの厚さごとに固めた土層がみられる。し

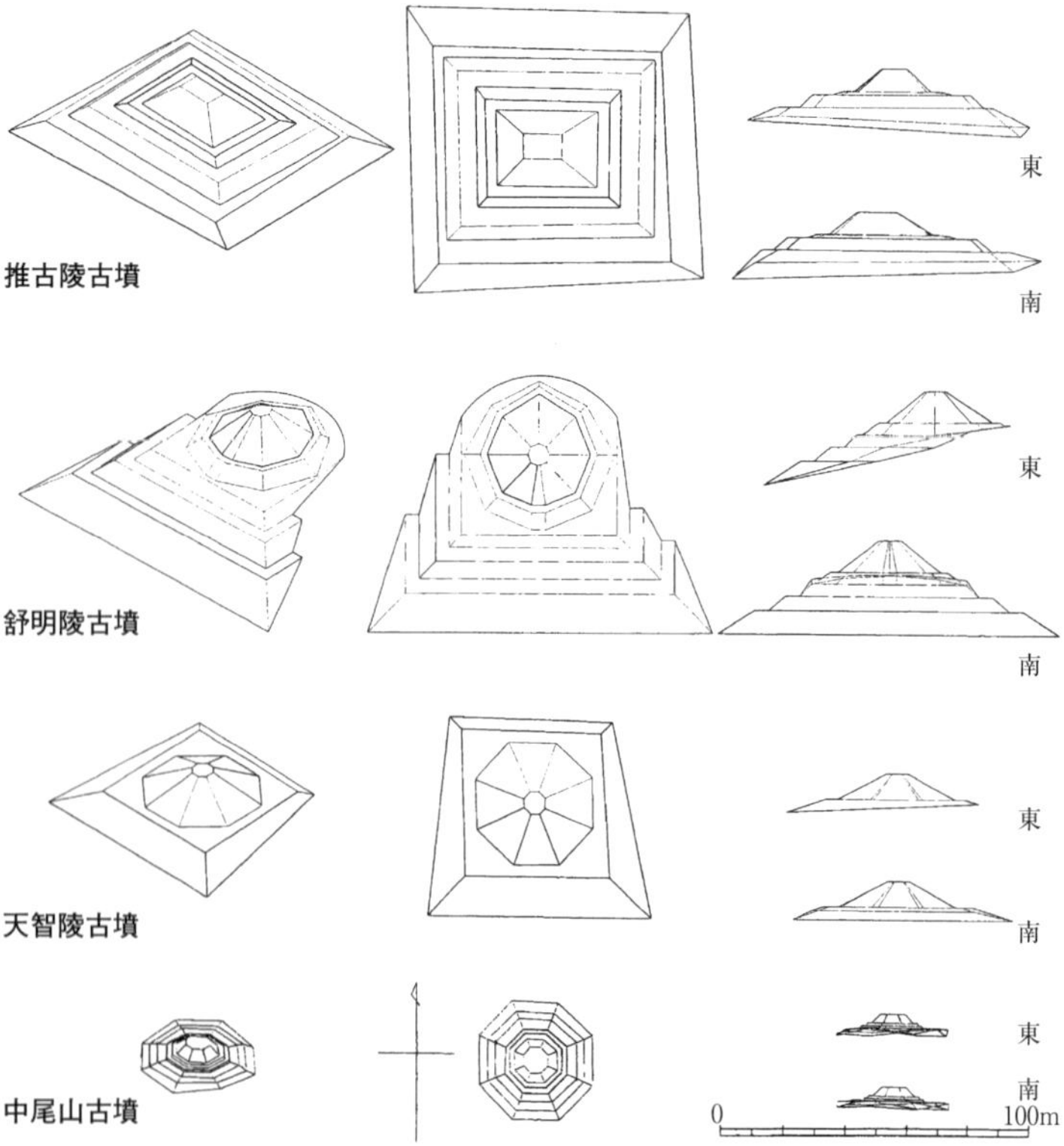

図48　飛鳥時代，大王墓の墳丘変遷

かしこれらは、板で周囲を囲んだ痕跡がないことから、厳密には版築とはいえないという見解もある。ただし、層を重ねて地盤改良して固めるという目的と方法は共通する。奈良県明日香村のマルコ山古墳の版築とよぶものは、枠板のかわりに周縁部を高くする伝統的なものを利用してそのなかを叩き締めるものであった。以前の盛土より、土の調合と水平に固める厚さがより精密で均質にうすくなった。石のカラト古墳などでも、その周縁部の高まりの高いところで外縁の版築土を削り落とした断面がみえる。

墳丘の立地について、高松塚古墳は南側の丘陵より北西方に派生する小丘陵上にある。ただし、細かくは支脈の最も高いところより少し下った丘陵南側斜面に立地する。それは中間報告にある「北に墳丘より小高い山を負い南斜面に築造され」るという「山よせ」という特徴をもつ。この時期、小型墳は谷あいを中心とした斜面に展開する。大・中型墳は山の山頂でなく、それよりやや下った南斜面というばあいが多い。これらは山の懐に両翼でいだかれたようなかたちになる。

これは風水思想によるもので、風水とは都市や墓地などの立地の選択、広くは人間と環境のよい関係を追求する術である。中国では魏晋南北朝期に盛んになったようだ。六四六（大化二）年の大化の薄葬令のあとは、両翼に相当する丘陵範囲も墳墓兆域（区画）として土地占有するようになった。

ところで日本列島での山よせ立地の初現は、今のところ、五世紀末からつくられはじめた一須賀《いちすか》古墳群の初期のⅠ支群の北側の一群にみられる。この古墳群は細長い丘陵に囲まれたやや低い尾根上の立地から、六世紀後半には丘陵稜線上の見晴らしのよいところに場所を変えてしまう。この近くには山よせの典型的な立地である七世紀前葉の聖徳太子《しようとくたいし》墓古墳もある。

横口式石槨の組立と墳丘基盤

高松塚古墳の壁画がみつかるまでは、類似する埋葬主体は「石棺式石槨《せつかく》」「石棺式石室」「石棺型石室」「横口式家形石棺」「横口式石棺」といろいろと表現されていた。発掘後は「横口式石槨」に集約される。

横口式石槨の定義としては、石棺という名の案があったように、横穴式石室の玄室にあたる部分に床石があるということである。そのほかの特徴として、羨道《せんどう》もしくは羨道部の石がなくなって墓道となるが、たいていのばあい、羨道・墓道の幅より石槨内法がせまい。さらに横口式とあるのでそこから入る口があく。そして、せまい石槨部のなかで緑釉《りよくゆう》や土器片の棺台、漆塗りの籠・木棺、木芯乾漆棺《もくしんかんしつかん》、夾紵棺《きようちよかん》がみつかることからも、石棺ではなくなり棺を保護する石槨となった。前半は家形石棺や石を刳《く》り抜いたものが主流だが、新しくなると組み合わせとなり、高松塚古墳の石槨は天井の前面以外は石棺のなごりをほとんど残さなくなった。

前半の刳抜式石棺のばあい、石棺の身を置くことがもっとも先行する作業である。ふつうの棺はこの段階で遺骸をおさめて蓋をすることになる。ところが横口式石槨は小口に穴をあけておき蓋もしくは栓をして、その前に直接、羨道の側壁、天井石を石棺の小口上にのせるという手順になる。後半の組み合わせ石槨も同じように床石を置くことからはじまる。これらのことから、横口式石槨墓は石棺身もしくは床石が墳丘施工の最初の基準点となる。

中尾山古墳のばあい、当初、花崗岩《かこうがん》の大きな床石を置いて、それを中心にして上へ三方に側石を立てた。ところが最終の八角の列石・葺石の稜線を示す石列を置くときの基準は天井石の中心が中心点となった。つまりこうである。床石から石槨内の壁面を内法九〇×九三チセンのほぼ正方形に仕上げて、その南側を開口させて墓道とした。その開口面と天井石の小口と合わせた。ところが天井石は石槨側壁の外側を含めた大きさより大きくて長い長方形の石をのせて天井石としたので、背面側に倍くらいはみ出してしまった。天井石をのせる高さまで完成した時点で、それより上につき出す長方形の石の中心を墳丘中心点に置きかえて変更した。そのことでやや背面の北側に墳丘芯が偏心してしまったのである。それを中心点とし、八方にひろがる列石を並べて最終の外装仕上げの基準になっていたようだ。秋山日出雄は『史跡中尾山古墳環境整備事業報告書』（中尾山古墳環境整備委員会、一九七五年）のなかで、外装については「単なる葺石の厚いものではなく……八角形に石積みを行ない、封土との間には拳大の川原石を充填したものである」と表現する。その八角形の石積み作業はその辺を基準とするのでなく、稜角と墳丘中心点とを軸として、四五度角度で放射状に延長し、中心点からの水平距離を修正しつつ各稜点を設定した。墳丘頂の稜角におかれたであろう沓《くつ》形《がた》石造物の端面は一三五度の面をもつように加工される。設定は立地する地形に傾斜がかかるとその基底付近はひずむことになる。このことはあとでみる石のカラト古墳の方形の設定も同じである。

ここでみられる墳丘構築法では、各石槨の組み立てと一体化して盛土され、そのとき盛土基盤から一㍍内外の側壁部は安定した細かな版築技法によって墳丘下半部の基底を叩き締めている。主たる特徴は、外装はその仕上がりによって微妙に臨機応変に変更する施工誤差をともなうことである。これは、この時期、横口式石槨墳に影響をうけた墳丘構築をみるとより端的にみてとることができる。

各地の石室・石槨の墳丘基盤整備

奈良県葛城《かつらぎ》市の鳥谷口《とりたにぐち》古墳は七世紀後葉末の一辺七㍍の方墳で貼石がある。東西の尾根を掘り割り、その北辺堀割の底面からさらに一㍍掘削して、図49上左のように墳丘構築のために墳丘を予定する範囲の掘り込みと埋葬施設構築のための墓壙の掘削とを兼ねた基盤をまず整えた。盛土は

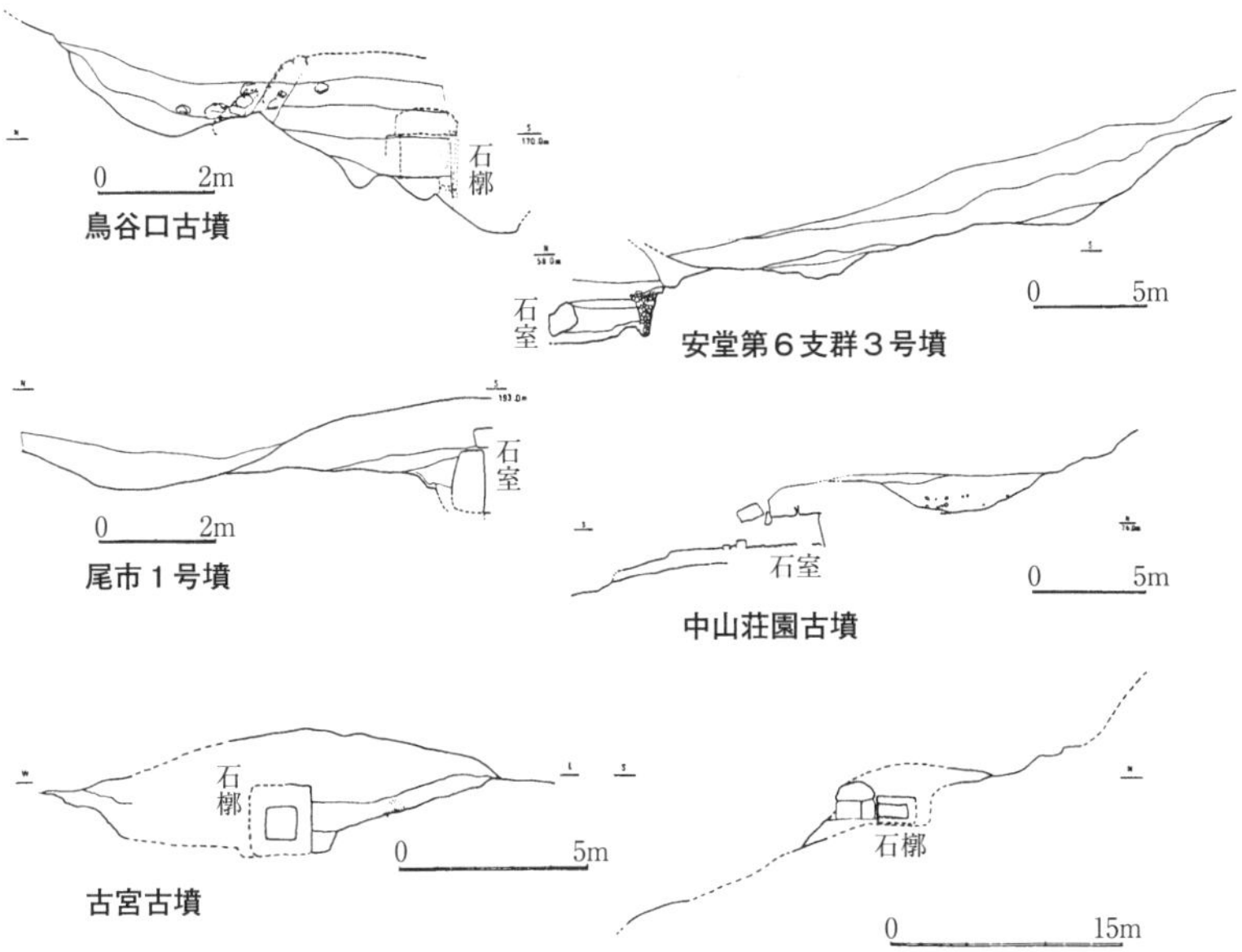

図49　墳丘掘り込み地業

三単位にわかれる。家形石棺状の石槨掘方底面から床石上面までの下位で一単位、側石上面までを中位で一単位、そして墳頂までの上位を合わせ三単位。下位はややあらく、中位は版築状、上位の天井石付近が五センチの層厚でもっとも細かい。古墳立地は斜面にあるために、まずは基盤を安定させるための排水溝がわりの掘割をつくって墳丘基盤を整えた。そこに石槨付近から版築状にていねいに盛土して構築したのである。小さいながらも終末期古墳特有の墳丘構築の手続きをコンパクトにしている。

鳥谷口古墳のような掘り込み墓《ぼ》

壙《こう》は、七世紀末の図49右上の大阪府柏原市安堂《あんどう》第六支群三号墳でも認められる。南にのびる丘陵二本の鞍部奥に立地し、北側を幅三メートルの東西溝で切断し、東西二四メートルの平坦面をつくり出す。その中央あたりに東西一四メートルの隅丸方形、二・七メートルの深い石室墓壙を掘り込む。底面は水平で周囲に側溝を掘って基盤を整える。横穴式石室の裏込めを版築技法で充塡する。墳丘の外輪郭はこの石室が組み上がってからそれを覆うように仕上げられるので、下部の溝などとは一致しない。同じような墳丘構築は七世紀後半の大阪府河南町の寛弘寺二・四五号墳にもある。

大和・河内からはなれたところであと三例ほどあげておきたい（図49下）。七世紀中ごろの兵庫県宝塚《たからづか》市の中山荘園《なかやまそうえん》古墳は、地山部分を一四度まで丘陵斜面をゆるくしたあと、墳丘の南半部を版築状に盛土、整地して基盤をつくる。北半部を中心に横口式石槨様に横穴式石室をつくる。東西対稜長一三メートルの外護《がいご》列石が八角形にまわる。この列石は墳丘周囲の周溝状の掘り込みをおこなったあと、その溝内の中央よりに据える。この古墳は八角形の稜角が舒明陵古墳のように墳丘主軸にそう（図48中上）。そして、石室芯でなく、石室東壁の主軸にもなる。まず直交線を決定し、十字の基準線の間を二分することで残りの稜を決定した。ところが南北方向側の角度の開きが東西方向側に比べ大きくなる。これは墳丘基盤傾斜の一一度と主軸上にある長さ三・四七メートルの長方形プランの南北に長い石室を最小限で覆うように稜が主軸にくるようにして八角形をなじませたからであろう。このあと、八角墳は横口式石槨となり全体規模を縮めて、中尾山古墳のように石槨主軸に対辺がくるようになって、一辺が羨道・墓道開口部となってなじんだ。石室上部被覆の厚薄で格差意識があるのかもしれない。中山荘園古墳と同じような列石を示す八角墳に、やや遅れてつくられる広島県福山《ふくやま》市の尾市《おいち》一号墳がある。横口式石槨であるが、その平面が十字形を呈することから十字塚《じゅうじづか》ともよばれる。羨道の奥三方に石槨部がひろがる。墳丘南側は盛土で平坦面をつくり出し、その平坦面中央に地山を掘り込んで石槨を組む。奥壁設置後に地山との間を厚さ一〇センチ前後の版築状に埋めもどす。このていねいな充塡土《じゅうてんど》は壁面までで、それ以上は〇・九メートルを一気に盛土する。

同じ時期の一二・四五×一二・一五メートルの方墳である大分市古宮《ふるみや》古墳は、墳丘範囲にあたる地山の高いところをすり鉢状にゆるい角度で掘り込んだあと、その中央に横口式石槨の石槨部を据えるためにさらに掘り込む。墳丘南側、羨道部付近の多くは盛土によって整地される。凝灰岩《ぎょうかいがん》製の刳抜式石槨を設置したのちは、まず羨道側の壁上部まで均等に固くしめた土を中央に向け傾斜させて充塡した。この上には三メートルはなれたところで主軸方向にのびた礫《れき》群の排水施設を設ける。その上には厚さ〇・二〜〇・五メートルの単位で土砂が互層積みされ、その盛土範囲はおおむね先のすり鉢状の掘り込み範囲と一致する。また、墳丘背面の丘陵高所側では幅五メートル、深さ一メートルの堀割りがあり、周溝の役割をはたす。その底は石槨部の上端よりなお一・四メートル高い位置にあり、この溝の墳丘側は盛土で形づくられる。地山の残り方は、総じて斜面にそって、階段状のひな壇となった（図49上右）。

これらは、墳丘盛土予定範囲を掘り込み、整地することによって平場の墳丘基盤を整えて盛土して石槨を組むのが特徴といえよう。まるで塔基壇の地盤改良と塔心礎の設置のようなもの、つまり墳丘掘り方・墓壙が掘り込み地業、盛土が基壇版築、石槨が心礎《しんそ》というのに該当しそうである。これらを「墳丘掘り込み地業《じぎょう》」として、とらえたい。

石のカラト古墳の基礎地業と墳丘構築

古墳とよべるもので最後となるものの一つに石のカラト古墳がある。奈良市平城宮《へいじょうきゅう》の北の丘陵にある、山よせで斜面に築かれる一辺一三・八メートルの上円下方墳である。八世紀初頭のもので墳丘中央に横口式石槨がある。墳丘の特徴的な施設に暗渠《あんきょ》（排水施設）、コロレール、版築技法による盛土、墓道がある。

墳丘構築過程は、まず基礎地業として整地して暗渠を設ける。そして、床石→通常盛土→コロレールという手順になる（図50左上）。ただし、角材二本のコロレールは床石搬入のときにも使うため、設置分のみを前もって盛土して利用した可能性がある。ここまで設備がととのえば数人で床石は設置できた。

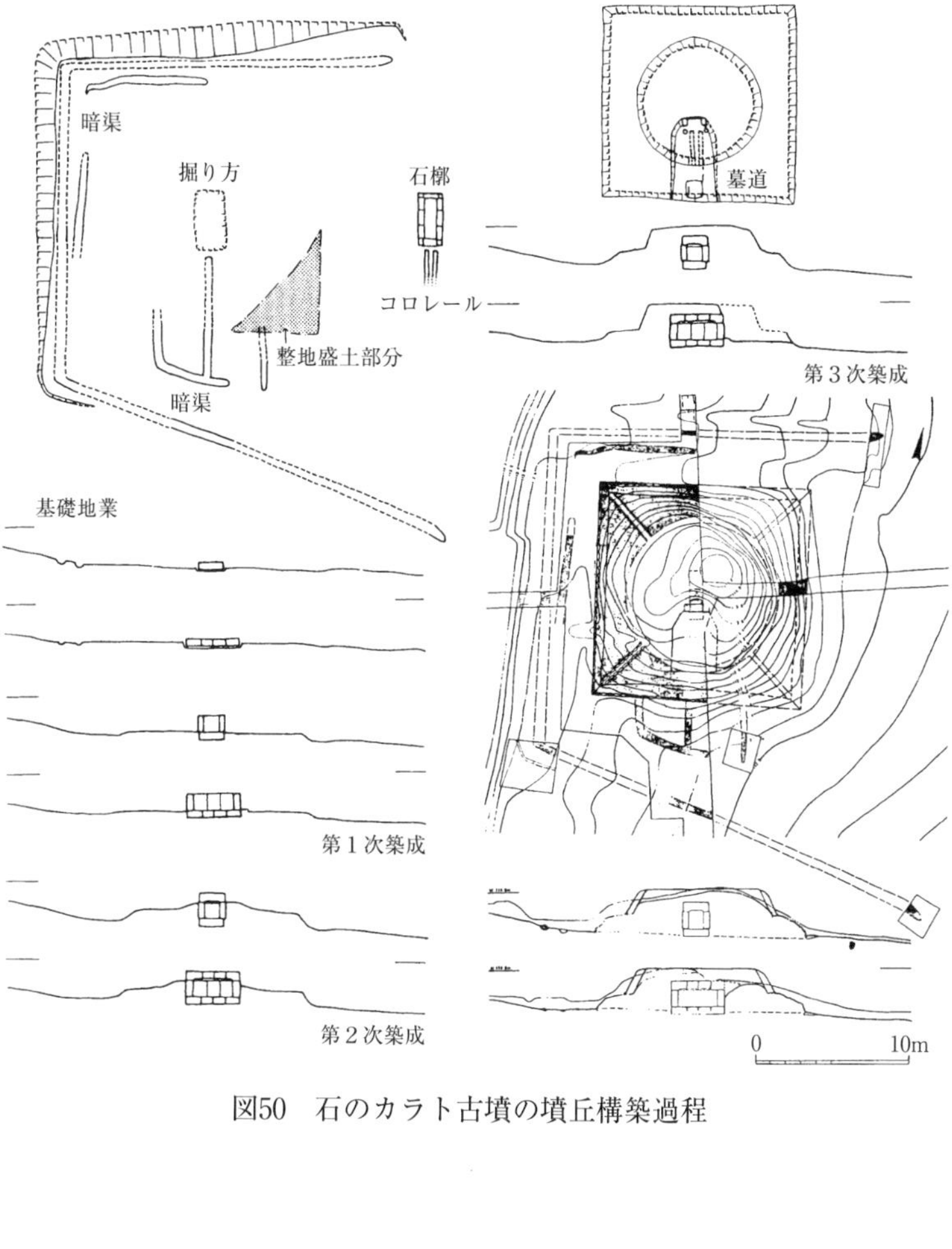

図50　石のカラト古墳の墳丘構築過程

①床石までの盛土（第一次築成）、②石槨側壁の組み立てとその上部までの盛土（第二次築成）、③石槨全体を覆うまでの盛土（第三次築成）と、墳丘構築は三工程にわかれる。これらは石槨の組み立てと墳丘盛土が一体化して構築されたことを示す。版築盛土は②・③にともなう。さらに、この三工程は墳丘下部の暗渠が三段構えでつくられたことと対応する（図50左上）。つまり、墳丘下の三条の暗渠はその地点の採土と整地作業の①の際に設け、墳丘外周内側の排水施設の暗渠は②の盛土作業の範囲、その外側の溝が③の盛土と対応し、墳丘およびその周辺の採土盛土の一体性もともなった。墳丘構築施工時のチェックポイントはまず床石設置のときに存在して、墳丘中心点と主軸の基準の役割を果たした。石槨の上部組立てにしたがってそのポイントも上部へ移動する。この手順は中尾山古墳と同じである。

　石槨前面南側には約三《メートル》幅で墓道が設定された（図50右上）。墓道側壁は垂直に整えられ、底は断面U字形を呈する。もっとも石槨よりの左右には浅い柱穴があり（墓道奥）、墓道底面には二本のコロレールが〇・七《メートル》の間隔で設置され、その抜き取り溝が残る。コロレール材は、運搬する石材の重量にたえて変形しない貴重な木材が選ばれ、そのまま据えおかれるようなものではない。抜き取り溝を埋めもどして、墓道の南端上部に墓前祭祀かと思われる礫敷施設が見られる。石槨の扉石の閉塞に際して、その目地に粘土を被覆してから、墓道を粗めの版築土で埋めもどす。

葺石は下段裾に基準となる四隅の石を設け、周囲に裾石を立て、その上は急な勾配に小口積みする。下段上の平坦面には、「水みち」と称される、四隅を結ぶ対角線上に石を立てて明示した溝状の区画がある（図50右下）。それは葺石を葺く基準ともなり、最終的な墳丘仕上げがこの対角線に表現され、このことで墳丘の最終外装施工のチェックポイントが石槨の中心にあったことがわかる。とともに、墳丘裾が傾斜のかかった基盤になじむために正方形ではなく台形状を呈した仕上がりとなる。これらから、墳丘四隅の決定はその中心点から放射状方向の延長で求めていることがわかる。

終末期古墳墳丘の典型的な特徴は、墳丘基盤作りの入念さと床石の設定位置、石槨と一体化した墳丘盛土であり、盛土には版築技法の採用である。これは板で枠をして突き固めるものではない。しかし、あらたな寺院基壇の版築工法に影響をうけながら、その際の板枠使用の代替として、それ以前の墳丘盛土法に特徴的な墳丘外周縁を盛ってから中央へという周溝墓以来の外縁部の盛土の先行を板枠としてその伝統性をとり入れ、新旧の方法が混在するなかでの採用であったとみなすことができる。とはいいながら、終末期後半になって、日本列島でやしなわれた独自の墳丘盛土、積石の手法はほぼ失われた。

（2）寺院基壇と終末期古墳の墳丘

時代の富と権力、技術、文化は、宮都や寺院づくりに最高のものを求めるようになった。ひとたび飛鳥寺が建てられるや、飛鳥時代のあいだに刻々と古墳墳丘の盛土や外装の技術、精美な石室の石加工や壁画の技法、古墳に入れる棺や品物が仏教にもたらされた技法にもとづくものに置きかわっていった。

版築技法と掘り込み地業

終末期古墳の墳丘について、版築技法の採用と掘り込み地業状の墳丘基盤づくりの特徴がみえてきた。この両者は、明らかに寺院基壇築成の影響をうけている。このことから、次に墳丘と基壇をくらべてみる。

奈良県桜井市の山田寺《やまだでら》の塔は、『上宮聖徳法王帝説裏書《じょうぐうしょうとくほうおうていせつうらがき》』において、癸酉年《みずのえとり》（六七三年）十二月十六日に建塔心柱とあり、これは終末期古墳後半期にあたる。塔基壇は一辺一二・九メートルの方形で、高さは瓦敷き面から四天柱礎石上面まで一・八メートル。基壇版築土自体は掘り込み分をふくめて厚さ二・八メートルにおよぶ（図51下）。

基壇築成は、基壇よりひとまわり大きい南北一五、東西一六メートルの範囲に掘り込み地業する。全体に一メートルほど掘り下げたのち、〇・二メートルの角礫を底に置き、黄褐色粘質土と灰色砂質土との山土を用いて互層に版築する。その後、心礎分の穴を掘って、心礎をすべり込ま

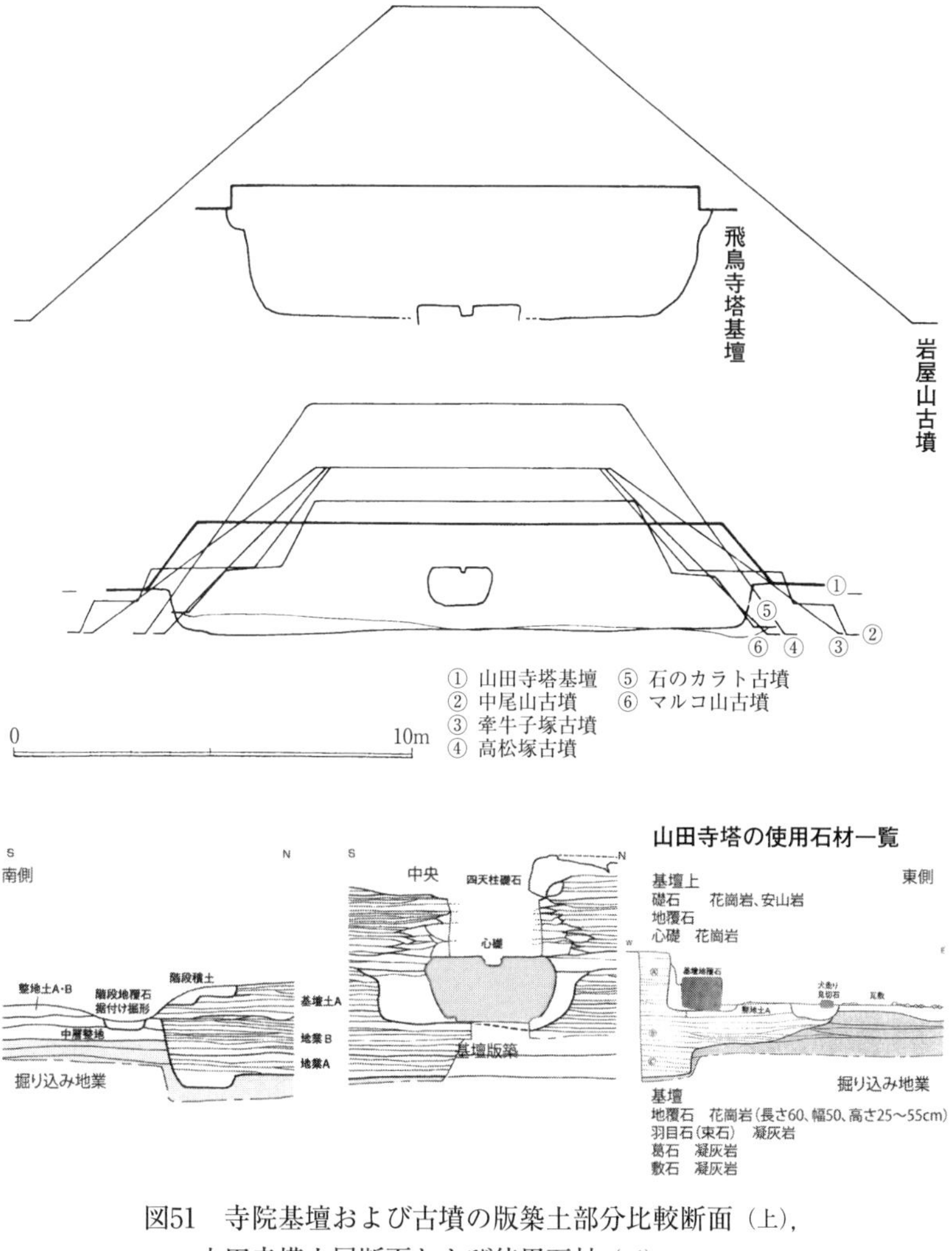

図51　寺院基壇および古墳の版築土部分比較断面（上），
山田寺塔土層断面および使用石材（下）

せ、さらに一メートル上方に版築土を積みあげる。この上位の版築土には灰色粘土とともに花崗岩の粉末がなかに混ざる。これは基壇の裾まわりに列べる地覆《じふく》石の調整で生じた石くずがふくまれたのであろう。階段部分の張り出しは、最初の版築土を一度、部分的にけずりとったあと、新たに黄褐色粘土をたす。この土中には凝灰岩の粉末が混じる。こちらは基壇の地覆石の上の羽目《はめ》石、上端縁の葛《かずら》石、階段施設などの調整のときのものであろう。同じように牽牛子塚《けんごしづか》古墳の版築層にも凝灰岩の粉末が混じる。

図51の中は、七世紀後半前後の飛鳥地域の古墳と石のカラト古墳の墳丘と山田寺塔跡基壇の版築土部分の復元土層断面範囲に合わせたものである。これらは似た時期であるとともに、古墳の被葬者と建立者が官人クラスから王となる。山田寺の建立者は右大臣である。図をみて明らかなように、古墳と塔基壇について平面規模に差がみられないうえ、高さについても高松塚古墳をのぞいて、ややうわまわる程度である。つまり、同時期性のある古墳と塔基壇の版築土の積みあげという行為は、同等の技術と労働力でもって達成されたとみなすことができる。しかも、一終末期古墳の墳丘主要構成部分というものが、一寺院を構成する一部にすぎない、塔基壇のみの労働量にしか相当しないと評価できる。

典型的な終末期古墳の主体部は、切石でもって組み立てた横口式石槨である。これは寺院基壇化粧石の組み立て・加工とも似る。六五〇年創建とされる大阪府羽曳野《はびきの》市にある野《や》中寺《ちゅうじ》の塔基壇地覆石の総体積は四・四七立方《メートル》と見積もられる。石のカラト古墳の石槨の方は四・七九立方《メートル》である。両者の体積差は七％にすぎない。基壇の化粧石にしか相当しないのである。

日本列島の土木技術と労働力を集約した大形前方後円墳の築造の時代から一〇〇年ほどが経過する間に、宮都造営、寺院建立へと舞台が移り、古墳づくりのエネルギーはそれのなかのきわめて一部を構成する労働規模へと縮小されていったのである。そして、古墳造墓技術もまた、その当時の東アジア世界では墓室壁面を磚や板石できれいに整えるのが趨勢であったのに対して、巨石の野石でその独自性を顕示しようとした六世紀後半をへて、ようやく七世紀に東アジアにならおうとした。ここに至って墳丘や石室をより一層、大きくみせることより、それぞれがつくろうとする最小限の大きさのなかで、より精美なものをめざした。そのために寺院建築の影響を色濃くうけた技術を導入した。古墳に投入される新技術も独自のものではなく、副次的なものになりはてたのである。

宮と寺院と古墳

畿内では橿原丸山《かしはらまるやま》古墳を最後に、墳丘規模が極度に縮小し、円形、方形、八角形という墳形をとり、前方後円墳を採用しなくなる。その規模は径ないし一辺、対辺長が五〇《メートル》前後から大きく変わらずに八世紀代まで継続する。また、墳丘外装は基壇化粧石との関係もうかがい知れる。石舞台《いしぶたい》古墳では全面が貼石であっ

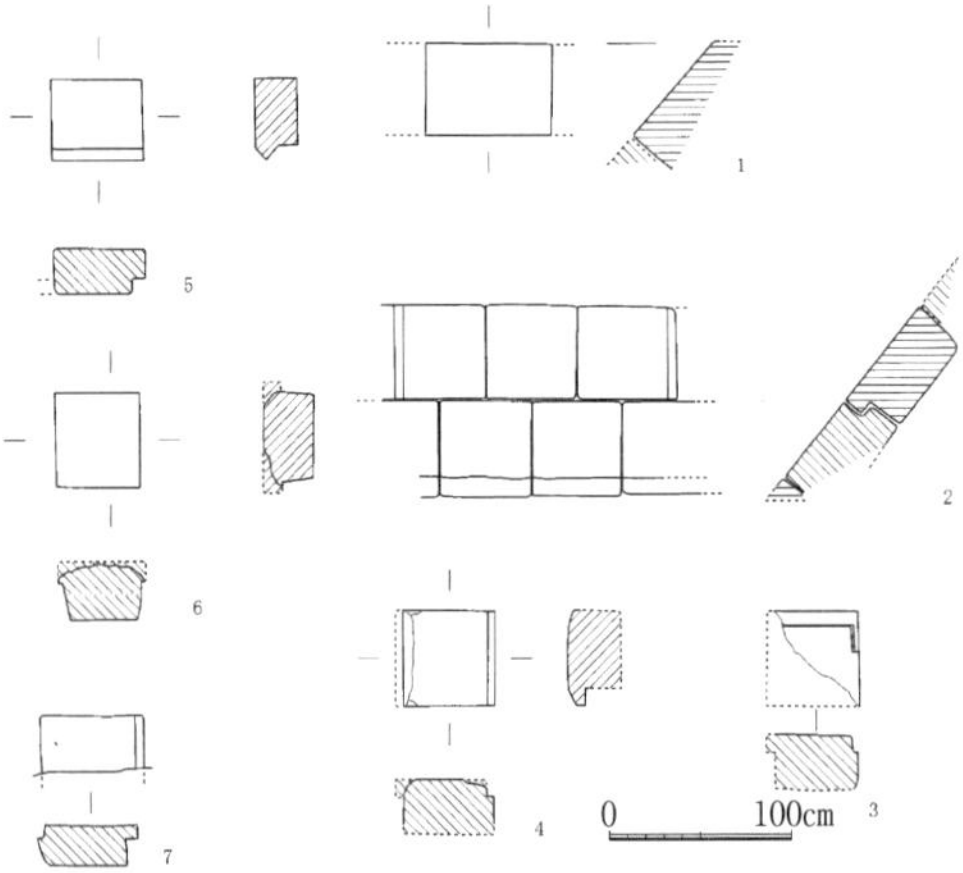

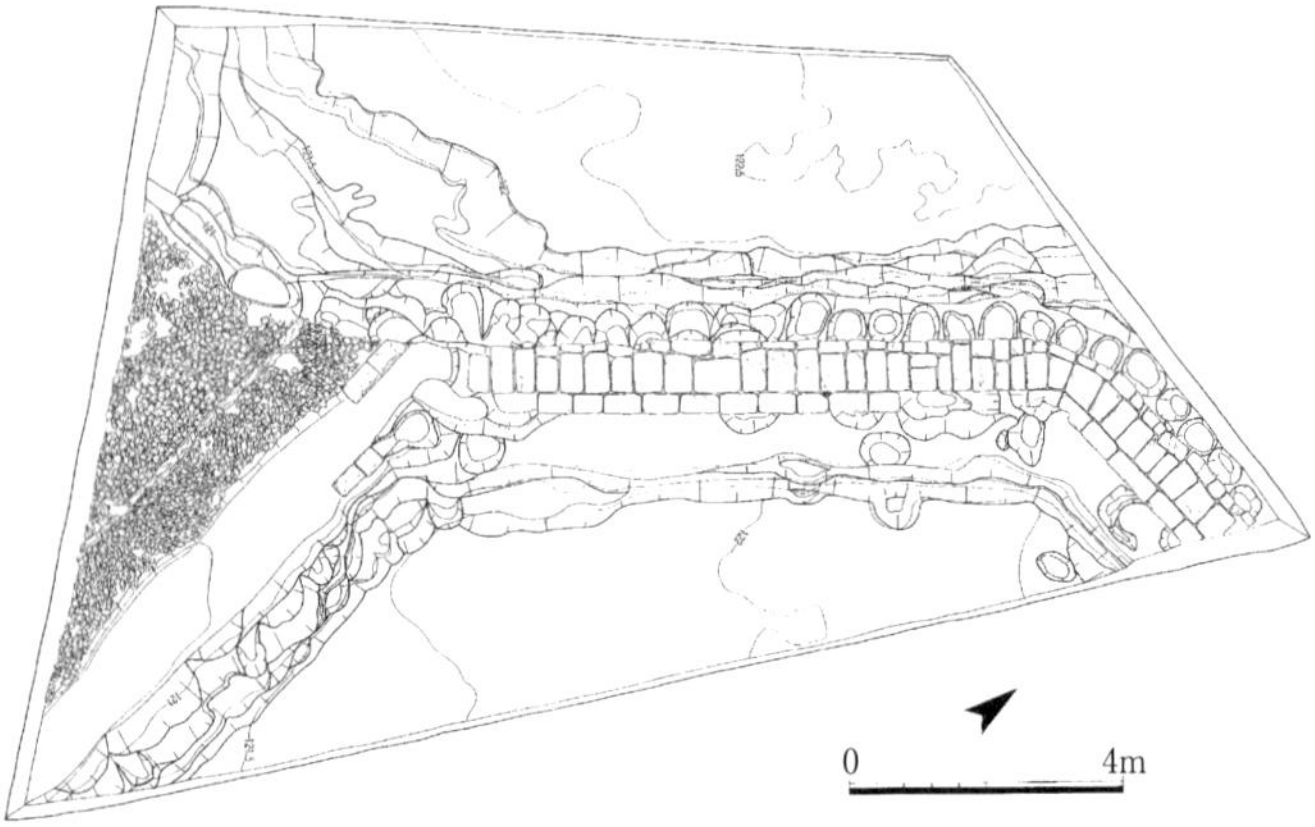

図52　牽牛子塚古墳外周石敷（下）と天武・持統陵古墳の貼石（上）

た。舒明陵古墳は板状に割れる奈良県榛原《はいばら》・室生《むろう》で採れる独特な榛原石を寺院基壇のように積石をする。牽牛子塚古墳の被葬者は斉明《さいめい》天皇が有力だが、同時期の飛鳥の宮のように整然と敷かれていない。図52下に示すモザイクのような凝灰岩の切石の石敷を外周にまわしている。天智陵古墳では花崗岩の切石列石の基底、天武・持統陵古墳の貼石は八角五段の法面を凝灰岩の規格化した方形の切石を並べて交互に積んだ（図52上）。外装も宮や寺院の整備技術の発展にともなって刻々と変わったが、古墳の劣勢感は否めない。

　そうしたなかで、飛鳥時代の墳墓の大きな変換点は岩屋山《いわややま》古墳にある（図51上）。一辺四〇メートル、高さ一二メートルの墳丘規模を維持し、ほぼ版築土のみで構成される墳丘上段は一辺二二メートル、高さ七・五メートルの規模を誇る。これと飛鳥寺《あすかでら》塔基壇の推定版築部分を比較すると、岩屋山古墳の方がまだまだ大きなものであった。切石に整形しながらもオーソドックスな横穴式石室を踏襲しようとした。七世紀中葉以前の成果を代表する岩屋山古墳と七世紀後半代の古墳との間には、飛躍的に大きな差がある。

　つまり、先にみたように岩屋山古墳の切石な精美な切石の横穴式石室は、白石太一郎氏によって岩屋山式とされる七世紀前半を中心とした半世紀におよぶ石室の長期モデルであった。飛鳥時代を象徴する一スタイルを堅持した。かかわった造営主体者はその類いまれな石工集団を生きながらえさせようと努力を惜しまなかったことであろう。前段階的な古墳の発展系列上にあって、その系列状の継続を意思表示したに違いない。ただ飛鳥地域における岩屋山古墳以降の主要な古墳は、六四六年の大化の薄葬令の配慮もありながら、王以上と規制された王族の墳墓は代々、目まぐるしく姿を変えながらも、墳丘規模をおさえ、寺院基壇築成の技法を色濃く採用して、火葬に移り、終息する。

『続日本紀』では、七二一年に崩御した元明《げんめい》天皇は丘を削らず火葬し、そして改葬せず、文字を刻んだ碑を建て、陵の造営に七日間かけたとする。

こうして汎日本的に拡がった厚葬の社会現象も、次の時代を大きく担う構造物の技法や思想と深く結びつく過渡期をもって、その終末をむかえる。下層階級まで影響をあたえた高塚墳墓の大きな拡がりの時代は完全に幕をとじる。

あとがき

本書は、二〇〇五年に上梓した『大王墓と前方後円墳』の内容のなかでも「古墳を築く」ことに焦点をあわせ、墳丘と巨石石室の構築の実態について時期を追って書きつづったものである。出版順はこうなったものの、実は私なりに文章に起こしはじめるのが早かったのは本書の内容のほうであった。というのは、私が高校生のころの体験にある。当時、古墳の発掘の対象範囲がどんどん拡大していたときで、ようやく墳丘に目が向けられはじめていた。発掘参加で非常に新鮮な発見があるたびに興味が広がったからだ。これが本書の骨格となっている。

高校一年生のときは、墳頂の木棺直葬《じきそう》の主体部分のみを発掘し、墳丘には幅一メートルほどの発掘トレンチを一、二本入れる程度であった。そのときたまたま墳丘裾のトレンチいっぱいに蓋《ふた》をかぶせた須恵器《すえき》の杯《つき》の一群がみごとに固まって出土したのに感激した。担当者の伊藤勇輔さんに「ピンポイントでこれを当てられるってすごい！」と伝えたが、なぜそこに須恵器が置かれたのか、ほかにもないのかの疑問は解決せず、住宅建設工事に引き渡された。二年生のときには方形台状墓と前方後円墳の墳丘の表土すべてをめくっての発掘に参加できた。前方後円墳の裾周囲は中世墓が囲んでいた。葺石《ふきいし》などはなく、多少の地山《じやま》を削り、墳頂に盛土するというシンプルなものであった。

さて、葺石の調査である。大学一年生で参加した古墳は、土取りで墳丘裾まで地崩れがせまり、葺石の基底石の五〇<ruby>チセン</ruby>ほど外は断崖だった。担当者の櫃本誠一さんは「今どきだと葺石の図面はいるな」といって、その日から実測がはじまった。学生のときは、毎年のように古墳の葺石を測るようになっていった。また、文化庁に「この古墳はもう、つぶれているから保存できへん」と言われた、二年生のときに参加したそういう古墳があった。葺石も外し、竪穴式石室の石材もすべて外し、墳丘の断ち割りもして、墳丘構造を知るにはもってこいの調査になった。横穴や横穴式石室の実測、終末期古墳も高校生から参加させていただいていた。

こうした調査経験から、大学三年生のころの研究発表とレポートは「古墳の墳丘構築論」であった。そのころ、円筒埴輪は研究成果がまだまだ期待できないと酷評されることも多く、墳丘形態とともに築造年代をうかがうすべが他になかった。ところが卒業してすぐに、天皇陵古墳周囲に残る堤の史跡指定保存が懸案になっていた箇所が開発破壊やむなしとなって、その発掘現場を担当することになった。それからは、古市《ふるいち》古墳群の古墳の堤と外周溝、外堤を画する溝の調査、ひいては円筒埴輪列の調査ラッシュになった。

こうして、本書のテーマはごく初期から私がもっとも興味があって、それを通観してまとめてみたかった代物となった。この書が刊行されるのは望外の喜びである。なにごとも早い時期から、そしていつまでも深い興味・関心をもっていければと思う。

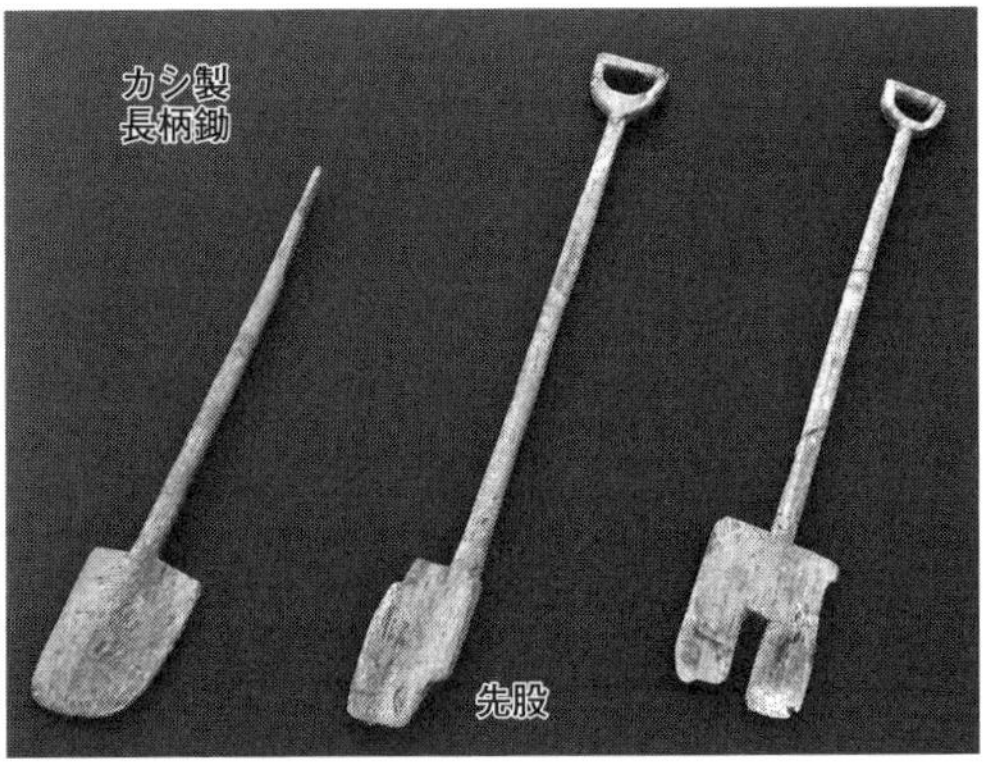

図53　城島遺跡外山下田地区出土木製品

ただ「古墳を築く」にふれることは、人海戦術のたまものであり、一般労働の生々しい痕跡と接する機会の多いものである。その存在について満足に本書であまり書けなかったことは心残りである。

最後にその具体的な道具の例に少し触れたい。

桜《さくら》井《い》茶臼山《ちゃうすやま》古墳の北〇・四キロの地点、奈良県桜井市城島《しきしま》遺跡外山《とび》下田地区の調査で、幅四メートルの溝から河内・東海・近江・山陰系の土師器《はじき》とともに、カシ製の長柄鋤《ながえすき》四〇本のほか、膝柄鍬《ひざえくわ》二〇本、広鍬《ひろぐわ》二本、梯子《はしご》一本、天秤棒《てんびんぼう》九本、フック付き棒五本などの土木工具が大量に出土した。そのとき、調査担当者の清水真一さんは、古墳築造者たちのものであり、墓をつくり終えたあとに一斉廃棄したものを見つけたと興奮されていた。一九九一年の発掘調査報告書（桜井市教育委員会）では、「大甕《おおみか》が多く、まさしく土木現場の飯場的様相……飯場に従事した人々の半数以上が東海系の人々……。使役が終わったのか、また別の地点への移動に際して、こわれた道具を放棄するために、また割れた鍋甕《なべかめ》をすてるために、この凹地が利用された」と解釈された。私は、築造にたずさわった道具を造営キャンプ地の撤収のときに、その地に納めて去ったとでも勘ぐってしまう。

最近の調査で桜井茶臼山古墳は削土も盛土もほとんどされていないことはわかっているものの、それにしても大きな墳丘である。古墳の墳丘を形作る最低必要条件は、高校二年生のときの前方後円墳発掘で体験したように、土を削って土を盛るというだけの土木工事である。私も応神陵古墳前方部外堤外で木製鋤と天秤棒を掘ったことがある。鋤のかたちは現在のスコップとほぼ変わらない。しかも一《メートル》程度で、中国のように長いものでなく、親近感がわいた。古墳の墳丘を形作った従事者のものかもしれない。こうした痕跡が今後も出土し、古墳時代に多くの人、一人一人がかかわった生々しい具体像が明らかにされることを期待して筆を置く。

本書を上梓するにあたって、吉川弘文館をはじめ、菱田哲郎・鈴木卓也・奥村弥恵・竹村亮仁・広瀬侑紀・鈴木千怜・岩崎孝次の諸氏にお世話になった。そして、塚口義信・山本彰・生田維道氏には、高校時代から今の私の進路へと導いていただいた。ここで記して感謝の意を表します。

二〇二三年六月

一瀬和夫

参考文献

森浩一編　一九七三『論集　終末期古墳』塙書房
森浩一編　一九七五『日本古代文化の探究・墓地』社会思想社
田中琢　一九九一『倭人争乱』集英社
間壁忠彦　一九九四『石棺から古墳時代を考える』同朋舎
近藤義郎　一九九五『前方後円墳と弥生墳丘墓』青木書店
国立歴史民俗博物館編　一九九九『歴博フォーラム　はにわ人は語る』山川出版社
右島和夫・土生田純之・曺永鉉・吉井秀夫　二〇〇三『古墳構築の復元的研究』雄山閣
ＮＨＫ大阪「今城塚古墳」プロジェクト　二〇〇四『ＮＨＫスペシャル　大王陵発掘！巨大はにわと継体天皇の謎』廣済堂
石野博信編　二〇〇五『前方後円墳とは何か』季刊考古学　第九〇号　雄山閣
一瀬和夫　二〇〇五『大王墓と前方後円墳』吉川弘文館
一瀬和夫　二〇〇八『古墳時代のシンボル・仁徳陵古墳』新泉社
田中良之　二〇〇八『骨が語る古代の家族』吉川弘文館
一瀬和夫　二〇一一『巨大古墳の出現―仁徳朝の全盛―』文英堂
一瀬和夫・福永伸哉・北條芳隆編　二〇一一『墳墓の構造と葬送儀礼』古墳時代の考古学三　同成社

齋藤正貴・一瀬和夫　二〇一二『NHKスペシャル　知られざる大英博物館　日本』NHK出版
一瀬和夫　二〇一三『考古学の研究法』学生社
若狭徹　二〇一五『東国から読み解く古墳時代』吉川弘文館
白石太一郎　二〇一八『古墳の被葬者を推理する』中央公論新社

図版出典

図１　末永雅雄1961『日本の古墳』朝日新聞社
図２～４　著者作成
図５　青木勘蒔2001「初期埴輪と土器―天理市東殿塚古墳の埴輪配列とその意義―」『考古学論集』Ⅱ立命館大学，神戸市教育委員会1975『史跡五色塚古墳復元・整備事業概要』，広陵町2003『特別史跡巣山古墳島状遺構』，天野末喜他1993『新版古市古墳群』藤井寺市教育委員会，福田哲也他2001『松阪宝塚一号墳調査概要』学生社，菱田哲郎他1997『行者塚古墳発掘調査概要』加古川市教育委員会，吉田野乃他2001『史跡心合寺山古墳発掘調査概要報告書』八尾市教育委員会，若狭徹他2000『保渡田八幡塚古墳』群馬町埋蔵文化財調査報告第57集　群馬町教育委員会，高槻市立しろあと歴史館2004『発掘された埴輪群と今城塚古墳』
図６　一瀬和夫他1987『久宝寺南（その２）』，玉井功他1983『巨摩・瓜生堂』近畿自動車道天理～吹田線建設に伴う埋蔵文化財発掘調査概要報告書　大阪文化財センター
図７　著者作成（1991「墳丘墓」『原始・古代日本の墓制』同成社）
図８　玉井功他1983に著者加筆作成
図９　著者作成，寺沢薫1981「纒向古墳群」『磯城・磐余地域の前方後円墳』奈良県立橿原考古学研究所編，白石太一郎他1984「箸墓古墳の検討」『国立歴史民俗博物館研究報告』第３集に加筆
図10　長岡京市埋蔵文化財センター提供，山本三郎他1977『兵庫県氷上郡山南町丸山古墳群―調査の概要―』山南町
図11　片岡宏二他1985『三国の鼻遺跡』Ⅰ　小郡市教育委員会，原口正三・西谷正・田代克己他1967『弁天山古墳群の調査』大阪府文化財調査報告第17輯，下写真：小郡市教育委員会提供
図12　原口正三他1967
図13　近藤義郎他1992『楯築弥生墳丘墓の研究』楯築刊行会，矢島宏雄他1992『森将軍塚古墳―保存整備事業発掘調査報告書―』更埴市教育委員会
図14　原口正三他1967，田代克己1968『羽曳野市壷井御旅山前方後円墳発掘調査概要』大阪府文化財調査概要一九六七，丸山潔他2006『史跡五色塚古墳　小壺古墳』神戸市教育委員会
図15　近藤義郎他1992，梅本康宏他2015『元稲荷古墳の研究』向日市埋蔵文化財センター，田代1968，廣瀬覚2011「葺石と段築成」『墳墓構造と葬送祭祀』古墳時代の考古学３　同成社
図16　上：原資料は大英博物館所蔵，後藤和雄複写，明治大学博物館寄託，中・下：國學院大學博物館所蔵
図17　著者・株式会社ヤマネ作成，天野末喜2013『津堂城山古墳』古市古墳群の調査

研究報告Ⅳ　藤井寺市教育委員会，森井貞雄他1980『国府遺跡発掘調査概報』Ⅹ　大阪府教育委員会

図18　上：大阪府教育委員会提供，下：藤井寺市教育委員会提供

図19　宮内庁陵墓図から著者作成（2005『大王墓と前方後円墳』吉川弘文館，1996「仁徳陵古墳模型をつくる」『仁徳陵古墳　築造の時代』大阪府立近つ飛鳥博物館）

図20　著者作成

図21　上：大阪府教育委員会所蔵，中：宮内庁書陵部所蔵，一瀬和夫・車崎正彦編2004『弥生・古墳時代　埴輪』考古資料大観4　小学館，下：川村和子1997「古市古墳群の埴輪生産体制―墓山古墳周辺の方墳出土円筒埴輪の検討から―」『西墓山古墳』藤井寺市文化財報告第16集

図22　著者作成

図23　森田克行他1990『新池遺跡』高槻市文化財調査概要ⅩⅤ，早川和子・画

図24　明治41年測図地形図に著者加筆，下：笹栗拓2022「淀川本流域と北岸地域の古墳時代集落」『淀川流域の古墳時代』雄山閣に加筆

図25　著者作成

図26　天野末喜他1993『新版古市古墳群』藤井寺市教育委員会，笠井敏光他1980『古市遺跡群』Ⅱ　羽曳野市埋蔵文化財調査報告書6に加筆

図27　著者作成

図28　著者作成，一瀬和夫2011『巨大古墳の出現―仁徳朝の全盛―』文英堂を加筆

図29～31　著者作成

図32　上：奈良県立橿原考古学研究所提供，伊達宗泰他1977『メスリ山古墳』奈良県史跡名勝天然記念物調査報告第42冊，石田茂輔1967「日葉酢媛御陵の資料について」『書陵部紀要』第19号　宮内庁書陵部

図33　白石太一郎他1973『論集　終末期古墳』塙書房，清喜裕二他2009「来米皇子埴生崗上墓の墳丘外形調査報告」『書陵部紀要』第60号　陵墓課陵墓調査室

図34　一瀬和夫・大矢佑司2004『高安古墳群発掘調査報告概要　府営農林漁業用揮発油税財源身替農道整備事業八尾地区の調査』大阪府教育委員会，成海佳子他2009『高安古墳群　薗光寺跡発掘調査報告書―府営農林漁業揮発油税財源身替農道整備事業（八尾地区）に伴う発掘調査―』八尾市文化財調査研究会，吉田野乃2010『高安古墳群　調査報告書―出土遺物整理・服部川支群西側地区測量調査他―』八尾市文化財調査報告62から著者加筆

図35　西光慎治他2010『真弓鑵子塚古墳発掘調査報告書』明日香村文化財調査報告書第7集

図36　江浦洋・本田奈都子他1998『蔵塚古墳　南阪奈道路建設に伴う後期前方後円墳の調査』大阪府文化財調査研究センター調査報告書第24集より著者加筆作成

図37　著者作成

図38　今西康宏2015『たかつきの発掘史をたどる　附編：高槻市天神町所在『昼神車塚古墳』』高槻市立今城塚古代歴史館編をもとに著者作成，下：高槻市立今城塚古代歴史館提供

図39　一瀬和夫・荒木瀬奈他2013『京都橘大学　文化財調査報告2012』，内本勝彦他2018『ニサンザイ古墳発掘調査報告書』堺市教育委員会，近藤義郎編1992『前方後円墳集成』近畿編　山川出版社，笠井敏光他1980，宮内庁陵墓図から著者作成
図40　浜田耕作他1937『大和島庄石舞台の巨石古墳』京都帝国大学文学部考古学研究報告第14冊，猪熊兼勝1983「益田岩船考証」『関西大学考古学研究室開設参拾周年記念考古学論叢』，大庭脩他1999『修羅！その大いなる遺産　古墳・飛鳥を運ぶ』大阪府立近つ飛鳥博物館図録19等から著者作成
図41　南三陸町教育委員会提供，鈴木卓也より作図
図42　金関恕他1972『下関市岩谷古墳発掘調査報告』山口県教育委員会，平田禎文他1992『大室古墳群』上信越自動車道埋蔵文化財発掘調査報告書３，吉岡弘樹他1992『経塚古墳』山梨県教育委員会・山梨県林務部，右島和夫他2003『古墳構築の復元的研究』雄山閣
図43　天理市教育委員会2019『天理の古墳100』，近藤義郎編1992『前方後円墳集成』近畿編　山川出版社，奈良県立橿原考古学研究所編1981『磯城・磐余地域の前方後円墳』奈良県史跡名勝天然記念物調査報告第42冊等をもとに著者トレース作成
図44　橋本輝彦他2018『赤坂天王山古墳群の研究—測量調査報告書—』桜井市文化財協会調査報告第１冊，天理市教育委員会2023『物部氏の古墳　石上・豊田古墳群と別所古墳群』
図45　冨田真二他2007『国指定史跡市尾墓山古墳整備報告書』高取町文化財調査報告第36冊，河上邦彦他1984『市尾墓山古墳』高取町文化財調査報告第５冊から著者加筆
図46　一瀬和夫・荒木瀬奈他2013，福尾正彦・徳田誠志1994「畝傍陵墓参考地石室内現況調査報告」『書陵部紀要』第45号　陵墓調査室から著者作成
図47　花田勝広他2008「高安千塚の基礎的研究」『高安古墳群の基礎的研究』八尾市文化財紀要13，吉田野乃2010から著者加筆作成
図48　著者・株式会社ヤマネ作成
図49　佐々木好直1984「鳥谷口古墳発掘調査概報」『奈良県遺跡調査概報』1983年度，安村俊史他1986『高井田遺跡』Ｉ柏原市文化財概報，鹿見啓太郎他1985『尾市１号古墳発掘調査概報』新市町文化財協会，直宮憲一他1985『中山荘園古墳発掘調査報告書』宝塚市文化財調査報告第19集，真野和夫他1982『古宮古墳』大分市文化財調査報告第４集をもとに著者トレース作成
図50　金子裕之1979「石のカラト古墳の調査」『奈良山』Ⅲ　平城ニュータウン予定地内遺跡調査概報　奈良県教育委員会をもとに著者作成
図51　著者作成，独立行政法人文化財研究所奈良文化財研究所 2002『山田寺発掘調査報告』奈良文化財研究所学報63
図52　西光慎治他2013『牽牛子塚古墳発掘調査報告書』明日香村文化財調査報告書第10集
図53　桜井市所蔵

著者紹介

一九五七年、大阪市に生まれる
一九七九年、関西大学文学部史学科卒業
大阪府教育委員会、大阪府立近つ飛鳥博物館
　勤務を経て、
現在、京都橘大学名誉教授、博士（文学）

〔主要著書〕
『巨大古墳の出現—仁徳朝の全盛—』（文英堂、二〇一一年）
『百舌鳥・古市古墳群—東アジアのなかの巨大古墳群—』（同成社、二〇一七年）
『博物館での展示と学び』（アム・プロモーション、二〇二〇年）

歴史文化ライブラリー
577

古墳を築く

二〇二三年（令和五）十月一日　第一刷発行

著者　一《いちの》瀬《せ》和《かず》夫《お》

発行者　吉川道郎

発行所　株式会社　吉川弘文館
東京都文京区本郷七丁目二番八号
郵便番号一一三—〇〇三三
電話〇三—三八一三—九一五一〈代表〉
振替口座〇〇一〇〇—五—二四四
http://www.yoshikawa-k.co.jp/

印刷＝株式会社 平文社
製本＝ナショナル製本協同組合
装幀＝清水良洋・宮崎萌美

ISBN978-4-642-05977-0

歴史文化ライブラリー

1996. 10

刊行のことば

現今の日本および国際社会は、さまざまな面で大変動の時代を迎えておりますが、近づきつつある二十一世紀は人類史の到達点として、物質的な繁栄のみならず文化や自然・社会環境を謳歌できる平和な社会でなければなりません。しかしながら高度成長・技術革新にともなう急激な変貌は「自己本位な刹那主義」の風潮を生みだし、先人が築いてきた歴史や文化に学ぶ余裕もなく、いまだ明るい人類の将来が展望できていないようにも見えます。このような状況を踏まえ、よりよい二十一世紀社会を築くために、人類誕生から現在に至る「人類の遺産・教訓」としてのあらゆる分野の歴史と文化を「歴史文化ライブラリー」として刊行することといたしました。

小社は、安政四年(一八五七)の創業以来、一貫して歴史学を中心とした専門出版社として書籍を刊行しつづけてまいりました。その経験を生かし、学問成果にもとづいた本叢書を刊行し社会的要請に応えて行きたいと考えております。

現代は、マスメディアが発達した高度情報化社会といわれますが、私どもはあくまでも活字を主体とした出版こそ、ものの本質を考える基礎と信じ、本叢書をとおして社会に訴えてまいりたいと思います。これから生まれでる一冊一冊が、それぞれの読者を知的冒険の旅へと誘い、希望に満ちた人類の未来を構築する糧となれば幸いです。

吉川弘文館

歴史文化ライブラリー

考古学

タネをまく縄文人 最新科学が覆す農耕の起源——小畑弘己
イヌと縄文人 狩猟の相棒、神へのイケニエ——小宮 孟
顔の考古学 異形の精神史——設楽博己
〈新〉弥生時代 五〇〇年早かった水田稲作——藤尾慎一郎
文明に抗した弥生の人びと——寺前直人
樹木と暮らす古代人 木製品が語る弥生・古墳時代——樋上 昇
アクセサリーの考古学 倭と古代朝鮮の交渉史——高田貫太
古 墳——土生田純之
古墳を築く——一瀬和夫
東国から読み解く古墳時代——若狭 徹
東京の古墳を探る——松崎元樹
埋葬からみた古墳時代 女性・親族・王権——清家 章
鏡の古墳時代——下垣仁志
神と死者の考古学 古代のまつりと信仰——笹生 衛
土木技術の古代史——青木 敬
大極殿の誕生 古代天皇の象徴に迫る——重見 泰
国分寺の誕生 古代日本の国家プロジェクト——須田 勉
東大寺の考古学 よみがえる天平の大伽藍——鶴見泰寿
海底に眠る蒙古襲来 水中考古学の挑戦——池田榮史
中世かわらけ物語 もっとも身近な日用品の考古学——中井淳史
ものがたる近世琉球 喫煙・園芸・豚飼育の考古学——石井龍太

古代史

邪馬台国の滅亡 大和王権の征服戦争——若井敏明
日本語の誕生 古代の文字と表記——沖森卓也
日本国号の歴史——小林敏男
日本神話を語ろう イザナキ・イザナミの物語——中村修也
六国史以前 日本書紀への道のり——関根 淳
東アジアの日本書紀 歴史書の誕生——遠藤慶太
〈聖徳太子〉の誕生——大山誠一
倭国と渡来人 交錯する「内」と「外」——田中史生
大和の豪族と渡来人 葛城・蘇我氏と大伴・物部氏——加藤謙吉
物部氏 古代氏族の起源と盛衰——篠川 賢
東アジアからみた「大化改新」——仁藤敦史
白村江の真実 新羅王・金春秋の策略——中村修也
よみがえる古代山城 国際戦争と防衛ライン——向井一雄
よみがえる古代の港 古地形を復元する——石村 智
古代氏族の系図を読み解く——鈴木正信

歴史文化ライブラリー

歴史文化ライブラリー

大地の古代史 土地の生命力を信じた人びと―――三谷芳幸
時間の古代史 霊鬼の夜、秩序の昼―――三宅和朗

中世史

列島を翔ける平安武士 九州・京都・東国―――野口　実
源氏と坂東武士―――野口　実
敗者たちの中世争乱 年号から読み解く―――関　幸彦
平氏が語る源平争乱―――永井　晋
熊谷直実 中世武士の生き方―――高橋　修
中世武士 畠山重忠 秩父平氏の嫡流―――清水　亮
頼朝と街道 鎌倉政権の東国支配―――木村茂光
もう一つの平泉 奥州藤原氏第二の都市・比爪―――羽柴直人
源頼家とその時代 二代目鎌倉殿と宿老たち―――藤本頼人
六波羅探題 京を治めた北条一門―――森　幸夫
大道 鎌倉時代の幹線道路―――岡　陽一郎
仏都鎌倉の一五〇年―――今井雅晴
鎌倉北条氏の興亡―――奥富敬之
鎌倉幕府はなぜ滅びたのか―――永井　晋
武田一族の中世―――西川広平
三浦一族の中世―――高橋秀樹
伊達一族の中世「独眼龍」以前―――伊藤喜良
弓矢と刀剣 中世合戦の実像―――近藤好和
その後の東国武士団 源平合戦以後―――関　幸彦
荒ぶるスサノヲ、七変化〈中世神話〉の世界―――斎藤英喜
曽我物語の史実と虚構―――坂井孝一
鎌倉浄土教の先駆者 法然―――中井真孝
親　鸞―――平松令三
親鸞と歎異抄―――今井雅晴
畜生・餓鬼・地獄の中世仏教史 因果応報と悪道―――生駒哲郎
神や仏に出会う時 中世びとの信仰と絆―――大喜直彦
神仏と中世人 宗教をめぐるホンネとタテマエ―――衣川　仁
神風の武士像 蒙古合戦の真実―――関　幸彦
鎌倉幕府の滅亡―――細川重男
足利尊氏と直義 京の夢、鎌倉の夢―――峰岸純夫
高　師直 室町新秩序の創造者―――亀田俊和
新田一族の中世「武家の棟梁」への道―――田中大喜
皇位継承の中世史 血統をめぐる政治と内乱―――佐伯智広
地獄を二度も見た天皇 光厳院―――飯倉晴武
南朝の真実 忠臣という幻想―――亀田俊和

歴史文化ライブラリー

信濃国の南北朝内乱 悪党と八〇年のカオス——櫻井 彦
中世の巨大地震——矢田俊文
大飢饉、室町社会を襲う!——清水克行
中世の富と権力 寄進する人びと——湯浅治久
中世は核家族だったのか 民衆の暮らしと生き方——西谷正浩
出雲の中世 地域と国家のはざま——佐伯徳哉
中世武士の城——齋藤慎一
戦国の城の一生 つくる・壊す・蘇る——竹井英文
九州戦国城郭史 大名・国衆たちの築城記——岡寺 良
徳川家康と武田氏 信玄・勝頼との十四年戦争——本多隆成
戦国大名毛利家の英才教育 元就・隆元・輝元と妻たち——五條小枝子
戦国大名の兵粮事情——久保健一郎
戦国時代の足利将軍——山田康弘
足利将軍と御三家 吉良・石橋・渋川氏——谷口雄太
〈武家の王〉足利氏 戦国大名と足利的秩序——谷口雄太
室町将軍の御台所 日野康子・重子・富子——田端泰子
名前と権力の中世史 室町将軍の朝廷戦略——水野智之
摂関家の中世 藤原道長から豊臣秀吉まで——樋口健太郎
戦国貴族の生き残り戦略——岡野友彦
鉄砲と戦国合戦——宇田川武久
検証 長篠合戦——平山 優
織田信長と戦国の村 天下統一のための近江支配——深谷幸治
検証 本能寺の変——谷口克広
明智光秀の生涯——諏訪勝則
加藤清正 朝鮮侵略の実像——北島万次
落日の豊臣政権 秀吉の憂鬱、不穏な京都——河内将芳
豊臣秀頼——福田千鶴
天下人たちの文化戦略 科学の眼でみる桃山文化——北野信彦
イエズス会がみた「日本国王」 天皇・将軍・信長・秀吉——松本和也
海賊たちの中世——金谷匡人
アジアのなかの戦国大名 西国の群雄と経営戦略——鹿毛敏夫
琉球王国と戦国大名 島津侵入までの半世紀——黒嶋 敏
天下統一とシルバーラッシュ 銀と戦国の流通革命——本多博之

近世史

慶長遣欧使節 伊達政宗が夢見た国際外交——佐々木 徹
徳川忠長 兄家光の苦悩、将軍家の悲劇——小池 進
女と男の大奥 大奥法度を読み解く——福田千鶴
大奥を創った女たち——福田千鶴

歴史文化ライブラリー

江戸のキャリアウーマン 奥女中の仕事・出世・老後——柳谷慶子
江戸に向かう公家たち みやこと幕府の仲介者——田中暁龍
細川忠利 ポスト戦国世代の国づくり——稲葉継陽
家老の忠義 大名細川家存続の秘訣——林 千寿
隠れた名君 前田利常 加賀百万石の運営手腕——木越隆三
明暦の大火 「都市改造」という神話——岩本 馨
〈伊達騒動〉の真相——平川 新
江戸の町奉行——南 和男
大名行列を解剖する 江戸の人材派遣——根岸茂夫
江戸大名の本家と分家——野口朋隆
〈甲賀忍者〉の実像——藤田和敏
江戸の武家名鑑 武鑑と出版競争——藤實久美子
江戸の出版統制 弾圧に翻弄された戯作者たち——佐藤至子
武士という身分 城下町萩の大名家臣団——森下 徹
旗本・御家人の就職事情——山本英貴
武士の奉公 本音と建前 江戸時代の出世と処世術——高野信治
近江商人と出世払い 出世証文を読み解く——宇佐美英機
犬と鷹の江戸時代 〈犬公方〉綱吉と〈鷹将軍〉吉宗——根崎光男
紀州藩主 徳川吉宗 明君伝説・宝永地震・隠密御用——藤本清二郎

近世の巨大地震——矢田俊文
土砂留め奉行 河川災害から地域を守る——水本邦彦
外来植物が変えた江戸時代 里湖・里海の資源と都市消費——佐野静代
闘いを記憶する百姓たち 江戸時代の裁判学習帳——八鍬友広
江戸時代の瀬戸内海交通——倉地克直
江戸のパスポート 旅の不安はどう解消されたか——柴田 純
江戸の捨て子たち その肖像——沢山美果子
江戸の乳と子ども いのちをつなぐ——沢山美果子
江戸時代の医師修業 学問・学統・遊学——海原 亮
江戸幕府の日本地図 国絵図・城絵図・日本図——川村博忠
踏絵を踏んだキリシタン——安高啓明
墓石が語る江戸時代 大名・庶民の墓事情——関根達人
石に刻まれた江戸時代 無縁・遊女・北前船——関根達人
近世の仏教 華ひらく思想と文化——末木文美士
松陰の本棚 幕末志士たちの読書ネットワーク——桐原健真
龍馬暗殺——桐野作人
日本の開国と多摩 生糸・農兵・武州一揆——藤田 覚
幕末の海軍 明治維新への航跡——神谷大介
海辺を行き交うお触れ書き 浦触の語る徳川情報網——水本邦彦

歴史文化ライブラリー

江戸の海外情報ネットワーク——岩下哲典

近・現代史

江戸無血開城 本当の功労者は誰か？——岩下哲典
五稜郭の戦い 蝦夷地の終焉——菊池勇夫
水戸学と明治維新——吉田俊純
大久保利通と明治維新——佐々木 克
刀の明治維新 「帯刀」は武士の特権か？——尾脇秀和
維新政府の密偵たち 御庭番と警察のあいだ——大日方純夫
京都に残った公家たち 華族の近代——刑部芳則
文明開化 失われた風俗——百瀬 響
西南戦争 戦争の大義と動員される民衆——猪飼隆明
大久保利通と東アジア 国家構想と外交戦略——勝田政治
明治の政治家と信仰 クリスチャン民権家の肖像——小川原正道
大元帥と皇族軍人 明治編——小田部雄次
皇居の近現代史 開かれた皇室像の誕生——河西秀哉
日本赤十字社と皇室 博愛か報国か——小菅信子
リーダーたちの日清戦争——佐々木雄一
陸軍参謀 川上操六 日清戦争の作戦指導者——大澤博明
軍隊を誘致せよ 陸海軍と都市形成——松下孝昭
軍港都市の一五〇年 横須賀・呉・佐世保・舞鶴——上杉和央
〈軍港都市〉横須賀 軍隊と共生する街——高村聰史
第一次世界大戦と日本参戦 揺らぐ日英同盟と日独の攻防——飯倉 章
お米と食の近代史——大豆生田 稔
日本酒の近現代史 酒造地の誕生——鈴木芳行
失業と救済の近代史——加瀬和俊
近代日本の就職難物語 「高等遊民」になるけれど——町田祐一
難民たちの日中戦争 戦火に奪われた日常——芳井研一
昭和天皇とスポーツ 〈玉体〉の近代史——坂上康博
大元帥と皇族軍人 大正・昭和編——小田部雄次
昭和陸軍と政治 「統帥権」というジレンマ——高杉洋平
松岡洋右と日米開戦 大衆政治家の功と罪——服部 聡
唱歌「蛍の光」と帝国日本——大日方純夫
稲の大東亜共栄圏 帝国日本の〈緑の革命〉——藤原辰史
地図から消えた島々 幻の日本領と南洋探検家たち——長谷川亮一
自由主義は戦争を止められるのか 芦田均・清沢洌・石橋湛山——上田美和
軍用機の誕生 日本軍の航空戦略と技術開発——水沢 光
国産航空機の歴史 零戦・隼からYS－一一まで——笠井雅直
首都防空網と〈空都〉多摩——鈴木芳行

歴史文化ライブラリー

帝都防衛 戦争・災害・テロ ―― 土田宏成
帝国日本の技術者たち ―― 沢井 実
強制された健康 日本ファシズム下の生命と身体 ―― 藤野 豊
「自由の国」の報道統制 大戦下の日系ジャーナリズム ―― 水野剛也
学徒出陣 戦争と青春 ―― 蜷川壽惠
特攻隊の〈故郷〉 霞ヶ浦・筑波山・北浦・鹿島灘 ―― 伊藤純郎
陸軍中野学校と沖縄戦 知られざる少年兵「護郷隊」 ―― 川満 彰
沖縄戦の子どもたち ―― 川満 彰
沖縄からの本土爆撃 米軍出撃基地の誕生 ―― 林 博史
原爆ドーム 物産陳列館から広島平和記念碑へ ―― 頴原澄子
米軍基地の歴史 世界ネットワークの形成と展開 ―― 林 博史
沖縄米軍基地全史 ―― 野添文彬
考証 東京裁判 戦争と戦後を読み解く ―― 宇田川幸大
ふたつの憲法と日本人 戦前・戦後の憲法観 ―― 川口暁弘
戦後文学のみた〈高度成長〉 ―― 伊藤正直
首都改造 東京の再開発と都市政治 ―― 源川真希
鯨を生きる 鯨人の個人史・鯨食の同時代史 ―― 赤嶺 淳

文化史・誌

山寺立石寺 霊場の歴史と信仰 ―― 山口博之
神になった武士 平将門から西郷隆盛まで ―― 高野信治
跋扈する怨霊 祟りと鎮魂の日本史 ―― 山田雄司
将門伝説の歴史 ―― 樋口州男
殺生と往生のあいだ 中世仏教と民衆生活 ―― 苅米一志
浦島太郎の日本史 ―― 三舟隆之
〈ものまね〉の歴史 仏教・笑い・芸能 ―― 石井公成
戒名のはなし ―― 藤井正雄
墓と葬送のゆくえ ―― 森 謙二
ほとけを造った人びと 止利仏師から運慶・快慶まで ―― 根立研介
運 慶 その人と芸術 ―― 副島弘道
祇園祭 祝祭の京都 ―― 川嶋將生
洛中洛外図屛風 つくられた〈京都〉を読み解く ―― 小島道裕
化粧の日本史 美意識の移りかわり ―― 山村博美
乱舞の中世 白拍子・乱拍子・猿楽 ―― 沖本幸子
神社の本殿 建築にみる神の空間 ―― 三浦正幸
古建築を復元する 過去と現在の架け橋 ―― 海野 聡
生きつづける民家 保存と再生の建築史 ―― 中村琢巳
大工道具の文明史 日本・中国・ヨーロッパの建築技術 ―― 渡邉 晶
苗字と名前の歴史 ―― 坂田 聡

歴史文化ライブラリー

日本人の姓・苗字・名前 人名に刻まれた歴史――大藤 修
日本料理の歴史――熊倉功夫
日本の味 醤油の歴史――林 玲子・天野雅敏編
中世の喫茶文化 儀礼の茶から「茶の湯」へ――橋本素子
香道の文化史――本間洋子
天皇の音楽史 古代・中世の帝王学――豊永聡美
話し言葉の日本史――野村剛史
ガラスの来た道 古代ユーラシアをつなぐ輝き――小寺智津子
たたら製鉄の歴史――角田徳幸
金属が語る日本史 銭貨・日本刀・鉄炮――齋藤 努
賃金の日本史 仕事と暮らしの一五〇〇年――高島正憲
書物と権力 中世文化の政治学――前田雅之
気候適応の日本史 人新世をのりこえる視点――中塚 武
災害復興の日本史――安田政彦

民俗学・人類学

古代ゲノムから見たサピエンス史――太田博樹
日本人の誕生 人類はるかなる旅――埴原和郎
倭人への道 人骨の謎を追って――中橋孝博
役行者と修験道の歴史――宮家 準
幽霊 近世都市が生み出した化物――髙岡弘幸
川は誰のものか 人と環境の民俗学――菅 豊
柳田国男 その生涯と思想――川田 稔
遠野物語と柳田國男 日本人のルーツをさぐる――新谷尚紀

世界史

神々と人間のエジプト神話 魔法・冒険・復讐の物語――大城道則
中国古代の貨幣 お金をめぐる人びとと暮らし――柿沼陽平
渤海国とは何か――古畑 徹
アジアのなかの琉球王国――高良倉吉
琉球国の滅亡とハワイ移民――鳥越皓之
イングランド王国前史 アングロサクソン七王国物語――桜井俊彰
ヒトラーのニュルンベルク 第三帝国の光と闇――芝 健介
帝国主義とパンデミック 医療と経済の東南アジア史――千葉芳広
人権の思想史――浜林正夫

各冊一七〇〇円〜二一〇〇円(いずれも税別)
▽残部僅少の書目も掲載してあります。品切の節はご容赦下さい。
▽品切書目の一部について、オンデマンド版の販売も開始しました。
詳しくは出版図書目録、または小社ホームページをご覧下さい。